개혁주의 신앙의 기초

제 3 권
개혁주의 신앙의 기초:
주기도문 | 십계명

The Foundation of the Reformed Faith:
The Lord's Prayer | The Ten Commandments

김은수 지음

SFC

이
책을
살아서
참 신앙과
사랑의 헌신을
몸소 삶으로 보여주신
김 순규 · 조 순련 님에게
존경과 감사와 사랑을 담아 헌정합니다.

| 이 책에 사용된 성경본문은 개역 개정판에서 인용된 것입니다.

추천의 글

한국교회에 보탬이 될 만한 신앙교육의 교재

이종윤 박사 (서울교회 위임목사, 한국장로교총연합회 대표회장)

이 책은 17세기 영국에서 만들어진 칼빈주의 개혁파 신앙의 기준이 된 〈웨스트민스터 소교리문답서〉의 해설서이다. 이 〈소교리문답서〉는 그때로부터 지금까지 전 세계 장로교회 또는 개혁교회의 신앙적 지표가 되어 교회학교에서 가르치는 기초교본으로서, 그 무엇과도 비교할 수 없을 만큼 성경이 가르치는 내용을 아주 조직적으로, 또한 누구나 이해하기 쉽게 단답형의 형식으로 잘 만들어진 책이다.

서울 강남구 대치동에 위치하고 있는 대한예수교장로회 서울교회는 수년 전부터 교리문답반을 창설하고 교회에 새로이 등록하여 새가족부를 수료한 사람은 누구나 1년간 소교리문답반에 들어와 공부를 하게 하고, 그 후 연령에 따라 반을 배정받아 교회학교에서 공부도 하고 또 다른 여러 부서에서 섬김위원도 될 수 있게 하였다.

최근에 김은수 박사께서 미국 트리니티 신대원(Trinity Evangelical Divinity

School)에서 학위를 마치고 귀국하셔서 서울교회가 김박사께 이 소교리문답 과목을 가르칠 것을 요청하였다. 김박사는 그의 신앙 인격이 그러하듯 매사에 반듯하여 강의 원고를 충실히 만들어 교인들에게 열정적으로 강의하고 삶의 모범을 보이려고 애를 쓴 흔적이 면면히 드러남으로 주변의 여러 사람들이 이 책의 출판을 권고하였으며, 마침내 한국교회에 보탬이 될 것으로 판단하여 여러분 앞에 제가 추천서를 쓰게 되었다.

요즈음 교회학교 공과책의 질에 대한 회의적 반응이 속출하는 가운데, 수백 년 동안 세계적으로 전통적인 신앙교육의 교재로 사용되어 온 〈웨스트민스터 소교리문답서〉를 1년 동안 가르쳐 볼 수 있다면, 그 연령과 배경을 막론하고 교회 안에 놀라운 변화가 일어날 것을 확신하면서 이 책을 가감 없이 추천하는 바이다.

기독교 신앙의 교본을 신학적으로 해석한 역작

김영한 박사
(전(前)한국복음주의신학회장, 전(前)한국개혁신학회장, 숭실대 기독교학대학원 초대원장)

오늘날 구미(歐美)사회가 맞이하고 있는 기독교 시대 이후(postchristian era)는 우연히 도래한 것이 아니다. 그 원인은 구미사회의 영성의 등불이 되어야 할 교회가 신앙의 교본을 제대로 지키지 못하였기 때문이다. 오늘날 영국에서는 해마다 적지 않은 교회당들이 문을 닫고 무슬림 사원이나 세속적인 카페로 변하고 있다고 한다. 교회가 전통적인 신앙의 교본을 버리게 되었을 때, 마귀가 일곱 동료를 데려다가 그 집에 들어가 살게 될 것이라고 예수님이 비유로 말씀하신 적이 있다. 마찬가지로 오늘날 영국교회가 해마다 줄어가는 신자들 때문에 예배당을 유지하지 못하고 무슬림에게 팔려 무슬림 사원으로 변모해가는 현상은 이들이 신앙의 선조인 17세기 청교도들이 계승해준 그 위대한 신앙고백을 상실하고 있기 때문이다.

1884년 한국교회에 복음을 전해준 선교사들인 언더우드, 아펜젤러, 그리고 숭실학당을 세운 베어드 목사는 모두 청교도들이었다. 이들은 웨스트민스터 신앙고백서를 우리에게 전해주었다. 이 신앙고백서는 17세기 영국에서 청교도들, 즉 전국적으로 성직자와 신학자들(121명), 그리고 평신도 상하원 사정관들(30명) 등 모두 151명의 대표들이 런던의 웨스트민스터 교회당에 모여 6년간(1643년-1649년) 1,163회의 모임을 통하여 만들어낸 역사적인 기독교 신앙의 정수(精髓)이다. 이러한 신앙고백서이기 때문에 근 4백년이 지난 오늘날에도 한국장로교회를 비롯하여 세계의 개신교회들이 이 웨스트민스터 신앙고백을 신앙의 교본으로 받아들이고 있는 것이다.

    오늘날 한국교회는 하나님의 축복을 받아 열심히 모이고 기도하고, 또 세계적으로 선교사를 파송하는 교회가 되었다. 이러한 때에 다가오는 종교다원주의의 물결과 이슬람 선교의 도전에서 한국교회가 바로 설 수 있는 능력은 하나님 말씀 위에 바로 서는 것 밖에 없다. 이런 점에서 웨스트민스터 신앙고백과 대소교리문답은 성경이 증언하는 기독교 진리의 정수를 체계적으로 배열하면서 오늘날을 사는 현대인들에게 신앙의 도리와 진리에 대해 바르게 제시해준다.

    김은수 박사께서 이번에 펴낸 이 저서는 그의 박식하고 깊은 신학적 통찰과 경건한 신앙에 입각하여 쓰여진 〈웨스트민스터 소교리문답서〉의 해설서로서 오늘날 한국교회와 성도들, 그리고 신학도들에게 개혁교회의 표준적인 신앙고백을 알게 하는데 중요한 길잡이 역할을 해줄 것으로 믿는다. 목회자, 신학생, 평신도 여러분의 필독을 권하고 싶다.

교리교육에 기초한 신학의 자립화를 향한 첫걸음

유해무 박사 (고려신학대학원, 교의학 교수)

김은수 박사께서 〈웨스트민스터 소교리문답〉 강해서를 출판한 것을 진심으로 축하하면서 기쁜 마음으로 추천한다. 한국교회 안에서 교리문답서를 포함한 신조 해설은 대체로 번역서가 주종을 이루었다. 이와는 달리 김 박사는 소교리문답을 직접 교중에게 가르치고 그것을 정리하여 독자들에게 선보임으로써, 교리교육에 기초한 신학의 자립화를 향한 첫걸음을 내디딘 셈이다.

한국교회는 크게 성장하면서도 내실까지는 구비하지 못하였다. 때문에 적지 않은 이단들이 생겨났고, 교회는 많이 분열하였으며, 세상의 빛과 소금이 되어야 할 교인들이 때로는 크고 작은 부정과 부패에 개입하였다. 그 원인을 여러 방면에서 추적할 수 있겠지만, 아무래도 가장 큰 원인 중 하나로 교리교육의 부재를 넣어야 할 것이다.

고대교회 이래로 교리교육은 세례교육의 성격을 지녔다. 세례의 주인이신 삼위일체 하나님이 누구시며, 그분이 우리에게 베푸신 은혜와 요구가 무엇인지를 배웠다. 세례는 은혜의 방편으로서 그리스도와 함께 옛사람이 죽고 새사람으로 태어나는 극적인 경험이다(롬 6장). 그리고 교회는 세례교인에게 부활하신 주님께서 분부하신 모든 것을 가르쳐 지키도록(마 28:20) 계속 교리를 교육하였다.

지금까지 한국교회는 아동과 청소년 교육에는 많은 관심을 기울였으나 성인교육에는 거의 무관심하였다. 최근에는 제자훈련이나 가정교회 등으로 성인교육도 관심을 가지고 있지만, 아동과 청소년 교육과 마찬가지로 이 역시 세례를 중심으로 삼은 교리교육과는 거리가 멀다.

성경은 교리를 강조한다. 그것도 아주 많이 강조한다. 그런데 안타깝게도 개역이나 개역개정판도 교리를 단지 '교훈' 또는 '가르침'으로 번역하고 있다(딤전 1:10, 4:6,13,16, 6:1,3; 딤후 3:10, 4:4; 딛 1:9, 2:1 등). '교리'로 합당하게 번역하였다면, 교회에 끼친 유익이 훨씬 더 컸으리라. 이 교리는 영광의 복음을 따름이다(딤전 1:11).

교회는 은혜의 방편인 말씀과 성례로 세워지고 유지된다. 은혜의 방편이란 우리의 것이 아니라 하나님의 것인 은혜를 우리에게 주는 방편이다. 말씀 선포는 세례로 인도하며, 세례는 성찬으로 인도한다. 순서상 세례가 중심이지만, 실제적인 중심은 말씀이다. 말씀은 세례와 성찬이 무엇인지를 설명한다. 말하자면, 세례교육인 교리교육은 말씀을 잘 이해하게 하며, 세례를 받게 하며, 성찬에 참여하게 한다. 이 점에서 교리교육은 은혜의 방편을 대치하지 않고 말씀과 성례를 제대로 알고 참여하게 돕는다.

그러므로 한국교회가 바로 서려면 교리교육을 강화해야 한다. 그러면 세례를 함부로 시행하거나 받지 않을 것이요, 성찬도 제정의 뜻을 따라 바로 시행할 것이다. 그러면 은혜로 충만한 교인들이 태어날 것이요 교회가 세상의 빛과 소금이 될 것이다.

저자는 직접 교중에게 가르치고 정리한 본서를 자신의 첫 작품으로 독자에게 선물한다. 저자가 개혁교회의 전통에 서서 소교리문답을 해설하되, 그 현대적 의미를 교회론적으로 부각시키고 성경적으로 잘 설명하려고 최선을 다 하였다. 또 본서는 번역서가 아니라 한국인 신학자가 직접 한국 교인을 가르치고 교회를 세우려고 시도한 결실이라는 큰 의미를 지닌다. 젊은이들뿐만 아니라 장년 성도들도 본서를 읽어 스스로 큰 유익을 누리고 우리 교회가 내실까지 다져, 이 세대를 본받지 말고 선도하고 개혁하는 빛과 소금이 되기를 간절히 소망한다.

서문

Soli Deo Gloria!

할렐루야! 할렐루야! 할렐루야!

성 삼위일체 하나님께

온 마음을 다하여 영광과 감사와 찬양을 올려드린다.

신학의 길을 걸어 온지 어언 20년의 세월이

한달음에 훌쩍하니 흘러갔다.

때때로 많이 힘이 들고 간단치 않았던 세월도 있었지만,

먼저 날 사랑하시고 구원하신 하나님께서

그 어느 순간에도 붙드신 나의 손목을 놓지 않으시고

뚜벅 뚜벅 걸어오게 하신 이 먼 길을 이제 다시 돌아다보니

걸어온 발자국마다 차고 넘치는 것이 하나님의 은혜요

굽이굽이 하나님의 보살핌과 간섭하심의 놀라우신 사랑이 하해와 같다.

하여,

"내가 나 된 것은 하나님의 은혜로 된 것이니 …

내가 한 것이 아니요 오직 나와 함께 하신 하나님의 은혜로라"(고전 15:10)

라는 사도 바울의 고백을 하염없이 되뇔 수밖에 없음을 고백한다.

그동안 한국교회와 세계교회를 섬기기 위해 아름답고도 귀한 사역을 헌신적으로 감당해 오신 서울교회 이종윤 목사님께서 2년 전에 부족함이 많은 필자에게 〈웨스트민스터 소교리문답 강좌반〉을 맡겨주셨다. 그리하여 우리를 위해 모든 것을 내어주신 주님 앞에서 거저 '한 달란트 받았던 게으른 종'이 되지는 않으려고 때로는 밤을 세워가며 나름대로 애쓰고 노력했던 결과가 이제 이렇게 부족하고 부끄러운 모습으로나마 책으로 묶여져 나오게 되니 무척이나 감회가 새롭다. 이것이 이 책이 세상에 나오게 된 직접적인 배경이다. 귀한 소임을 맡겨 주신 서울교회와 더불어 평소에도 늘 속 깊은 사랑의 배려를 아끼지 않으실 뿐만 아니라 또한 귀한 추천의 글까지 써주신 이종윤 목사님께 이 자리를 빌려 그동안 마음속에 담아놓고 하지 못했던 깊은 감사를 드린다. 나아가 지난 2년 동안 부족한 필자와 함께 동고동락하며 아낌없는 기도와 격려, 그리고 헌신으로 함께해 주신 서울교회 소교리문답 강좌반 여러 교사님들과 모든 성도님들에게도 넘치는 감사의 마음이 가득하다.

눈을 들어 둘러보니, 그동안 살아오면서 받은 것이 차고 넘치는 사랑의 빚이라 감사의 마음을 전해야 할 분들이 너무나 많다. 지면이 부족하여 일일이 다 거명하여 감사를 표하지 못함을 부디 용서하시기를 바란다. 그러나 필자에게 신학의 귀한 가르침을 주셨던, 당시 고려신학대학원, 미국의 칼빈신학대학원(Calvin Theological Seminary), 그리고 트리니티 복음주의신학대학원(Trinity Evangelical Divinity School)의 교수님들께 진심어린 감사의 말씀을 전하고자 한다. 특히 필자가 신학에의 첫걸음마를 시작할 때 길잡이 역할을 해주셨던 고려신학대학원의 유해무 교수님께서는 이번에도 의미 깊은 추천서로 빛을 내주시니 감사하기 그지없다. 또한 필자에게 계속하여 신학을 연구하며 가르칠 수 있도록 기회를 주신 숭실대학교 기독교학대학원

김영한 교수님과 박정신 원장님, 동료 교수님들, 그리고 여러 학생들에게 심심한 감사의 말씀을 드린다. 특별히 그 동안 한국 복음주의 신학과 개혁신학의 발전을 위해 헌신적으로 수고해 오신 김영한 교수님께서는 필자에게 신학 연구와 가르침에 있어 늘 좋은 귀감을 보여주실 뿐만 아니라, 아낌없는 사랑과 배려를 해주시고 소중한 추천의 글까지 흔쾌히 써주셨다. 마음속 깊은 감사의 말씀을 드린다.

더불어 그동안 필자의 여러 강의에 열정적으로 참여해 주었던 백석신학전문대학원, 한반도국제대학원대학교 학생들에게도 이 자리를 빌어 고마움의 마음을 전하고자 한다. 그리고 필자가 함께 활동하고 있는 한국복음주의신학회, 한국개혁신학회, 한국장로교신학회, 한국칼빈학회, 한국기독교학회에 소속한 선배, 동료 신학자 여러분들과 목회자님들께도 심심한 감사의 말씀을 드리는 바이다. 또한 촉박한 시간 가운데 이 책을 세상에 내놓기 위해 아낌없이 수고를 다한 SFC출판사 관계자들과 표지를 깔끔하게 디자인해 주신 조희영 간사님, 그리고 특히 필자의 까다로운 요구를 일일이 다 수용해주며 필요한 조언과 마지막까지 편집, 교정의 귀한 수고를 다해준 이의현 목사님에게 감사의 말씀을 드리고 싶다. 마지막으로, 그동안 필자를 위해 헌신적인 사랑을 베풀어 주신 많은 가족들, 그리고 특별히 사랑하는 아내 김문영에게 마음 속 깊이 감사와 사랑의 마음을 전한다.

이제 이 책을 이용해 주실 귀한 독자님들을 위하여 본서가 가지고 있는 몇 가지 특징들을 말씀드리자면 다음과 같다.

(1) 먼저 본서의 신학적 특색으로는 사도적 정통신앙과 칼빈주의적 개혁파 정통신학의 입장을 견지하면서 개혁주의 신학과 신앙의 핵심을 체계

적으로 요약하고자 하였고, 또한 그 의미를 현대적으로 풀어 적용하려고 노력하였다.

(2) 본서의 원리적 구조는 〈웨스트민스터 소교리문답〉의 문답순서를 그대로 따르지 않고, 크게는 신학적 교리와 신앙의 실천적인 부분으로 나누었으며, 그것은 다시 기독교 신앙과 삶의 기초라고 할 수 있는 중요한 세 가지 문서인 〈사도신경〉, 〈주기도문〉, 〈십계명〉을 차례로 해설하는 구조로 이루어져 있다. 실로 사도신경이 기독교 신앙 교리의 기초라면, 주기도문은 기도의 기초이고, 십계명은 삶의 실천을 위한 기초 규범이라 할 것이다. 그리고 책의 전체적인 내용을 사용하기에 편리하도록 하기 위하여 세 권으로 나누어 편집하였다. 제1권은 개혁주의 신앙의 원리, 성경, 삼위일체 하나님, 인간과 죄의 문제, 구속자 예수 그리스도에 대한 내용이며; 제2권은 성령 하나님과 구원, 종말론, 교회론을 다루었고; 마지막 제3권은 주기도문과 십계명에 대한 해설을 통하여 개혁주의 신앙을 우리의 삶 속에서 어떻게 적용할 것인가 하는 실천적인 부분을 다루고 있다. 우리는 여기에서 현대 사회를 살아가면서 그리스도인들이 직면하게 되는 다양한 문제들에 대한 성경적인 원리와 지침들을 발견할 수 있을 것이다.

(3) 〈웨스트민스터 소교리문답〉에는 아쉽게도 은혜의 방편(말씀, 성례, 기도)에 관한 것을 제외하고는 교회론에 해당하는 대부분의 내용이 빠져있다. 본서는 이러한 점을 보완하기 위하여 특강 형식으로 다섯 개의 장을 추가 배정함으로써, 조직신학의 전체적인 교리 부분을 정리하고 공부할 수 있게 하였다.

(4) 본서가 가지는 또 하나의 특징은 조직신학과 역사신학 및 성경신학의 유기적인 접목을 시도하였다는 점이다. 필자는 먼저 〈웨스트민스터 소교리문답〉의 문답들을 각 조직신학의 항목에 따라 해설하면서 할 수 있는

대로 역사신학적 배경과 발전 및 성경신학적 논의와 연결시키고자 노력하였으며, 또한 그것의 기초가 되는 성경본문들을 풍부하게 제공함으로써 성경과 그것의 가르침을 요약하고 있는 교리를 연결시켜 체계적으로 공부할 수 있게 하였다.

(5) 본서는 하나님의 말씀과 개혁주의 신앙의 핵심내용에 대하여 많은 관심을 가지고 좀 더 체계적으로 공부하고자 하는 열망을 가진 일반 성도님들을 일차적으로 염두에 두고 쓰여 졌다. 그러므로 각 교회 청년·대학부나 각급 장년부 주일학교 신앙·성경 공부를 위한 교재로 활용하면 좋을 것이다. 또한 개혁주의 신학의 기초를 정립하고자 하는 신학생들과 목회자들에게도 많은 도움이 되기를 바라는 소망이 있다. 더불어 말씀드릴 것은 일반 성도님들이 쉽게 접근할 수 있도록 본서에서 여러 참고문헌들을 사용함에 있어 되도록이면 이미 번역되어 출간되었거나 국내 학자들에 의해 쓰인 저작들을 우선적으로 참고하려고 애를 썼다. 그러나 책 말미에 붙어있는 각주들은 보다 깊은 공부를 하기 원하는 분들을 위한 것이니, 혹 필요로 하지 않은 분들은 그냥 무시하고 책을 읽으시고 공부하셔도 큰 어려움은 없으리라 사료된다.

(6) 본서는 〈웨스트민스터 소교리문답〉을 주요 신학적 항목으로 나누어 전체를 1년 50주간에 걸쳐 체계적으로 공부할 수 있도록 배열하였으며, 나머지 2주간은 전후반기로 나누어 일종의 중간, 기말 시험을 실시하면 좋을 것이다. 실제로 필자는 서울교회에서 소교리문답을 강의하면서 두 차례(5월과 12월)에 걸쳐 소교리문답 퀴즈대회 형식으로 진행했는데, 전체적으로 배운 내용들을 반복 학습할 수 있는 좋은 동기부여가 되었고, 성도님들이 열정적으로 준비하고 참여함으로써 기대 이상의 아주 만족스러운 성과가 있었다.

이렇게 하나의 책을 세상에 내어 보내며, 수줍음 많은 새악씨 같은 가슴 두근거림을 어찌할 수가 없다. 이 책이 아무쪼록 부족한 모습으로나마 귀하게 쓰임 받게 되기를 간절히 소망하면서, 앞으로도 계속하여 절차탁마(切磋琢磨)의 연구와 형설지공(螢雪之功)의 노력으로 부족한 부분을 다듬고 채워 가리라 다짐한다. 독자제현의 아낌없는 질책을 기대하며 지도편달을 감사함으로 달게 받겠다. 더불어 비록 작은 한마디 격려라도 있다면 필자에게는 한 걸음이라도 더 앞으로 나아가는 데 더없이 큰 힘과 보탬이 될 것이다.

Per Aspera ad Astra (고난을 통하여 영광에 까지)!

하늘에는 오직 삼위일체 하나님께 영광!
땅위에 있는 모든 이에게 감사!

주후 2010년 새해에
한강 변 寓居에서
김 은수

차례

추천의 글
서문

제1부 개혁주의 신앙의 원리

제1과: 서론 – 개혁주의 신앙의 정체성
제2과: 사람의 제일 되는 목적 – 개혁주의 신앙의 중심원리
제3과: 성경 – 하나님의 말씀

제2부 성경의 하나님

제4과: 성경의 하나님 – 삼위일체 하나님
제5과: 하나님의 본질과 속성
제6과: 하나님의 작정 – 영원한 계획
제7과: 하나님의 창조 – 무로부터의 창조
제8과: 하나님의 섭리 – 보존과 통치

제 1 권　개혁주의 신앙의 기초: 하나님 | 인간 | 예수 그리스도

제3부 인간과 죄의 문제

제9과: 행위언약과 원죄 – 창조 안에 있는 인간

제10과: 인류의 타락과 그 결과 – 죄 가운데 있는 인간

제11과: 은혜언약과 선택 – 은혜 안에 있는 인간

제4부 구속자 예수 그리스도

제12과: 성자 하나님 – 구속자 예수 그리스도

제13과: 예수 그리스도의 성육신 – 사람이 되신 하나님의 아들

제14과: 예수 그리스도의 삼중직분 – 선지자, 제사장, 왕

제15과: 예수 그리스도의 두 가지 상태 – 낮아지심과 높아지심

주(註)

참고문헌

부록: 웨스트민스터 소교리문답 연간 교육일정표

차례

추천의 글
서문

제5부 성령 하나님과 구원, 그리고 마지막 일들

제16과: 성령 하나님과 구원 – 그리스도와의 연합
제17과: 부르심과 중생
제18과: 회심 – 구원에 이르는 믿음과 회개
제19과: 칭의(의롭다 하심)와 양자 삼으심
제20과: 성화 – 거룩하게 하심
제21과: 구원의 확신과 성도의 견인
제22과: 육체적 죽음과 중간상태
제23과: 예수 그리스도의 재림 – 부활과 최후 심판

제 2 권 개혁주의 신앙의 기초 : 성령 | 구원 | 종말 | 교회

제6부 교회와 은혜의 방편

제24과: 교회란 무엇인가? – 성경적인 교회 이해
제25과: 참된 교회의 본질 – 삼위일체론적 교회 이해
제26과: 참된 교회의 사명 – 교회의 5가지 사명
제27과: 참된 교회의 속성과 표지
제28과: 교회의 정치와 조직
제29과: 은혜의 방편 (1) – 하나님의 말씀
제30과: 은혜의 방편 (2) – 성례
제31과: 은혜의 방편 (3) – 세례와 성찬
제32과: 은혜의 방편 (4) – 기도

주(註)
참고문헌
부록: 웨스트민스터 소교리문답 연간 교육일정표

차례

추천의 글   7
서문   14

제7부 주기도문: 주님께서 우리에게 가르쳐 주신 기도

제33과: 서언 – "하늘에 계신 우리 아버지"   28
제34과: 첫 번째 간구 – "하나님의 이름이 거룩하여지이다"   41
제35과: 두 번째 간구 – "하나님의 나라가 임하옵소서"   52
제36과: 세 번째 간구 – "하나님의 뜻이 이루어지이다"   65
제37과: 네 번째 간구 – "오늘 우리에게 일용할 양식을 주옵소서"   78
제38과: 다섯 번째 간구 – "우리의 죄를 용서하여 주옵소서"   89
제39과: 여섯 번째 간구와 송영 – "우리를 시험과 악에서 구하여 주옵시고, 오직 하나님께 영광이 있으리이다"   100

제8부 십계명: 하나님께서 언약백성에게 주신 삶의 규범

제40과: 서문 – "하나님께서 이 모든 말씀을 주시니라" 114
제41과: 제1계명 – "나 외에 다른 신들을 네게 두지 말라" 138
제42과: 제2계명 – "너를 위하여 새긴 우상을 만들지 말라" 150
제43과: 제3계명 – "하나님 여호와의 이름을 망령되이 부르지 말라" 164
제44과: 제4계명 – "안식일을 기억하여 거룩하게 지키라" 175
제45과: 제5계명 – "네 부모를 공경하라" 191
제46과: 제6계명 – "살인하지 말라" 203
제47과: 제7계명 – "간음하지 말라" 215
제48과: 제8계명 – "도둑질하지 말라" 233
제49과: 제9계명 – "네 이웃에 대하여 거짓증거하지 말라" 246
제50과: 제10계명 – "네 이웃의 모든 소유를 탐하지 말라" 257

주(註) 273
참고문헌 297
부록: 웨스트민스터 소교리문답 연간 교육일정표 325

제7부 주기도문
: 주님께서 가르쳐 주신 기도

제33과: 서언 – "하늘에 계신 우리 아버지"
제34과: 첫 번째 간구 – "하나님의 이름이 거룩하여지이다"
제35과: 두 번째 간구 – "하나님의 나라가 임하옵소서"
제36과: 세 번째 간구 – "하나님의 뜻이 이루어지이다"
제37과: 네 번째 간구 – "오늘 우리에게 일용할 양식을 주옵소서"
제38과: 다섯 번째 간구 – "우리의 죄를 용서하여 주옵소서"
제39과: 여섯 번째 간구와 송영 – "우리를 시험과 악에서 구하여 주옵시고, 오직 하나님께 영광이 있으리이다"

제 33 과
서언
: "하늘에 계신 우리 아버지"

제99문 : 하나님께서 우리의 기도의 지침이 되게 하시려고 주신 법칙이 무엇입니까?

답 : 하나님의 말씀 전체가 우리의 기도의 지침이 됩니다. 그러나 그리스도께서 그의 제자들에게 가르치신 기도의 형식, 곧 보통으로 '주님의 기도'라고 부르는 그 형식이 기도의 특수한 지침입니다.

마 6:9-12; 요일 5:14; 딤후 3:16-17

제100문 : 주님의 기도의 머리말이 우리에게 가르치는 것이 무엇입니까?

답 : 주님의 기도의 머리말, 곧 "하늘에 계신 우리 아버지여"(새번역: 하늘에 계신 우리 아버지)가 우리에게 가르치는 것은 자식들이 아버지에게 하는 것처럼 우리를 도울 수 있고, 또 언제나 도울 뜻을 가지고 계시는 하나님께 거룩한 존경심과 확신을 가지고 가까이 가라는 것이며, 또 우리는 남들과 함께, 그리고 남을 위해서 기도를 해야 한다는 것입니다.

사 57:15; 43:1; 64:9; 눅 11:13, 15:20, 10:12; 말 1:6; 슥 8:21; 엡 6:18; 롬 8:15

I. 주기도문이란 무엇인가?[1]

1. 주기도문의 정의와 특징

주기도문은 기도를 가르쳐 달라는 제자들의 요청에 따라 예수님께서 직접 제자들에게 가르쳐 주신 기도를 말한다(cf. 눅 11:2 - "너희는 기도할 때 이렇게 기도하라"). 따라서 **사도신경**이 성도들의 신앙의 기초요, **십계명**이 성도들의 실생활의 규범이고 지침이라면, **주기도문**은 성도들을 위한 기도의 지침이요, 모든 기도의 기초석이라고 할 수 있다. 그러므로 주님께서 가르쳐 주신 주기도문은 기도 중의 기도요, 기도의 완전한 모범이다.[2]

> **터툴리안** – "복음 전체의 개요, 기도 중의 정수, 기도를 가르치는 기도이다."
> **마틴 루터** – "주기도문은 하나님이 주신 선물이다. 기도 중의 기도요, 모든 기도의 알파벳이다."
> **마틴 로이드 존스** – "주기도문은 유일하고도 완전한 기도이며 주님께서 세상에 주신 선물이다."
> **아더 핑크** – "주기도문은 시편의 축소판이다."

(1) 주기도문은 가장 모범적인 기도이다

예수 그리스도께서 우리에게 주신 주기도문은 기도의 모범으로서, 다른 모든 기도의 표준과 지침이 된다. 우리는 그것을 그대로 사용함으로써 은혜를 받을 수 있을 뿐만 아니라, 기도의 원리와 기도할 내용에 대하여 분명하게 배울 수도 있다. 주기도문의 내용과 구성을 분석하여 보면, 먼저 하나님의 영광과 나라와 뜻을 구하고, 다음으로 우리 자신을 위한 간구를 하고 있다. 따라서 먼저 하나님의 나라와 그의 의를 구하는 기도가 바른 기도이다.

마 6:33 : 그런즉 너희는 먼저 그의 나라와 그의 의를 구하라 그리하면 이 모든 것을 너희에게 더하시리라

(2) 주기도문은 단순하고, 간결한 기도이다

예수님께서는 장황한 미사여구를 많이 섞거나, 한 말을 자주 반복하는 중언부언의 기도가 아니라, 아주 간결하면서도 단순한 기도를 가르쳐 주셨다. 기도는 말만 유창하게 많이 하는 것이 아니라, 하나님 아버지와 대화하듯이 진실되고 쉽게 하는 것이 잘하는 것이다. 하나님께서는 우리의 마음을 감찰하시며, 우리의 모든 필요를 미리 아시고 계신다.[3]

마 6:7-8 : 또 기도할 때에 이방인과 같이 중언부언하지 말라 그들은 말을 많이 하여야 들으실 줄 생각하느니라 그러므로 그들을 본받지 말라 구하기 전에 너희에게 있어야 할 것을 하나님 너희 아버지께서 아시느니라

(3) 주기도문은 충분성과 포괄성이 있다

주기도문이 간결하다고 하지만, 소홀하여 빠진 것이 없고 또한 너무 과하여 지나침도 없다. 주기도문은 우리가 해야 할 모든 간구와 서원을 충분하게 포괄하고 있다. 여기에는 하나님을 위한 기도와 인간을 위한 기도가 아름다운 대칭을 이루고 있다. 비록 그 내용은 간단하지만, 주기도문은 우리의 육체와 영혼에 필요한 모든 것을 충분히 포함하는, 그야말로 인간의 전 생활을 포괄하는 기도이다.

(4) 주님이 가르쳐 주신 기도는 완벽한 기도이다

주기도문은 순서에 있어서 완전하고, 내용에 있어서도 완벽하게 구성되

어 있다. 과거, 현재, 미래에 대한 간구가 다 들어있을 뿐 아니라 하늘과 땅에 대한 간구가 모두 포함되어 있다.

① 하나님에 대한 간구 → a. 하나님의 성호의 거룩함의 회복, 즉 하나님의 영광, b. 하나님의 나라 건설, c. 하나님의 뜻이 이루어지기를 먼저 간구함.

② 인간에 대한 간구 → a. 육신을 위한 일용할 양식 문제, b. 죄의 용서, c. 시험과 악에서 구원 등 인간에게 가장 필요한 세 가지가 모두 들어 있다. 이것은 인간의 현재의 삶 속에 필요한 양식과 과거의 죄에 대한 용서, 그리고 미래의 시험과 악으로부터의 보호와 구원에 대한 간구를 포함하는 완벽한 기도이다.

(5) 주기도문은 모든 시대의 모든 사람들이 드릴 수 있는 보편적인 기도이다

주기도문은 시대를 초월하여 모든 시대의 모든 사람에게 적용되는 기도이다. 왜냐하면 그것은 모든 인간의 가장 본질적인 필요와 소원을 함축하고 있기 때문이다. 그러므로 주기도문은 모든 시대에, 어린아이나 성인이나, 어떤 신분의 사람이든지 누구나 쉽게 기도할 수 있는 만민을 위한 기도문이다.

(6) 주기도문을 주문과 같이 사용하지 않아야 한다

주기도문을 마치 예배시간의 여러 가지 의식적인 절차의 하나로 암송하는, 즉 일종의 주문처럼 생각하거나 사용해서는 안 된다. 그보다 우리는 주기도문에 나타난 기도의 내용과 의미를 분명히 이해하고, 이것을 진정 우리 자신의 참된 기도로 드려야 한다. 이것이 바로 우리가 주기도문을 열심히 연구하고 공부해야 하는 이유이다.

2. 주기도문의 성경본문[4]

(1) 마태복음 6:9-13

"하늘에 계신 우리 아버지여 이름이 거룩히 여김을 받으시오며 나라가 임하시오며 뜻이 하늘에서 이루어진 것 같이 땅에서도 이루어지이다 오늘 우리에게 일용할 양식을 주시옵고 우리가 우리에게 죄 지은 자를 사하여 준 것 같이 우리 죄를 사하여 주시옵고 우리를 시험에 들게 하지 마시옵고 다만 악에서 구하시옵소서 (나라와 권세와 영광이 아버지께 영원히 있사옵나이다 아멘)"

(2) 누가복음 11:2-4

"아버지여 이름이 거룩히 여김을 받으시오며 나라가 임하시오며 우리에게 날마다 일용할 양식을 주시옵고 우리가 우리에게 죄 지은 모든 사람을 용서하오니 우리 죄도 사하여 주시옵고 우리를 시험에 들게 하지 마시옵소서"

3. 주기도문의 형식과 구성

주기도문은 짧고 간결한 기도이지만, 어느 곳에도 헛되이 낭비된 단어가 하나도 없다. 주기도문은 내용상 전체가 두 부분으로 나누어지며, 또한 각 부분은 세 가지의 간구로 구성되어 있다. 첫째 부분은 자신의 의지를 하나님의 뜻에 굴복시킴으로써 하나님께 영광을 드러내는 삶으로 되어 있고, 둘째 부분은 이 땅에 사는 자신의 삶 속에 반드시 필요한 세 가지 청원을 하나님께 간구하는 것으로 되어 있다. 주기도문의 전체적인 구조는 다음과 같이 분해할 수 있다.[5]

(1) 서언 – 기도의 대상을 부름
"하늘에 계신 우리 아버지"

(2) 본론 – 간구
① 하나님을 위한 간구 3가지
　첫 번째 간구 → **하나님의 이름**: "아버지의 이름을 거룩하게 하시며"
　두 번째 간구 → **하나님의 나라**: "아버지의 나라가 오게 하시며"
　세 번째 간구 → **하나님의 뜻**: "아버지의 뜻이 하늘에서와 같이 땅에서도 이루어지게 하소서"

② 사람을 위한 간구 3가지
　네 번째 간구 → **일용할 양식**: "오늘 우리에게 일용할 양식을 주시고"
　다섯번째 간구 → **죄의 용서**: "우리가 우리에게 잘못한 사람을 용서하여 준 것 같이 우리 죄를 용서하여 주시고"
　여섯 번째 간구 → **시험과 악으로부터의 구원과 보호**: "우리를 시험에 빠지게 않게 하시고 악에서 구하소서"

(3) 결론 – 송영: 하나님의 영광에 대한 찬양
"나라와 권능과 영광이 영원히 아버지의 것입니다. 아멘!"

II. 주기도문의 서문: 우리의 기도의 대상은 누구신가?

1. 하늘에 계신 하나님

참된 신지식은 구원의 기초일 뿐만 아니라 올바른 기도를 드릴 수 있는 전제조건이다.[6] 예수님께서는 가장 먼저 **'하늘에 계신 우리 아버지'**라고 기도를 시작하심으로써 우리에게 '참된 기도의 대상'이 누구인지 가르쳐 주고 있다. 무지한 자들은 나무나 바위, 자연에 기도하기도 하고, 심지어 알 수 없는 미지의 신이나 우상에게 기도하는 사람들도 있다. 그러나 진정으로 우리의 기도를 들으시고, 또 그 기도에 응답하실 수 있는 분은 오직 한 분, 살아계신 하나님, 곧 '하늘에 계신 하나님'뿐이시다.

> **사 46:6-7** : 사람들이 주머니에서 금을 쏟아 내며 은을 저울에 달아 도금장이에게 주고 그것으로 신을 만들게 하고 그것에게 엎드려 경배하며 그것을 들어 어깨에 메어다가 그의 처소에 두면 그것이 서 있고 거기에서 능히 움직이지 못하며 그에게 부르짖어도 능히 응답하지 못하며 고난에서 구하여 내지도 못하느니라
>
> **사 45:20** : 열방 중에서 피난한 자들아 너희는 모여 오라 함께 가까이 나아오라 나무 우상을 가지고 다니며 능히 구원하지 못하는 신에게 기도하는 자들은 무지한 자들이니라
>
> **렘 10:10** : 오직 여호와는 참 하나님이시요 살아 계신 하나님이시요 영원한 왕이시라

그런데 하나님께서 **'하늘에 계시다'** 함은 단지 하나님이 공간적으로 하늘에 계신다는 것이 아니다. 여기 '하늘'이란 단어가 가지는 특별한 의미가 몇 가지 있다.

(1) 창조주이시며 구속주이신 하나님의 피조물에 대한 절대적 위엄과 통치를 의미한다 : 〈기도의 대상이신 하나님〉

먼저 '하늘에 계신' 하나님은 우주 만물을 지으신 창조주 하나님을 의미한다. "우리 열조의 하나님 여호와여 주는 하나님이 아니시니이까 이방 사람의 모든 나라를 다스리지 아니하시나이까"(대하 20:6)라고 하였다. 성경은 창조주 하나님의 절대주권, 우주적 통치권을 말할 때 '하늘에 계신 분'으로 표현하고 있다. 그는 또한 우리를 도우시며, 지키시며, 구원하시는 구원자 하나님이시다. 하나님께서는 환란 가운데서 부르짖는 우리의 기도를 들으시고 능력의 펴신 팔로 구원하신다.

> **시 50:15** : 환난 날에 나를 부르라 내가 너를 건지리니 네가 나를 영화롭게 하리로다
>
> **시 86:6-8** : 여호와여 나의 기도에 귀를 기울이시고 내가 간구하는 소리를 들으소서 나의 환난 날에 내가 주께 부르짖으리니 주께서 내게 응답하시리이다 주여 신들 중에 주와 같은 자 없사오며 주의 행하심과 같은 일도 없나이다

(2) 하나님의 초월성과 편재성을 나타낸다 : 〈기도의 가청 가능성〉

열왕기상 8:27에서 "하나님이 참으로 땅에 거하시리이까 하늘과 하늘들의 하늘이라도 주를 용납치 못하겠거든 하물며 내가 건축한 이 전이오리이까"라는 솔로몬의 기도는 **하나님의 초월성**을 잘 드러내고 있다. 이 말은 하나님의 구별된 거룩성과 엄위로운 영광을 나타낸다.[7] 여기에서 복수인 '하늘들'이 사용되었는데, 이것은 우주 전체를 의미하는 것이며, **하나님의 편재성**, 곧 하나님께서 우주에 충만해 계심을 의미한다. 그러므로 우리가 그 어느 곳에서 기도하더라도 하나님께서는 우리의 기도를 들으신다.

> **시 139:7-10** : 내가 주의 영을 떠나 어디로 가며 주의 앞에서 어디로 피하리이까 내가 하늘에 올라갈지라도 거기 계시며 스올에 내 자리를

펼지라도 거기 계시니이다 내가 새벽 날개를 치며 바다 끝에 가서 거주할지라도 거기서도 주의 손이 나를 인도하시며 주의 오른손이 나를 붙드시리이다

(3) 하나님의 전지성과 전능성을 의미한다 : 〈기도의 성취 가능성〉

시편 115:3에서 "오직 우리 하나님은 하늘에 계셔서 원하시는 모든 것을 행하셨나이다"라고 말씀하셨다. 이것은 전능하신 하나님께서는 모든 것을 감찰하시며 아시고, 또한 그가 원하시는 모든 것을 언제든지 행하신다는 뜻이다. 이와 같이 하나님이 하늘에 계신다는 것은 피조물에 대한 그의 위엄과 통치를, 자연만물에 대한 그의 초월을, 모든 것을 감찰하시고 아시는 그의 전지하심과 전능성을 나타내는 것이다. 하늘은 공간적인 개념 즉, 하늘에 갇혀 있다는 말이 아니라 우주의 중심, 곧 하나님의 처소, 하나님의 보좌가 있는 곳을 말한다.

따라서 하늘은 단순히 장소의 의미가 아니라 하나님의 통치가 이루어지는 곳을 말하며, 이는 우주 만물이 하나님의 통치 아래 있음을 증거하는 것이다. 그러므로 우리의 기도의 대상이신 '하늘에 계신' 하나님은 시간과 공간을 초월하여 무소부재하시고 전능하시며 모든 만물을 다스리시는 하나님이라는 뜻이다. 하늘에 계신 하나님께서는 우리의 기도를 들으실 수 있을 뿐만 아니라 우리의 기도에 응답하시며 이루실 능력, 곧 절대주권을 가지신 전능한 하나님이시다.

> **시 11:4** : 여호와께서는 그의 성전에 계시고 여호와의 보좌는 하늘에 있음이여 그의 눈이 인생을 통촉하시고 그의 안목이 그들을 감찰하시도다
> (cf. 사 66:1)

2. 하나님 아버지

하늘에 계신 전능하신 하나님, 우주 만물을 다스리시는 창조주 하나님은 저 멀리계신 하나님이 아니라 이제 예수 그리스도 안에서 우리를 구원하심으로써, 구원자 하나님, 나아가 우리의 '아버지'가 되신다. 예수님께서는 독특하게 하나님을 '아빠, 아버지'로 부르신다. 그러므로 하나님을 '아버지'라고 부르는 것은 예수 그리스도를 참 구주로 영접하고 고백하는 자들에게만 가능한 것이다. 오직 예수 그리스도 안에서 죄 사함 받고 하나님의 자녀된 자들만이 하늘에 계신 하나님을 '아빠, 아버지'라 부르는 권세를 가진다(요 1:12). 또한 우리가 하나님을 '아버지'라고 부르는 것은 그가 우리를 지으시고 구원하셨을 뿐만 아니라, 섭리의 손길로 언제나 지키시고 보호하시며, 우리에게 가장 좋은 것으로 응답하시는 분임을 말하는 것이다.[8]

마 23:9 : 땅에 있는 자를 아버지라 하지 말라 너희의 아버지는 한 분이시니 곧 하늘에 계신 이시니라

요 1:12 : 영접하는 자 곧 그 이름을 믿는 자들에게는 하나님의 자녀가 되는 권세를 주셨으니

롬 8:15 : 너희는 다시 무서워하는 종의 영을 받지 아니하고 양자의 영을 받았으므로 아빠 아버지라 부르짖느니라

갈 4:6 : 너희가 아들이므로 하나님이 그 아들의 영을 우리 마음 가운데 보내사 아빠 아버지라 부르게 하셨느니라

마 7:7-11 : 구하라 그리하면 너희에게 주실 것이요 찾으라 그리하면 찾아낼 것이요 문을 두드리라 그리하면 너희에게 열릴 것이니 … 너희 중에 누가 아들이 떡을 달라 하는데 돌을 주며 생선을 달라 하는데 뱀을 줄 사람이 있겠느냐 너희가 악한 자라도 좋은 것으로 자

식에게 줄 줄 알거든 하물며 하늘에 계신 너희 아버지께서 구하는 자에게 좋은 것으로 주시지 않겠느냐

3. 우리의 하나님

주님께서는 또한 하늘에 계신 아버지 하나님이 단순히 '나의 아버지'가 아니라 **'우리의 하나님, 우리의 아버지'** 이시라고 가르쳐 주신다. 하나님의 택하신 언약백성이자 성령으로 말미암아 예수 그리스도를 구주로 고백하는 신앙공동체 안에서, 우리는 더 이상 나 혼자만의 개인이 아니라 그리스도와 연합된 한 몸이다. 교회는 오직 성령의 하나되게 하심에 따라 그리스도를 머리로 하고 각 지체를 지닌 한 몸된 한 '하나님의 백성'이요, '그리스도의 몸'이며, '성령의 전'이다. 그러므로 기도는 개인적인 것이기만 한 것이 아니라 또한 공동체적이어야 한다.[9] 참으로 교회는 기도의 공동체이기도 하다. 이것은 성도들 간의 사귐과 화목함 가운데 기도해야 하고, 나아가 합심하여 기도해야 함을 의미한다.

고전 12:13 : 우리가 유대인이나 헬라인이나 종이나 자유인이나 다 한 성령으로 세례를 받아 한 몸이 되었고 또 다 한 성령을 마시게 하셨느니라

엡 4:3-4 : 평안의 매는 줄로 성령의 하나 되게 하신 것을 힘써 지키라 몸이 하나이요 성령도 한 분이시니 이와 같이 너희가 부르심의 한 소망 안에서 부르심을 받았느니라

마 18:19 : 진실로 다시 너희에게 이르노니 너희 중의 두 사람이 땅에서 합심하여 무엇이든지 구하면 하늘에 계신 내 아버지께서 그들을 위하여 이루게 하시리라

이와 같이 주기도문의 서문은 우리 기도의 대상이 우주만물을 창조하셨으며, 하늘 보좌에 앉으셔서 모든 권세로서 그것을 다스리시는 전능하신 하나님이심과 동시에, 또한 예수 그리스도 안에서 우리를 그의 자녀로 택하시고 구원하심으로 우리의 아버지 되신 하나님이시며, 언제나 우리의 기도를 들으시고 응답하시는 참 좋으신 하나님이심을 분명하게 가르치고 있다.[10]

다음의 일련의 인용 구절들은 그처럼 좋으신 우리 하나님 아버지께서 기뻐 들으시는 기도의 원리를 우리에게 요약하여 가르쳐 주고 있다.

(1) 약속: 구하고 기도하면 응답하리라

렘 33:2-3 : 일을 행하시는 여호와, 그것을 만들며 성취하시는 여호와, 그의 이름을 여호와라 하는 이가 이와 같이 이르시도다 너는 내게 부르짖으라 내가 네게 응답하겠고 네가 알지 못하는 크고 은밀한 일을 네게 보이리라

(2) 그러나 그의 뜻대로 구하라

요일 5:14-5 : 그를 향하여 우리의 가진 바 담대함이 이것이니 그의 뜻대로 무엇을 구하면 들으심이라 우리가 무엇이든지 구하는 바를 들으시는 줄을 안즉 우리가 그에게 구한 그것을 얻은 줄을 또한 아느니라

(3) 오직 예수 그리스도 안에 거하고 그의 이름으로 구하라

요 15:7 : 너희가 내 안에 거하고 내 말이 너희 안에 거하면 무엇이든지 원

하는 대로 구하라 그리하면 이루리라

(4) 항상 성령 안에서 기도하라[11]

> 엡 6:18 : 모든 기도와 간구를 하되 항상 성령 안에서 기도하고 이를 위하여
> 깨어 구하기를 항상 힘쓰며 여러 성도를 위하여 구하라

(5) 오직 믿음으로 구하라 그리하면 다 받으리라

> 마 21:22 : 너희가 기도할 때에 무엇이든지 믿고 구하는 것은 다 받으리라
> 하시니라

> 여호와께서 내 간구를 들으셨음이여
> 여호와께서 내 기도를 받으시리로다
>
> (시 6:9)

제 34 과
첫 번째 간구
: "하나님의 이름이 거룩하여지이다"

제101문 : 첫째 간구에서 우리가 기도하는 것이 무엇입니까?

답 : "이름이 거룩히 여김을 받으시오며"(새번역: 아버지의 이름을 거룩하게 하시며)라는 첫 간구에서 우리가 기도하는 것은 하나님께서 자기를 알게 하시는데 방편으로 쓰시는 모든 일에 있어서 우리와 또 남들에게 그를 영화롭게 할 수 있도록 하게 하시며, 또 모든 일을 하나님 자신의 영광을 위하여 처리하시라는 것입니다.

롬 11:33, 36; 마 5:16; 빌 2:11-20; 고후 3:5; 사 64:1-2; 시 67:1-3; 145장

I. "하나님의 이름이 (거룩히 여김을 받으시오며)"

1. 하나님의 이름의 비밀

타락하여 죄인된 인간은 이미 그 본성이 부패하였기 때문에 자연적인 방법으로는 참된 하나님을 알 수도 없고, 또한 하나님께 나아갈 방법도 없

다. 그러므로 하나님께서는 구속역사가 진행되는 동안 그의 백성들에게 자신의 여러 가지 성호들을 알려주시며, 그것을 통하여 스스로를 계시하셨고, 마지막에는 그 아들을 통하여 온전히 계시하셨다(출 3:13-14; 히 1:1-2). 특별히 성경에서 계시된 하나님의 이름은 하나님의 존재 자체, 즉 그의 인격, 본질, 그리고 모든 속성과 사역을 계시하는 것이다.[1] 이와 같이 하나님의 이름은 하나님 자신의 거룩하신 존재 자체를 의미하는 것이기 때문에, 하나님의 이름을 안다는 것은 곧 하나님 자신을 아는 것이다. 따라서 성경은 "참 하나님을 바로 아는 것이 우리에게는 영생이요 구원"이라고 분명히 하고 있다(요 17:3; 행 2:21).

그리고 하나님의 영화로운 이름이 세세토록 존귀와 영광을 받으심은 곧 하나님 자신의 영광을 말한다. 동시에 하나님의 이름을 모욕하는 것은 하나님의 인격과 존재 자체를 모독하는 것이다(cf. 삼상 17:45-47). 바로 이러한 이유로 십계명에서 특별히 "네 하나님 여호와의 이름을 망령되게 부르지 말라 여호와는 그의 이름을 망령되게 부르는 자를 죄 없다 하지 아니하리라"(출 20:7)고 강력한 경고의 명령을 하고 있다. 그러므로 우리가 기도할 때는 언제나 우리의 기도의 대상이 누구시며 어떠한 분이신지 분명한 인식과 깨달음을 가지고 기도의 자리로 나아가야 할 것이며, 기도의 대상이신 하나님의 성호를 부를 때마다 특별한 경외심과 믿음을 가져야 할 것이다.

렘 10:10 : 오직 여호와는 참 하나님이시요 살아 계신 하나님이시요 영원한 왕이시라

사 45:5 : 나는 여호와라 나 외에 다른 이가 없나니 나 밖에 신이 없느니라

사 42:8 : 나는 여호와이니 이는 내 이름이라 나는 내 영광을 다른 자에게 내 찬송을 우상에게 주지 아니하리라

느 9:5 : 너희 무리는 마땅히 일어나 영원부터 영원까지 계신 너희 하나님

여호와를 송축할지어다 주여 주의 영화로운 이름을 송축하올 것은 주의 이름이 존귀하여 모든 송축이나 찬양에서 뛰어남이니이다

시 9:10 : 여호와여 주의 이름을 아는 자는 주를 의지하오리니 이는 주를 찾는 자들을 버리지 아니하심이니이다 (cf. 시 20:7; 시 44:8)

요 17:3 : 영생은 곧 유일하신 참 하나님과 그가 보내신 자 예수 그리스도를 아는 것이니이다

행 2:21 : 누구든지 주의 이름을 부르는 자는 구원을 받으리라 하였느니라 (cf. 행 3:6)

요 17:26 : 내가 아버지의 이름을 그들에게 알게 하였고 또 알게 하리니 이는 나를 사랑하신 사랑이 그들 안에 있고 나도 그들 안에 있게 하려 함이니이다

2. 하나님의 여러 가지 성호[2]

(1) 엘(El) / 엘로힘 (Elohim; 하나님)

이것은 가장 일반적인 하나님의 명칭이다. 영어의 'God', 한자어 '신'(神), 그리고 한국어의 '하나님'으로 번역되는 말이다. 엘(El)은 '힘'(power)이라는 근본적인 뜻을 지닌 말에서 온 것이다. 따라서 그는 강하고 무한한 힘과 능력이 있는 분이시며, 권위와 위엄이 있는 하나님이심을 강조한다. 그리고 엘로힘(Elohim)은 엘의 강세복수형인데, 특히 이 이름은 하나님께서 온 우주 위에 절대적 권위를 가지신 주권자이심을 나타낸다. 동시에 이 이름은 경외의 대상으로서 참 하나님, 곧 창조주 하나님으로서 '강하고 또 힘과 능력, 그리고 무한한 위엄이 있으신 분', 그럼으로써 반드시 '경외 받아야 하실 분'을 뜻한다(창 3:42 참조). 이 성호의 여러 가지 복합명칭 가운데 몇 가지 중요한 예들에는 다음과 같은 것들이 있다.

① 엘 엘욘 – '가장 강하신 하나님', '가장 높으신 하나님' (창 14:18; 민

24:16; 사 14:13,14); '천지의 주재이신 하나님'

② 엘 로이 - '감찰하시는 하나님'(창 16:13)

③ 엘 샤다이 - '전능하신 하나님'(창 17:1-20)

④ 엘 올람 - '영원하신 하나님'(창 21:33; 사 40:28)

(2) 여호와(Yahweh/Jehovah)

이것은 출애굽기 3:14에서 '나는 스스로 있는 자'(YHWH)라고 하나님께서 모세를 통하여 특별히 계시하신 성호이다. 따라서 하나님의 여러 가지 명칭 가운데 가장 고유하고 거룩한 하나님의 성호로 알려졌다. 이것은 특별히 하나님의 '스스로 계심' 즉, 자존성을 나타냄과 동시에 하나님과 그의 백성인 이스라엘과의 언약적 관계 속에서 주신 이름으로서 언약에 있어 신실하심과 절대적 주권을 나타내는 성호이다. 이 성호는 다양한 복합 명칭으로 사용되기도 하는데, 몇 가지 예들은 다음과 같다.

① 여호와 이레 - '여호와께서 준비하심'(창 22:8-14),

② 여호와 닛시 - '여호와는 나의 깃발'(출 17:15)

③ 여호와 샬롬 - '여호와는 평강'(삿 6:24)

④ 여호와 체바오트 - '만군의 여호와'(삼상1:3; 17:45; 시 24:10; 46:7,11)

⑤ 여호와 삼마 - '여호와께서 거기 계시다'(겔 48:35)

⑥ 여호와 라파 - '치료하시는 여호와'(출 15:26)

⑦ 여호와 로이 - '여호와는 나의 목자'(시 23:1)

⑧ 여호와 엘로힘 - '전능하신 하나님 여호와'(삿 5:3; 사 17:6)

⑨ 여호와 씨드케누 - '여호와 우리의 의'(렘 23:6; 33:16)

(3) 아도나이(Adonai; 주)

이 성호는 기본적으로 '다스리는 자', '주'(主) 또는 '주님'(the Lord)이라는 뜻으로, 하나님과 이스라엘, 그리고 모든 피조물과의 관계를 주인과 종의 관계로 나타내는 것이다. 따라서 이 이름은 하나님이 만유의 주님, 만주의 주님으로서 지극히 높으신 분이심을 뜻한다. 특별히 이 칭호는 구약의 '여호와'(야웨, Yahweh)라는 하나님의 고유한 성호가 너무나 거룩해서 이스라엘 백성이 성경을 읽을 때에 이 성호가 나올 때마다 '아도나이'라고 읽은 데서 유래하였다.

(4) 데오스(Theos; 하나님)

구약의 엘, 엘로힘, 엘리욘 등의 명칭들이 신약성경에서 모두 이 용어로 번역되었다. 그만큼 신약에서 단순히 하나님(God)을 뜻하는 명칭으로 가장 보편적으로 사용되었다. 이는 대부분의 경우에 성부 하나님을 뜻하나, 간혹 성자 하나님을 뜻하는 곳도 있다(cf. 요 1:1, 18; 20:28; 행 20:28; 롬 9:5; 딛 2:13; 히 1:18; 벧후1:1; 요일 5:20).

(5) 퀴리오스(Kurios; 주)

이 명칭은 구약의 '여호와', '아도나이'를 대신 하는 것으로서, '주'(the Lord)라는 뜻이다. 성부 하나님뿐만 아니라, 성자이신 예수 그리스도에게도 사용되었다. 그러나 신약에서 성부 하나님은 대체로 '데오스'로 예수 그리스도는 '퀴리오스'로 사용하는 경향이 있다.

(6) 파테르(Pater; 아버지)

구약에서도 하나님께서는 종종 이스라엘 백성들의 아버지로서(신 32:6; 사

63:16), 또한 이스라엘은 그의 자녀로서(출 4:22; 신 14:1; 사 1:2) 표현되었다. 이것은 여러 가지 의미로 사용되었는데, ① 먼저 만물의 창조주요 근원으로서의 아버지(고전 8:6; 엡 3:14; 히 12:9; 약 1:17), ② 삼위일체의 제1위격인 성부 하나님, 마지막으로 ③ 영적 자녀로서 모든 믿는 자들의 아버지(롬 8:15; 갈 4:6)의 뜻으로 사용되었다.

II. "(하나님의 이름이) 거룩히 여김을 받으시오며"

1. 거룩하신 하나님

'거룩'(holiness)은 하나님의 가장 본질적인 속성 가운데 하나이다. 거룩을 의미하는 '카도쉬'는 '자르다', '구별하다'라는 본래적인 의미를 가지는데, 이것으로부터 하나님의 거룩하심은 기본적으로 다른 모든 피조물과의 본질적인 다름, 즉 구별성과 초월성을 의미한다고 볼 수 있다. 그러나 이 간구가 꼭 하나님의 다양한 속성들 가운데 하나인 거룩성에만 한정지어 말하는 것은 결코 아니다. 즉, 이 간구는 하나님의 이름을 통하여 계시되는 이 세상과 구별된 그의 초월적인 인격과 존재, 그리고 영원하심과 전지하심, 전능하심, 편재하심 등의 다른 모든 속성들을 함께 내포하는 말이다. 그럼으로써 그는 다른 존재들과 완전히 차원이 다르게 구별된 분이심을 의미한다. 나아가 하나님의 거룩하심은 오직 한분이며 참되신 살아계신 하나님의 위엄과 영광을 뜻한다.

그러므로 오직 스스로 거룩하시고 영광 가운데 거하시는 하나님만이 참된 찬양과 경배의 대상이 되시며, 또한 우리의 참된 기도의 대상이 되신다. 그러므로 우리는 모든 간구 이전에 무엇보다 먼저 하나님의 이름의 존귀와 영광을 위하여 간구해야 한다.[3] 주님께서 가르치시는 것은 바로 이것이 크고 첫째 되며, 가장 우선적으로 간구해야 할 우리의 기도 제목이어야 한다는 것이다.

> **딤전 6:15-16** : 하나님은 복되시고 유일하신 주권자이시며 만왕의 왕이시며 만주의 주시요 오직 그에게만 죽지 아니함이 있고 가까이 가지 못할 빛에 거하시고 어떤 사람도 보지 못하였고 또 볼 수 없는 이시니 그에게 존귀와 영원한 권능을 돌릴지어다
>
> **시 8:1** : 여호와 우리 주여 주의 이름이 온 땅에 어찌 그리 아름다운지요 주의 영광이 하늘을 덮었나이다
>
> **사 40:25** : 거룩하신 이가 이르시되 그런즉 너희가 나를 누구에게 비교하여 나를 그와 동등하게 하겠느냐 하시니라
>
> **사 6:2-3** : 스랍들이 모시고 섰는데 … 서로 불러 이르되 거룩하다 거룩하다 거룩하다 만군의 여호와여 그의 영광이 온 땅에 충만하도다 하더라
>
> **계 4:8-9** : 네 생물은 각각 여섯 날개를 가졌고 그 안과 주위에는 눈들이 가득하더라 그들이 밤낮 쉬지 않고 이르기를 거룩하다 거룩하다 거룩하다 주 하나님 곧 전능하신 이여 전에도 계셨고 이제도 계시고 장차 오실 이시라 하고 그 생물들이 보좌에 앉으사 세세토록 살아 계시는 이에게 영광과 존귀와 감사를 돌릴 때에

2. "거룩히 여김을 받으시오며"의 의미 – "오직 하나님의 영광"

(1) '오직 하나님의 영광'(Soli Deo Gloria)**을 위한 간구**

그렇다면 "하나님의 이름이 거룩히 여김을 받으시오며"라는 간구의 본질적인 의미는 무엇인가? 먼저, 하나님은 이미 스스로가 본질상 더할 수

없이 거룩하신 분이시기 때문에 그 어떤 피조물이 조금이라도 더 거룩하게 할 수 있는 분이 아니시다. 그러므로 유대 전통에 따라 이것은 영광의 찬양으로도 볼 수 있으나, 다음과 같은 의미에서 간구로 해석해도 무방하다.[4] 즉, 이 간구가 가지는 본질적인 의미는 우리가 하나님의 영광을 가리지 않고, 거룩하신 하나님을 높이며, 하나님의 영광, 그 이름의 위엄과 존귀하심을 나타내고 드러내는 것이라 할 수 있다.[5] 성경은 "여호와의 이름에 합당한 영광을 그에게 돌릴지어다"(시 96:8)라고 했다. 예수님께서도 "아버지여, 아버지의 이름을 영광스럽게 하옵소서 하시니 이에 하늘에서 소리가 나서 이르되 내가 이미 영광스럽게 하였고 또다시 영광스럽게 하리라 하시니"(요 12:28)라고 기도하시며, 그의 지상에서의 모든 메시아 사역, 그리고 십자가에서 죽으심과 부활에서 보여준 그의 완전한 순종을 통하여 아버지 하나님의 거룩한 위엄과 영광을 온전히 드러내셨다.[6]

사 42:8 : 나는 여호와이니 이는 내 이름이라 나는 내 영광을 다른 자에게, 내 찬송을 우상에게 주지 아니하리라
출 34:14 : 너는 다른 신에게 절하지 말라 여호와는 질투라 이름하는 질투의 하나님임이니라

(2) 기도하는 자의 책임

하나님께서는 우리에게 "내가 거룩하니 너희도 거룩할지어다"(벧전 1:16; 레 11:45)라고 명령하셨다. 바로 여기에서 기도하는 자의 책임과 의무가 말해져야만 한다. 즉, 하나님의 백성들은 예배를 통해서 감사와 찬양으로 하나님께 영광을 돌려드릴 뿐만 아니라, 스스로의 거룩하고 성화된 삶으로 하나님의 위엄과 영광을 온전히 드러내야 할 것이다. 따라서 만일 우리가 마땅히 하나님께 돌려드려야 할 영광을 온전히 드리지 않는다면, 하나님

께서는 이를 결코 기뻐하시지 않을 것이다. 나아가 하나님 앞에 기도하는 자로서 우리는 무엇보다도 우리의 믿음, 그리고 성화된 삶과 행실을 통하여 하나님의 영광을 가리지 않아야 할 것이다. 그의 백성들을 통하여 하나님의 이름이 존귀하게 되는 것, 이것이 주기도문의 첫 번째 간구와 함께 기도하는 우리에게 주어지는 책무이다.[7] 우리의 허물과 잘못으로 인하여 거룩하신 하나님의 이름이 오히려 치욕과 멸시를 당하게 된다면, 이것이야말로 하나님 앞에서 큰 불경이요 죄악이 아닐 수 없다.

(3) 하나님을 경외하며 영화롭게 하는 여러 가지 구체적인 방법들[8]

① 모든 것을 하나님의 영광을 위하여 함

    고전 10:31 : 그런즉 너희가 먹든지 마시든지 무엇을 하든지 다 하나님의 영광을 위하여 하라

② 신실하게 하나님만을 의뢰하는 믿음

    시 33:21 : 우리 마음이 그를 즐거워함이여 우리가 그의 성호를 의지하였기 때문이로다

③ 감사의 예배

    시 50:23 : 감사로 제사를 드리는 자가 나를 영화롭게 하나니 그의 행위를 옳게 하는 자에게 내가 하나님의 구원을 보이리라

④ 주의 거룩한 이름을 찬양함

    시 145:21 : 내 입이 여호와의 영예를 말하며 모든 육체가 그의 거룩하신 이름을 영원히 송축할지로다

⑤ 주의 이름을 사랑함
시 5:11 : 주께 피하는 모든 사람은 다 기뻐하며 주의 보호로 말미암아 영원히 기뻐 외치고 주의 이름을 사랑하는 자들은 주를 즐거워하리이다

⑥ 성화된 삶
레 11:44 : 나는 여호와 너희의 하나님이라 내가 거룩하니 너희도 몸을 구별하여 거룩하게 하고 땅에 기는 길짐승으로 말미암아 스스로 더럽히지 말라

⑦ 그의 말씀을 청종함
삼상 15:22 : 여호와께서 번제와 다른 제사를 그의 목소리를 청종하는 것을 좋아하심 같이 좋아하시겠나이까 순종이 제사보다 낫고 듣는 것이 숫양의 기름보다 나으니

⑧ 하나님께 영광을 돌려 드리지 않는 자에 대한 벌
민 20:12 : 여호와께서 모세와 아론에게 이르시되 너희가 나를 믿지 아니하고 이스라엘 자손의 목전에서 내 거룩함을 나타내지 아니한 고로 너희는 이 회중을 내가 그들에게 준 땅으로 인도하여 들이지 못하리라 하시니라
행 12:23 : 헤롯이 영광을 하나님께로 돌리지 아니하므로 주의 사자가 곧 치니 벌레에게 먹혀 죽으니라

여호와께서 다스리시니

만민이 떨 것이요

여호와께서 그룹 사이에 좌정하시니

땅이 흔들릴 것이로다

시온에 계시는 여호와는 위대하시고

모든 민족보다 높으시도다

주의 크고 두려운 이름을 찬송할지니

그는 거룩하심이로다

… 너희는 여호와 우리 하나님을 높이고

그 성산에서 예배할지어다

여호와 우리 하나님은 거룩하심이로다

(시 99:1-3, 9)

제 35 과

두 번째 간구
: "하나님의 나라가 임하옵소서"

제102문: 둘째 간구에서 우리가 기도하는 것이 무엇입니까?
답 : "나라이 임하옵시며"(새번역: 어버지의 나라가 오게 하시며)라는 둘째 간구에서 우리가 기도하는 것은 사단의 왕국이 파괴되는 것과, 은혜의 왕국이 발전되어 우리들과 또 남들이 그리로 인도되어 그 안에 있게 되는 것과, 영광의 왕국이 하루 속히 임하는 것입니다.
시 68:1-2; 마 6:33; 슥 14:20; 계 22:20

I. 하나님의 나라(the Kingdom of God)의 참된 의미

1. 하늘나라(천국) vs 하나님의 나라

우리는 흔히 "예수님 믿고 구원받으세요. 예수님 믿으면 천국 갑니다!"라고 전도한다. 이 말이 결코 틀린 말은 아니지만, 그러나 이 말의 진정한 의미를 모른다면 굉장히 오해할 수 있는 말이고, 또 실제로도 그러하다.

즉, 통상적인 용법과 의미에 있어 천국은 단지 구원받은 사람이 죽으면 가는 곳, 온갖 휘황찬란한 보석과 열두 진주문으로 장식된 곳, 유리바다가 아름답게 펼쳐진 곳으로 묘사되는 하늘 저편 멀리 어딘가에 있는 장소로서의 하늘나라(the Kingdom of Heaven, 천국)로만 이해되고 있다(cf. 계 21장). 바로 여기에 '천국'에 대한 우리의 단편적인 이해와 더불어 복음과 구원의 진리에 대한 심각한 오해가 자리 잡고 있다. 즉, 천국을 단순히 가까운 미래에 우리가 죽으면 우리의 영혼이 들어가 살 곳, 아니면 더 먼 미래에 예수님께서 재림하셔서 최후 심판 후에 구원받은 자들이 들어가 영원토록 살아갈 말할 수 없이 아름다운 곳 정도로만 이해하거나, 또 그럼으로써 구원이란 단지 예수님을 열심히 믿음으로 죄 용서함 받아 그와 같은 영원한 낙원인 천국에 들어가는 것이라고만 이해한다면, 우리는 복음과 구원의 진리에 대하여 아직 제대로 이해하지 못한 것이다.[1] 사실 한국교회의 일각에서 믿음과 행위, 칭의와 성화의 문제가 여전히 통합적으로 이해되지 못하는 근본적인 이유 가운데 한 가지가 바로 여기에 자리하고 있다.

그렇다면 먼저, 과연 **'천국'**(하늘나라; the Kingdom of Heaven)과 **'하나님의 나라'**(the Kingdom of God)는 같은 것인가? 다른 것인가? 구약에서부터 유대인들은 하나님의 성호, 특별히 '여호와'(YHWH)라는 명칭이 너무나 경외스러운 것이라 하여 그 성호를 함부로 부르는 것을 금했다. 그래서 여호와(YHWH)라는 네 개의 문자를 써놓고 이 성호가 나오면 '아도나이'(주여)라고 읽거나, 제2성전 시기 이후에는 그 정도가 더 심해져 서기관들이 책에 필사할 때조차도 그 철자를 쓰는 것 대신에 점 네개(. . . .)를 찍거나 다른 부호를 써서 표시했는데, 이를 '테트라그람마톤'(tetragrammaton)이라고 한다. 그래서 하나님을 부를 때에도 '하 샤마임'('그 하늘'이라는 뜻)이라고 했고, '하나님의 나라 또는 왕국'은 '말쿠트 하샤마임'(하늘나라)으로 불렀다.[2]

공관복음서 가운데 특별히 마태복음서는 유대인들을 위하여 쓰여진 복음서이다. 따라서 그러한 유대전통을 잘 알고 존중하여 기록한 마태는 '하나님의 나라'(ἡ βασιλεία του θεου, the Kingdom of God) 대신에 '하늘나라', 곧 '천국'(ἡ βασιλεία των οὐρανων, the Kingdom of Heaven)이라고 쓰고 있다. 그러나 이러한 용법과 의미를 잘 알지 못하는 이방인들을 대상으로 성경을 기록한 마가와 누가는 공동본문에서 '하나님의 나라' 라는 본래적인 용법을 정확하게 밝혀서 쓰고 있다. 그러므로 우리는 신약성경에서 '천국'(하늘나라)과 '하나님의 나라' 는 서로 동일한 의미이며, '하늘나라' 혹은 '천국' 이라는 말의 본래적인 용법과 의미는 '하나님의 나라' 라는 사실을 알 수 있다.[3]

> **마 4:17** : 이 때부터 예수께서 비로소 전파하여 이르시되 회개하라 천국[the kingdom of heaven (ἡ βασιλεία των οὐρανων)]이 가까이 왔느니라 하시더라
>
> **막 1:14-15** : 요한이 잡힌 후 예수께서 갈릴리에 오셔서 하나님의 복음을 전파하여 이르시되 때가 찼고 하나님의 나라[The kingdom of God (ἡ βασιλεία του θεου)]가 가까이 왔으니 회개하고 복음을 믿으라 하시더라
>
> **눅 4:43-44** : 예수께서 이르시되 내가 다른 동네들에서도 하나님의 나라 [the kingdom of God (ἡ βασιλεία του θεου)] 복음을 전하여야 하리니 나는 이 일을 위해 보내심을 받았노라 하시고 갈릴리 여러 회당에서 전도하시더라

2. 하나님의 나라는 이 땅에 세워질 지상왕국을 말하는가?

예수님 당시 대부분의 유대인들은 구약에서 약속된 '메시야'(그리스도)를 대망하고 있었는데, 그러나 그들이 기다린 메시아는 로마의 압제에서 그

들을 해방시키고 이 땅 위에 그 옛날 무너진 다윗의 찬란한 왕국을 회복할 바로 그러한 정치적인 메시아였다.[4] 특별히 '열심당'(젤롯당)이라는 사람들이 바로 그러한 사람들인데, 그들은 그러한 대망을 가지고 열심히 로마로부터의 독립운동을 전개하는 하나의 정치적인 비밀결사를 조직하여 활동하던 사람들이었다. 심지어 예수님의 제자들도 처음에는 예수님을 그러한 정치적인 메시아로서 잘못 이해하고 있었음을 알 수 있다. 실로 그들은 참된 구원, 복음의 진리와 '하나님의 나라'를 오해하였던 것이다. 그러나 예수님께서 전하시는 복음, '하나님의 나라'는 그와 같이 이 땅에 세워질 지상낙원이 아니었음은 물론, 스스로도 이 세상의 임금으로 오시지 않으셨다. 오히려 그는 왕으로 섬김을 받으려 함이 아니라 종의 신분으로 섬기기 위해 오셨고, 우리에게 참된 생명을 주시기 위해 대속의 고난과 십자가의 죽음을 당하셨다(cf. 마 20:28; 빌 2:7).

> **요 6:13-15** : 이에 거두니 보리떡 다섯 개로 먹고 남은 조각이 열두 바구니에 찼더라 그 사람들이 예수께서 행하신 이 표적을 보고 말하되 이는 참으로 세상에 오실 그 선지자라 하더라 그러므로 예수께서 그들이 와서 자기를 억지로 붙들어 임금으로 삼으려는 줄 아시고 다시 혼자 산으로 떠나 가시니라
>
> **마 20:20-22** : 그 때에 세베대의 아들의 어머니가 그 아들들을 데리고 예수께 와서 절하며 무엇을 구하니 예수께서 이르시되 무엇을 원하느냐 이르되 나의 이 두 아들을 주의 나라에서 하나는 주의 우편에, 하나는 주의 좌편에 앉게 명하소서 예수께서 대답하여 이르시되 너희는 너희가 구하는 것을 알지 못하는도다
>
> **마 20:28** : 인자가 온 것은 섬김을 받으려 함이 아니라 도리어 섬기려 하고 자기 목숨을 많은 사람의 대속물로 주려 함이니라
>
> **빌 2:6-8** : 그는 근본 하나님의 본체시나 하나님과 동등됨을 취할 것으로

여기지 아니하시고 오히려 자기를 비워 종의 형체를 가지사 사람
들과 같이 되셨고 사람의 모양으로 나타나사 자기를 낮추시고 죽
기까지 복종하셨으니 곧 십자가에 죽으심이라

그러므로 예수님께서 가르치신 하나님의 나라는 유대인을 중심으로 한 회복된 다윗왕국은 물론, 이 땅에 세워질 어떤 아름다운 지상낙원, 혹은 지상왕국도 아니었다.

> **마 8:11-12** : 또 너희에게 이르노니 동서로부터 많은 사람이 이르러 아브라함과 이삭과 야곱과 함께 천국에 앉으려니와 그 나라의 본 자손들은 바깥 어두운 데 쫓겨나 거기서 울며 이를 갈게 되리라
> **마 21:43** : 그러므로 내가 너희에게 이르노니 하나님의 나라를 너희는 빼앗기고 그 나라의 열매 맺는 백성이 받으리라

3. '하나님의 나라'의 참된 의미는 무엇인가?[5]

그렇다면 예수님께서 가르치신 하나님의 나라는 과연 무엇인가? 먼저, 예수님께서는 하나님의 나라가 물질적인 것도 아니요, 이 세상의 어떤 장소 '여기 혹은 저기'에 눈에 보이도록 세워지거나 임하는 것이 아니라고 분명히 말씀하셨다. 결과적으로 예수님께서 가지고 오시는 하나님의 나라는 이 세상에 속한 것이 아님이 분명하다.

> **눅 17:20-21** : 바리새인들이 하나님의 나라가 어느 때에 임하나이까 묻거늘 예수께서 대답하여 이르시되 하나님의 나라는 볼 수 있게 임하는 것이 아니요 또 여기 있다 저기 있다고도 못하리니 하나님의 나라는 너희 안에 있느니라

요 18:36 : 예수께서 대답하시되 내 나라는 이 세상에 속한 것이 아니니라 만일 내 나라가 이 세상에 속한 것이었더라면 내 종들이 싸워 나로 유대인들에게 넘겨지지 않게 하였으리라 이제 내 나라는 여기에 속한 것이 아니니라

(1) 하나님의 나라는 '하나님의 통치'(다스리심)를 말한다

그렇다면 "너희는 먼저 그의 나라와 그의 의를 구하라"(마 6:33)고 하셨는데, 이때 '하나님의 나라'는 도대체 무엇을 의미하는 것인가? 먼저, '하나님의 나라'(the Kingdom of God)의 본질적인 의미는 '하나님의 주권'(the sovereignty of God), '하나님의 통치'(the reign of God), '하나님의 의', '하나님의 왕권'(the kingship of God), 즉 하나님의 주권적인 '다스리심'을 의미한다.[6]

시 10:16 : 여호와께서는 영원무궁하도록 왕이시니 이방 나라들이 주의 땅에서 멸망하였나이다

시 145:13 : 주의 나라는 영원한 나라이니 주의 통치는 대대에 이르리이다

계 11:17 : 옛적에도 계셨고 지금도 계신 주 하나님 곧 전능하신 이여 친히 큰 권능을 잡으시고 왕 노릇 하시도다

(2) 하나님의 나라는 그의 통치의 영역을 포함한다

다음으로 하나님의 나라는 하나님의 주권과 다스리심이 미치는 영역을 말한다. 물론 창조주이신 하나님은 그의 절대적인 주권으로 온 우주를 영원토록 통치하신다. 그러나 타락사건 이후 이 세상은 '이 세상의 권세 잡은 자', '이 세상의 임금'으로 말미암아 죄와 사망이 왕 노릇하고 있다(cf. 롬 5:14, 21). 따라서 예수 그리스도께서 오심은 하나님의 다스리심을 다시 회복하시기 위한 것이며, 다시 이 세상 가운데 하나님의 나라를 가져오시기 위

함이다(cf. 눅 16:16). 그러므로 성경이 말하는 하나님의 나라는 특별히 하나님께서 다스리시는 세계, 하나님의 주권이 행사되는 곳을 말한다. 다시 말하자면, 하나님의 주권이 행사되는 시간, 하나님의 주권이 행사되는 인격, 하나님의 주권이 행사되는 영역, 이 모든 것이 곧 하나님의 나라이다.

그러므로 그것은 먹는 것과 마시는 것, 즉 육체적인 것이 아니다(롬 14:17). 오직 성령으로 거듭난 자만이 하나님의 나라에 들어간다고 했다. 그래서 "여기 있다 저기 있다고도 못하리니 하나님의 나라는 너희 안에 있느니라"(눅 17:21)고 하셨다. 그것은 우리 가운데 성령의 임하심이다. 또한 예수님을 '주'요, '그리스도'로 영접하는 자, 곧 그 아들의 이름을 믿는 자에게 주어진 권세이다(cf. 마 16:16; 요 1:12). 왜냐하면 하나님의 통치하심, 하나님의 주권, 그리고 "나는 너희 하나님이 되고 너는 내 백성이 되리라"(출 6:7)는 언약관계 속에 들어가는 것, 즉 만왕의 왕이신 하나님의 언약 백성이 되는 길은 오직 성령으로 말미암아 예수 그리스도 안에서 이루어지는 것이기 때문이다(cf. 요 14:6).

그러므로 예수 그리스도 안에서 하나님과 화목관계의 회복, 그 안에 있는 생명이 주어짐, 이것이 바로 우리를 구원하는 하나님의 나라의 복음이다.[7] 죄와 사망의 권세에서 벗어나 우리 안에서 하나님의 주권이 다시 회복되는 것, 하나님의 나라가 우리에게 임하므로 우리가 다시 하나님의 통치하심의 영역 안에 들어가는 것, 이것이 바로 예수 그리스도로 말미암는 하나님 나라의 생명이다. "그러므로 이제 그리스도 예수 안에 있는 자에게는 결코 정죄함이 없나니 이는 그리스도 예수 안에 있는 생명의 성령의 법이 죄와 사망의 법에서 너를 해방하였음이라"(롬 8:1-2)고 했다.

따라서 구원이란 우리에게 '하나님의 나라'가 임하심이며, 그리고 우리가 천국에 들어간다는 것은 바로 하나님의 주권 안에 들어가는 것이요, 그의 다스리심 안으로 들어가는 것이다. 즉, 예수 그리스도로 말미암아 그의 주권과 왕권 안에 우리를 온전히 받아들이심이 구원이요 생명이다. 다시 말하자면, 오직 성령 안에서 하나님의 말씀대로, 그의 뜻대로, 그의 다스리심에 따라 완전히 순종하며 행하는 곳, 그 곳에 하나님의 나라, 곧 천국이 참으로 임하는 것이다. 그러므로 천국의 본질은 우리가 하나님의 다스리심 안에 있음으로 인하여 영원한 생명이 있는 것이며, 지옥은 하나님과 관계가 완전히 단절됨으로 인하여 영원한 죽음의 자리인 것이다.

롬 14:17 : 하나님의 나라는 먹는 것과 마시는 것이 아니요 오직 성령 안에 있는 의와 평강과 희락이라

요 3:3, 5 : 예수께서 대답하여 이르시되 진실로 진실로 네게 이르노니 사람이 거듭나지 아니하면 하나님의 나라를 볼 수 없느니라 … 예수께서 대답하시되 진실로 진실로 네게 이르노니 사람이 물과 성령으로 나지 아니하면 하나님의 나라에 들어갈 수 없느니라

골 1:13 : 그가 우리를 흑암의 권세에서 건져내사 그의 사랑의 아들의 나라로 옮기셨으니

마 7:21 : 나더러 주여 주여 하는 자마다 다 천국에 들어갈 것이 아니요 다만 하늘에 계신 내 아버지의 뜻대로 행하는 자라야 들어가리라

벧전 2:9-10 : 너희는 택하신 족속이요 왕 같은 제사장들이요 거룩한 나라요 그의 소유가 된 백성이니 이는 너희를 어두운 데서 불러내어 그의 기이한 빛에 들어가게 하신 이의 아름다운 덕을 선포하게 하려 하심이라 너희가 전에는 백성이 아니더니 이제는 하나님의 백성이요

4. 하나님의 나라의 두 가지 측면: 현재성과 미래성 [8]

(1) 하나님 나라의 현재성 : 이미 지금, 여기에 실현된 하나님의 나라

그런데 '하나님의 다스리심'을 의미하는 하나님의 나라는 두 가지 측면을 동시에 가지고 있다. 즉, '하나님의 나라'는 예수 그리스도의 메시아적 인격과 사역을 통하여 임하는 구원의 영적 실재를 말함과 동시에, 종말론적 실재로서의 '하나님의 나라'를 말한다.[9] 참으로 신약에서 '하나님의 나라'는 예수님의 선포와 지상사역의 중심으로서, 사실 예수님의 모든 지상사역이 바로 이 하나님의 나라와 관련되어 있다고 할 수 있다. 예수님께서 "이르시되 때가 찼고 하나님의 나라가 가까이 왔으니 회개하고 복음을 믿으라 하시더라"(막 1:15)고 했다. 여기에서 '때가 찼고'라는 말은 구약에서 하나님께서 약속하신 구원의 역사가 예수 그리스도 안에서 이미 시작되었으며, 그 약속의 성취가 이루어졌음을 의미한다. 즉, 그것은 메시아이신 예수 그리스도의 오심과 더불어 시작된 하나님의 나라의 성취이다.

약속하신 바대로 그가 오심은 '임마누엘', 곧 '하나님이 우리와 함께 계시다 함'(마 1:23)이다. 죄와 사망의 권세 아래서 '로암미', 우리는 그의 백성이 아니었으나(호 1:9), 이제는 그의 백성, 곧 그의 다스리심 안에 있게 되었다. 이것은 하나님의 나라의 구원론적인 의미를 말하는 것이요, 예수 그리스도의 초림으로 성취되어 이미 우리 가운데서 시작된 하나님의 나라, 곧 이미 우리 가운데 현존하는 하나님의 나라를 말하는 것이다.

눅 17:20-21 : 바리새인들이 하나님의 나라가 어느 때에 임하나이까 묻거늘 예수께서 대답하여 이르시되 하나님의 나라는 볼 수 있게 임하는 것이 아니요 또 여기 있다 저기 있다고도 못하리니 하나님의 나라는 너희 안에 있느니라

마 12:28 : 그러나 내가 하나님의 성령을 힘입어 귀신을 쫓아내는 것이면 하나님의 나라가 이미 너희에게 임하였느니라

(2) 하나님 나라의 미래성 : 종말론적으로 완성될 완전하고도 영원한 하나님의 나라

그러나 또한 성경은 "하나님의 나라가 가까웠다"고 말한다(cf. 막 1:15). 그것은 하나님의 나라가 아직 완전하게 임하지는 않았다는 의미이며, 그 최종적인 완성은 예수 그리스도의 다시 오심으로 말미암아 이루어질 것인데, 이것이 하나님 나라의 종말론적 의미이다. 이것은 예수 그리스도께서 장차 하늘과 땅의 모든 권세를 가지시고 영광가운데 재림하심으로써 그의 주권이 완전히 회복되고, "공중의 권세 잡은 자", 사탄과 악의 세력을 최종적으로 심판하시고 우주적인 통치권을 완전히 회복하심으로써 완성될 종말론인 영원한 하나님의 나라를 의미한다. 즉, 예수 그리스도의 초림과 함께 하나님의 나라가 이미 시작되었지만, 그것의 최종적인 완성은 그의 재림과 함께 이루어질 것이라는 말이다. 그러므로 예수 그리스도께서 가지고 오시는 하나님의 나라는 **'이미-아직'**(already-not yet), **'성취와 완성'** 이라는 두 가지 측면의 역동성이 있다.

> 마 25:31-34 : 인자가 자기 영광으로 모든 천사와 함께 올 때에 자기 영광의 보좌에 앉으리니 … 그 때에 임금이 그 오른편에 있는 자들에게 이르시되 내 아버지께 복 받을 자들이여 나아와 창세로부터 너희를 위하여 예비된 나라를 상속받으라
>
> 계 21:1-5 : 또 내가 새 하늘과 새 땅을 보니 처음 하늘과 처음 땅이 없어졌고 바다도 다시 있지 않더라 또 내가 보매 거룩한 성 새 예루살렘이 하나님께로부터 하늘에서 내려오니 … 보라 하나님의 장막이 사람들과 함께 있으매 하나님이 그들과 함께 계시리니 그들은 하나님의 백성이 되고 하나님은 친히 그들과 함께 계셔서 모든 눈물을 그 눈에서 닦아 주시니 … 처음 것들이 다 지나갔음이러라

II. "하나님의 나라가 임하옵시며"라는 간구의 의미

그렇다면 우리가 기도를 통하여 하나님의 나라가 임하시기를 간구하는 것은 무엇을 의미하는가? 앞에서 우리는 이미 하나님의 나라의 본질적인 의미가 '하나님의 주권', '하나님의 통치', 그리고 그의 '왕적 다스리심' 이라는 것을 살펴보았다. 그러므로 우리가 '하나님의 나라가 임하시기'를 기도하는 것이 의미하는 바는 다음과 같다.

1. 구원론적 측면

먼저 그것은 우리에게 하나님의 나라를 가져오신 예수 그리스도에게 연합됨으로 말미암아 칭의와 성화의 은혜를 입어 먼저 나의 존재와 인격, 그리고 삶이 온전히 하나님의 절대적인 주권 아래에서 다스림을 받고, 그의 뜻에 따라 순종하며 살기를 간구하는 것이다. 뿐만 아니라, 그것은 우리의 삶의 전 영역에 하나님의 온전하신 다스림과 통치하심이 임하시기를 간구하는 것이다. 그러므로 참으로 우리의 삶과 가정과 교회, 그리고 그곳이 어느 곳이든 하나님의 통치하심이 온전히 회복되었다면, 그곳에는 이미 '천국'이 임한 것이다.

> 막 10:14-15 : 예수께서 보시고 노하시어 이르시되 어린 아이들이 내게 오는 것을 용납하고 금하지 말라 하나님의 나라가 이런 자의 것이니라 내가 진실로 너희에게 이르노니 누구든지 하나님의 나라를 어린 아이와 같이 받들지 않는 자는 결단코 그 곳에 들어가지 못하리라
> 마 6:33 : 너희는 먼저 그의 나라와 그의 의를 구하라 그리하면 이 모든 것을 너희에게 더하리라

2. 선교적 측면

'하나님의 나라가 임하시기'를 기도하는 것은 예수 그리스도의 십자가와 부활로 말미암는 천국복음이 전파됨으로써 하나님의 나라가 땅 끝까지 확장되어 하나님의 우주적인 통치가 우리 가운데 이루어지고 있다는 사실을 깨달아 알기를 구하며, 또한 온 세상이 이러한 하나님의 주권과 다스리심, 그리고 그의 거룩한 영광을 찬양하며, 그것에 순종하여 살게 되기를 간구하는 것이기도 하다.[10]

마 24:14 : 이 천국 복음이 모든 민족에게 증언되기 위하여 온 세상에 전파되리니 그제야 끝이 오리라

3. 종말론적 측면

나아가 '하나님의 나라가 임하시기'를 기도하는 것은 죽은 자 가운데서 부활하시고 승천하시어 하나님의 보좌 우편에 앉으시고 하늘과 땅의 모든 권세를 가지신 예수 그리스도께서 다시 오심으로 하나님의 주권과 다스리심이 온 우주 만물에 온전히 미치게 되는 완성된 종말론적인 하나님의 나라가 속히 임하기를 소망하며 간구하는 것이다.[11]

벧후 3:10-14 : 그러나 주의 날이 도둑 같이 오리니 … 너희가 어떠한 사람이 되어야 마땅하냐 거룩한 행실과 경건함으로 하나님의 날이 임하기를 바라보고 간절히 사모하라 … 우리는 그의 약속대로 의가 있는 곳인 새 하늘과 새 땅을 바라보도다 그러므로 사랑하는 자들아 너희가 이것을 바라보나니 주 앞에서 점도 없고 흠도 없이 평

강 가운데서 나타나기를 힘쓰라
계 22: 20 : 이것들을 증언하신 이가 이르시되 내가 진실로 속히 오리라 하
                     시거늘 아멘 주 예수여 오시옵소서

바리새인들이 하나님의 나라가

어느 때에 임하나이까 묻거늘

예수께서 대답하여 이르시되

하나님의 나라는 볼 수 있게 임하는 것이 아니요

또 여기 있다 저기 있다고도 못하리니

하나님의 나라는 너희 안에 있느니라

(눅 17:20-21)

제 36 과

세 번째 간구
: "하나님의 뜻이 이루어지이다"

제103문 : 셋째 간구에서 우리가 기도하는 것이 무엇입니까?

답 : "뜻이 하늘에서 이루어진 것같이 땅에서도 이루어지이다"(새번역: 아버지의 뜻이 하늘에서와 같이 땅에서도 이루어지게 하소서)라는 셋째 간구에서 우리가 기도하는 것은 하나님께서 그의 은혜로써 우리에게 능력과 기쁜 마음을 주셔서 천사들이 하늘에서 하는 것처럼 모든 일에 있어서 하나님의 뜻을 알고 그것에 복종하도록 하여 달라는 것입니다.

히 12:28; 시 119:35; 103:20-23; 단 7:10

1. 우리는 왜 기도의 응답을 받지 못하는가?: 응답받는 기도의 원리

(1) 가장 먼저 우리가 얻지 못함은 구하지 아니하기 때문이다

약 4:2 : 너희가 얻지 못함은 구하지 아니하기 때문이요

요 16:24 : 지금까지는 너희가 내 이름으로 아무 것도 구하지 아니하였으나 구하라 그리하면 받으리니 너희 기쁨이 충만하리라

(2) 우리가 구하여도 받지 못함은 정욕으로 쓰려고 잘못 구하기 때문이다

약 4:3 : 구하여도 받지 못함은 정욕으로 쓰려고 잘못 구하기 때문이라

막 10:35-37 : 세베대의 아들 야고보와 요한이 주께 나아와 여짜오되 선생님이여 무엇이든지 우리가 구하는 바를 우리에게 하여 주시기를 원하옵나이다 이르시되 너희에게 무엇을 하여 주기를 원하느냐 여짜오되 주의 영광중에서 우리를 하나는 주의 우편에, 하나는 좌편에 앉게 하여 주옵소서 예수께서 이르시되 너희는 너희가 구하는 것을 알지 못하는도다

(3) 오직 하나님의 뜻에 따라, 성령 안에서, 믿음으로 담대히 구하라

요일 5:14-15 : 그를 향하여 우리가 가진 바 담대함이 이것이니 그의 뜻대로 무엇을 구하면 들으심이라 우리가 무엇이든지 구하는 바를 들으시는 줄을 안즉 우리가 그에게 구한 그것을 얻은 줄을 또한 아느니라

엡 6:11 : 모든 기도와 간구를 하되 항상 성령 안에서 기도하고 이를 위하여 깨어 구하기를 항상 힘쓰며 여러 성도를 위하여 구하라

롬 8:26-27 : 우리는 마땅히 기도할 바를 알지 못하나 오직 성령이 말할 수 없는 탄식으로 우리를 위하여 친히 간구하시느니라 마음을 살피시는 이가 성령의 생각을 아시나니 이는 성령이 하나님의 뜻대로 성도를 위하여 간구하심이니라

히 4:16 : 그러므로 우리는 긍휼하심을 받고 때를 따라 돕는 은혜를 얻기 위하여 은혜의 보좌 앞에 담대히 나아갈 것이니라

(4) 오직 믿음으로 구한 것은 이미 받은 줄로 알고 감사하라

막 11:24 : 그러므로 내가 너희에게 말하노니 무엇이든지 기도하고 구하는

것은 받은 줄로 믿으라 그리하면 너희에게 그대로 되리라

마 21:22 : 너희가 기도할 때에 무엇이든지 믿고 구하는 것은 다 받으리라 하시니라

약 1:6-7 : 오직 믿음으로 구하고 조금도 의심하지 말라 의심하는 자는 마치 바람에 밀려 요동하는 바다 물결 같으니 이런 사람은 무엇이든지 주께 얻기를 생각하지 말라

2. 기도의 본질: 우리는 누구의 뜻을 구해야 하는가?

우리는 매일의 기도를 통하여 과연 무엇을 구하는가? 주님께서는 주기도문의 세 번째 간구를 통하여 아주 중요한 기도의 원리를 가르쳐 주시고 있는데, 이것이야말로 기도의 참된 본질이라고 할 수 있다. 그러므로 이것을 올바로 깨닫지 못한다면, 우리는 기도할 아무런 이유가 없으며, 또한 설사 아무리 열심히 기도한다 해도, 그 기도는 아무런 응답이 없는 공허한 메아리가 될 뿐이다.

(1) 기도는 하나님의 뜻을 알기 위해서 하는 것이다

흔히 우리는 "강력하고 열심있는 기도로 하나님의 보좌를 흔들어라!?"는 말을 듣는다. 그러나 우리가 기도에서 실패하는 가장 큰 함정과 이유가 바로 여기에 자리하고 있다. 우리가 기도하는 이유는 오직 하나님의 뜻이 무엇인지 깨달아 알기 위한 것이지, 결코 내 뜻을 관철하고 내 스스로가 원하는 것을 얻기 위한 것이 아니다. 왜냐하면 기도는 우리 자신의 뜻과 소원을 하나님께 떼를 쓰듯 관철시키며, 그리하여 마침내 하나님의 보좌를 흔들어서 그의 마음과 뜻을 바꾸려고 하는 것이 아니기 때문이다. 생각해 보라! 만일 어느 누군가 열심히 기도할 때마다 하나님께서 그의 기도를

들으시고 하나님의 뜻이 변한다면, 우리가 어떻게 하나님의 신실하심을 기대할 수 있겠는가? 오늘도 이루 헤아릴 수 없는 수많은 사람들이 기도하고 있는데, 하나님은 과연 누구의 뜻에 따를 것인가? 참으로 하나님의 영원하신 뜻은 결코 변하지 않으며, 변할 수도 없다. 그러므로 오직 우리가 기도하는 이유는 기도를 통하여 하나님의 참된 뜻이 무엇인지 깨달아 알기 위함이며, 우리 자신이 변화되어 그것을 순종함으로 받아들이기 위함이다.[1]

그럼으로써 하나님이 기뻐하시는 뜻을 구하고, 그의 소원하시는 바를 찾고, 그것이 온전히 이루어지기를 간구하는 것이다.[2] 이것이 하나님의 기뻐하시는 뜻대로 구하는 기도이다. 그러므로 기도는 "하나님의 선하시고 기뻐하시고 온전하신 뜻이 무엇인지 분별하여" 깨달아 알며, 그 뜻에 순종하며 살기 위해서 하는 것이다(cf. 롬 12:2).

> **사 55:8-9** : 이는 내 생각이 너희의 생각과 다르며 내 길은 너희의 길과 다름이니라 여호와의 말씀이니라 이는 하늘이 땅보다 높음 같이 내 길은 너희의 길보다 높으며 내 생각은 너희의 생각보다 높음이니라

(2) **우리는 기도를 통하여 마음을 열고 하나님의 음성을 들어야 한다**

하나님의 뜻이 무엇인지 아는 방법에는 여러 가지가 있다. 그러나 하나님의 뜻을 발견하기 위한 방법들 가운데 가장 중요한 것은 우리의 마음의 문을 열고 우리의 영혼의 귀를 여는 것이다. 우리는 기도하는 가운데 하나님께서 말씀하시는 크고 놀라운 소리뿐만 아니라 진정 우리의 마음의 문을 열고 폭풍 가운데서도 들려오는 그 세미한 하나님의 음성을 들어야만 한다. 참으로 많은 경우에 있어 하나님께서 우리의 기도에 침묵하시며 말

씀하시지 않는 것이 아니라, 오히려 우리의 귀를 막은 채 우리가 듣고 싶어 하는 것만 들으려 하고, 참된 하나님의 음성을 들으려 하지 않는 것이 문제의 본질이다.

> **계 3:20** : 볼지어다 내가 문 밖에 서서 두드리노니 누구든지 내 음성을 듣고 문을 열면 내가 그에게로 들어가 그와 더불어 먹고 그는 나와 더불어 먹으리라

3. 기도의 진정한 능력은 무엇인가?

참으로 기도는 우리에게 주어진 은혜의 방편이자 강력한 무기이다. 그러므로 주님께서는 항상 기도하라고 하시며, 찾고, 구하고 두드리라고 하신다. 그렇다면 기도의 진정한 능력은 과연 무엇인가?

> **약 5:15-16** : 믿음의 기도는 병든 자를 구원하리니 주께서 그를 일으키시리라 혹시 죄를 범하였을지라도 사하심을 받으리라 그러므로 너희 죄를 서로 고백하며 병이 낫기를 위하여 서로 기도하라 의인의 간구는 역사하는 힘이 큼이니라

우리는 때때로 기도를 통하여 힘들고 고통스러운 외적인 환경이나 여건을 조금도 바꾸지 못할 때가 너무나 많다. 그렇다면 우리의 기도는 전혀 능력이 없어서 그러한가? 진정 우리는 기도에 실패만 하는 사람들인가? 과연 하나님께서는 나의 기도만 들으시지 않는 것일까? 아니다. 전혀 그렇지 않다. 그러므로 우리는 먼저 하나님께서 우리의 기도를 통하여 일하시는 방법을 잘 이해하여야만 한다. 우리가 어려움 가운데서 기도하는 순간,

비록 그 환경이 전혀 바뀌지 않는다 할지라도, 그럼에도 불구하고 이미 놀라운 변화가 일어나고 있다는 사실을 깨달아야 한다. 그것은 우리를 에워싸고 있는 환경이 아니라 바로 기도하는 우리 자신의 변화이다. 즉, 기도하는 바로 그 순간 오히려 우리는 기도를 통하여 그러한 고난과 역경을 이겨낼 수 있는 우리 자신의 믿음의 큰 변화를 체험하게 된다. 이와 같이 하나님께서는 우리의 기도를 통하여 기도하는 우리 자신을 그의 뜻에 합당하도록 변화시키신다.

우리는 끊임없이 옛사람을 버리고 새사람으로 변해가야 하고, 그리스도의 믿음의 장성한 분량에 이르기까지 계속하여 성장하고 자라가야만 한다. 나 자신이 하나님의 뜻 안에서 참된 그리스도의 형상에 따라 새사람으로 끊임없이 변화되어 가는 것, 바로 이것이 하나님께서 기뻐하시는 온전한 뜻이며, 기도의 진정한 힘과 능력이다. **참으로 나 자신이 변하면 모든 것이 변한다.** 따라서 하나님께서는 나를 변화시키기 위하여 고난의 환경을 주셨는데, 오히려 나 자신은 전혀 변하지 않은 채 계속하여 환경만 바꾸어 달라고 기도하는 것은 전혀 무의미한 일이다. 결국 하나님께서는 우리 자신의 변화를 통하여 모든 것을 변화시키는 기폭제로 사용하시기 위하여 날마다 우리로 하여금 기도하게 하시는 것이다.

예를 들어, 하나님께서는 십자가의 고난의 잔을 앞에 둔 예수님의 처절한 겟세마네 기도와 바울이 자기 몸 안에 있는 고통스러운 가시를 없애달라고 간청하는 기도에 전혀 응답하시지 않으셨고 (예수님과 사도 바울만한 큰 믿음을 우리가 찾을 수 있겠는가?), 그 환경에 아무런 변화도 일으키지 않으셨다. 그러나 예수님과 바울은 정말로 간절히 기도하는 가운데 (과연 누가 십자가의 고난의 잔을 앞에 둔 예수님만큼이나 간절히 기도할 수 있겠는가?), 결국 하나님의 영원하신 뜻이 무엇인지 분명히 알고 그 뜻을 이루어 드릴 수 있도록 준비되었다.[3] 즉, 간절한 기도를 통하여 하나님의 뜻을 확인하고 스스로가 변화되어 오히려 하나님의 뜻을 온전히 이루어 드리는 계기가 되었다. 그것으로 말미암아 얼마나 놀라운 일이 일어났으며, 이 세상 전체가 어떻게 변화되었는지는 우리가 너무나 잘 알고 있지 않는가? 예수 그리스도께서 그 십자가의 고난의 잔을 드심으로 해서 우리 모두가 구원의 큰 은혜를 입었고, 사도 바울이 변함으로써 이방 세상에 십자가와 부활의 복음이 전파될 수 있었다. 이것이 바로 기도의 진정한 능력이 아니겠는가?

(1) 예수님의 겟세마네 기도

막 12:32-42 : 그들이 겟세마네라 하는 곳에 이르매 예수께서 제자들에게 이르시되 내가 기도할 동안에 너희는 여기 앉아 있으라 하시고 … 이때가 자기에게서 지나가기를 구하여 이르시되 아빠 아버지여 아버지께는 모든 것이 가능하오니 이 잔을 내게서 옮기시옵소서 그러나 나의 원대로 마시옵고 아버지의 원대로 하옵소서 하시고 … 때가 왔도다 보라 인자가 죄인의 손에 팔리느니라 일어나라 함께 가자 보라 나를 파는 자가 가까이 왔느니라

(2) 바울의 육체의 가시를 위한 기도

고후 12:7-9 : 여러 계시를 받은 것이 지극히 크므로 너무 자만하지 않게 하시려고 내 육체에 가시 곧 사탄의 사자를 주셨으니 … 이것이 내게서 떠나가게 하기 위하여 내가 세 번 주께 간구하였더니 나에게 이르시기를 내 은혜가 네게 족하도다 이는 내 능력이 약한 데서 온전하여짐이라 하신지라 그러므로 도리어 크게 기뻐함으로 나의 여러 약한 것들에 대하여 자랑하리니 이는 그리스도의 능력이 내게 머물게 하려 함이라

4. 그렇다면 과연 하나님의 뜻은 무엇인가?: 하나님의 뜻의 3가지 차원

(1) 하나님의 비밀한 영원한 작정

작정이란 영원하신 하나님의 뜻의 경륜에 따른 '영원한 계획' 또는 '영원한 목적' 인데, 그의 영광을 위해 장차 일어날 모든 것에 대하여 미리 정하신 것이라고 정의된다. 간단히 말하자면, 하나님의 작정이란 '하나님의 영원하신 뜻' 이다.[4] 그러므로 역사의 진행과정이나 우리의 일상사 속에서 일어나는 모든 일들은 우연 또는 운명에 의한 것이 아니라, 그 궁극적 원인은 하나님의 영원한 작정과 계획에 있다. 하나님의 작정은 모든 영역과 모든 일을 다 포함하는 전체적이고 포괄적인 것이다. 이러한 하나님의 영원한 작정이 곧 하나님의 절대적이고 궁극적인 뜻으로서, 이것은 결코 변하지 않으며 반드시 이루어진다.[5] 하나님께서는 그의 놀라운 일을 이루심에 있어 진정 열심이시며, 오늘도 쉬지 않으시고 일하시며, 또한 계획하신 모든 것을 반드시 이루신다. 이것이 하나님의 신실하심이다. 그러나 그러한 하나님의 영원하신 뜻은 우리에게는 알 수 없는 비밀로 감추어진 것으로, 우리는 단지 그것이 이루어진 다음에야 비로소 알 수 있다.

> 엡 1:11-12 : 모든 일을 그의 뜻의 결정대로 일하시는 이의 계획을 따라 우리가 예정을 입어 그 안에서 기업이 되었으니 이는 우리가 그리스도 안에서 전부터 바라던 그의 영광의 찬송이 되게 하려 하심이라
> 시 33:11 : 여호와의 계획은 영원히 서고 그의 생각은 대대에 이르리로다
> 고전 2:7 : 하나님이 우리의 영광을 위하여 만세 전에 미리 정하신 것이라
> 마 24:36-37 : 그러나 그 날과 그 때는 아무도 모르나니 하늘의 천사들도, 아들도 모르고 오직 아버지만 아시느니라 노아의 때와 같이 인자의 임함도 그러하리라

(2) 하나님의 구원계획에 계시된 하나님의 뜻

하나님의 예정(predestination)은 특별히 그의 택한 백성들을 예수 그리스도 안에서 구원하시기 위한 영원한 계획을 말한다. 즉, 예수 그리스도의 복음으로 말미암아 그의 택한 백성들을 구원하시기 위한 하나님의 뜻은 성경말씀을 통하여 우리에게 분명하게 계시되어 있다. 그러므로 온 세상 땅 끝까지 잃어버린 영혼을 찾아 구원하는 것이 변할 수 없는 하나님의 뜻으로, 우리 모두는 이것을 너무나 잘 알고 있다. 우리는 그것을 위하여 거룩한 부름을 받고 귀한 사명을 받은 것이다. 그리고 하나님께서는 구원받은 그의 백성들이 자신의 말씀에 순종하며 하나님의 자녀로서 믿음으로 온전한 삶을 살기를 원하신다. 이러한 신앙과 삶의 원리는 우리에게 분명히 계시되었다. 이것이 영감된 하나님의 말씀, 곧 성경을 통하여 분명하게 계시된 우리를 향한 하나님의 뜻이라 할 수 있다.

> 엡 1:4-5 : 곧 창세 전에 그리스도 안에서 우리를 택하사 우리로 사랑 안에서 … 그 기쁘신 뜻대로 우리를 예정하사 예수 그리스도로 말미암아 자기의 아들들이 되게 하셨으니
>
> 요 6:38-40 : 내가 하늘에서 내려온 것은 내 뜻을 행하려 함이 아니요 나를 보내신 이의 뜻을 행하려 함이니라 나를 보내신 이의 뜻은 내게 주신 자 중에 내가 하나도 잃어버리지 아니하고 마지막 날에 다시 살리는 이것이니라 내 아버지의 뜻은 아들을 보고 믿는 자마다 영생을 얻는 이것이니 마지막 날에 내가 이를 다시 살리리라 하시니라
>
> 살전 4:3 : 하나님의 뜻은 이것이니 너희의 거룩함이라
>
> 살전 5:16-18 : 항상 기뻐하라 쉬지 말고 기도하라 범사에 감사하라 이것이 그리스도 예수 안에서 너희를 향하신 하나님의 뜻이니라

(3) 일상의 삶 속에서 섭리의 과정을 통하여 나타나는 하나님의 뜻

섭리란 하나님께서 창조하신 모든 피조물들을 그냥 내버려 두시지 않고 보존하시며, 창조 세계 안에서 일어나는 모든 일들을 일일이 간섭하시고 다스리심으로 만물을 그 정하신 목적대로 인도하시며 이루어가시는 놀라운 하나님의 사역을 말한다. 따라서 하나님께서는 모든 사람들 개개인의 삶을 위한 특별한 계획을 가지시고, 그들의 삶의 발걸음을 일일이 인도하신다(아브라함, 요셉, 모세, 바울 등). 우리는 하나님의 말씀과 기도와 그 외 여러 가지 방편으로 이러한 하나님의 섭리적인 뜻을 분별할 수 있다.

> **롬 12:2** : 너희는 이 세대를 본받지 말고 오직 마음을 새롭게 함으로 변화를 받아 하나님의 선하시고 기뻐하시고 온전하신 뜻이 무엇인지 분별하도록 하라
> **잠 3:5-6** : 너는 마음을 다하여 여호와를 신뢰하고 네 명철을 의지하지 말라 너는 범사에 그를 인정하라 그리하면 네 길을 지도하시리라

5. 일상의 삶의 과정에서 하나님의 뜻을 어떻게 알 수 있는가?

(1) 하나님께서는 그 기쁘신 뜻을 우리의 마음속에 소원으로 주신다

일반적으로 하나님께서는 자의로 또는 억지로 우리를 움직이시는 것이 아니라 그의 기쁘신 뜻을 이루시기 위하여 먼저 우리의 마음에 거룩한 소원을 주시며 기도하게 하신다. 즉, 하나님께서는 우리가 자원하는 심령으로 기쁘게 일하기를 원하신다. 그러므로 우리는 기도를 통하여 먼저 우리 마음속에 심어주신 하나님께서 주신 그의 기쁘신 뜻이 무엇인지, 우리 마음속에 주신 소원을 잘 분별하여 분명하게 깨달아야 한다.

빌 2:13 : 너희 안에서 행하시는 이는 하나님이시니 자기의 기쁘신 뜻을 위하여 너희에게 소원을 두고 행하게 하시나니

렘 29:11-13 : 너희를 향한 나의 생각을 내가 아나니 평안이요 재앙이 아니니라 너희에게 미래와 희망을 주는 것이니라 너희가 내게 부르짖으며 내게 와서 기도하면 내가 너희들의 기도를 들을 것이요 너희가 온 마음으로 나를 구하면 나를 찾을 것이요 나를 만나리라

(2) 그러나 그것이 정말로 하나님의 기쁘신 뜻인지 반드시 말씀으로 확인해야 한다

우리가 기도하는 이유는 삶의 구체적인 상황들 가운데 내 마음에서 일어나는 생각과 소원들이 과연 하나님의 뜻인지, 인간의 정욕으로 말미암은 것인지 분별하기 위함이다. 하나님의 크신 뜻, 즉 모든 일의 원리원칙과 규범들은 이미 성경 말씀으로 우리에게 분명하게 계시되어 주어졌기 때문에, 우리는 우리의 마음속에 주어지는 소원들에 대하여 오직 하나님의 말씀(Sola Scriptura)에 비추어 판단해야만 한다. 그러나 이때에도 우리는 성경 말씀의 어떤 특정 구절에 얽매이기 보다는 전체적인 성경 말씀(Tota Scriptura)이 가르치는 원리와 원칙에 따라야 할 것이다(제비뽑기 식으로 어떤 특정 구절만을 볼 때의 낭패: 마 27:5 + 롬 9:28). 예를 들면, 우리에게 불현듯 무엇인가를 가지고 싶다는 마음의 간절한 소원이 있다 할지라도, 그것이 부정한 것이거나 도둑질 하지 말라는 말씀의 원칙에 어긋난다면, 그것은 우리의 정욕과 탐욕에 의한 것이지 하나님께서 주신 소원은 결코 아닐 것이다.

시 119:105 : 주의 말씀은 내 발에 등이요 내 길에 빛이니이다

시 119:130 : 주의 말씀을 열면 빛이 비치어 우둔한 사람들을 깨닫게 하나이다

잠언 6:23 : 대저 명령은 등불이요 법은 빛이요 훈계의 책망은 곧 생명의 길이라

(3) 다음으로 신앙의 지도자나 다른 신실한 믿음의 동역자들의 조언을 구한다

우리 가운데 내주하시며, 우리가 마땅히 빌 바를 깨닫게 하시고, 우리의 기도를 도우시는 분은 바로 보혜사 성령 하나님이시다. 그러나 그 동일한 성령께서는 우리 속에 내주하실 뿐만 아니라, 또한 우리와 함께하는 많은 믿음의 동역자들에게도 더불어 역사하시므로 하나님의 뜻을 객관적으로 분별하기 위해 그들에게 나타나는 증거들과 조언을 심각하게 듣고 참고할 필요가 있다.

약 5:14 : 너희 중에 병든 자가 있느냐 그는 교회의 장로들을 청할 것이요 그들은 주의 이름으로 기름을 바르며 그를 위하여 기도할지니라

(4) 자신이 처한 구체적인 환경과 상황을 통하여 하나님의 뜻을 분별한다

우리의 삶의 모든 과정을 다스리시는 섭리의 하나님께서는 우리가 처한 환경과 여건을 통하여서도 그의 뜻을 보여주시며 인도하신다. 그러므로 우리는 우리가 당면한 삶의 구체적인 상황 속에서 그러한 환경을 통하여 보여주시는 하나님의 뜻을 잘 분별하는 영적인 안목과 지혜를 가져야 한다. 나아가 이 모든 증거들을 종합적으로 생각하고 판단하여 하나님의 뜻을 잘 분별하고 순종함으로 행해야 한다.

잠 16:4 : 여호와께서 온갖 것을 그 쓰임에 적당하게 지으셨나니 악인도 악한 날에 적당하게 하셨느니라

행 16:6-14 : 성령이 아시아에서 말씀을 전하지 못하게 하시거늘 그들이 브

루기아와 갈라디아 땅으로 다녀가 무시아 앞에 이르러 비두니아로 가고자 애쓰되 예수의 영이 허락하지 아니하시는지라 … 밤에 환상이 바울에게 보이니 마게도냐 사람 하나가 서서 그에게 청하여 이르되 마게도냐로 건너와서 우리를 도우라 하거늘 … 하나님을 섬기는 루디아라 하는 한 여자가 말을 듣고 있을 때 주께서 그 마음을 열어 바울의 말을 따르게 하신지라

롬 8:28 : 우리가 알거니와 하나님을 사랑하는 자 곧 그의 뜻대로 부르심을 입은 자들에게는 모든 것이 합력하여 선을 이루느니라

조금 나아가사 얼굴을 땅에 대시고
엎드려 기도하여 이르시되
내 아버지여 만일 할 만하시거든
이 잔을 내게서 지나가게 하옵소서
그러나 나의 원대로 마시옵고
아버지의 원대로 하옵소서 하시고

(마 26:39)

제 37 과
네 번째 간구
: "오늘 우리에게 일용할 양식을 주옵소서"

제104문: 넷째 간구에서 우리가 기도하는 것이 무엇입니까?
답 : "오늘 우리에게 일용할 양식을 주시옵고"(새번역: 오늘 우리에게 일용할 양식을 주시고)라는 넷째 간구에서 우리가 기도하는 것은 하나님께서 거저 주시는 선물 가운데서 우리가 이 세상에서 좋은 것들을 충분히 받고 그것들과 아울러 하나님의 축복을 즐기는 것입니다.
잠 30:-9, 10:22; 창 28:20-21; 딤전 4:4-5

1. 기도의 기본 원리

우리가 가장 먼저 기억해야 할 기도의 기본적인 원리는 "너희는 먼저 그의 나라와 그의 의를 구하라 그리하면 이 모든 것을 너희에게 더하시리라"(마 6:33)라는 말씀에 나타나 있다. 이러한 기도의 기본 원리에 따라 주기도문의 전반부에서는 먼저 '하나님의 이름', '하나님의 나라', 그리고 '하나님의 뜻'에 대한 3가지 간구를 통하여 하나님에 대한 청원을 다루었다. 그러므로 우리가 가장 먼저 구할 것은 무엇보다 '하나님의 영광' (Soli Deo Gloria)이며, 그의 '거룩하신 이름'을 찬양하고 드높이는 것이다. 우리는 '하나님의 나라'가 임하시기를 기도하는 가운데 그의 주권과 그의 다스리심이 우리의 존재와 삶, 그리고 이 세상 가운데 충만하기를 간구해야 한다. 이것은 실로 '하나님의 주님되심' (God is my Lord)을 인정하고 행하는 것이다. 그리고 또한 "하나님의 뜻이 하늘에서 이루어진 것처럼 이 땅에서도 온전히 이루어지는 것"이야말로 바로 본질적인 '하나님의 의'이다. 이것은 예수님께서 "그러나 나의 원대로 마시옵고 아버지의 원대로 하옵소서"(마 26:39; 막14:36)라는 간구에 잘 나타나 있다.

다음으로 이제 주기도문의 후반부에서는 '우리의 일용할 양식', '우리의 죄에 대한 용서', 그리고 '시험과 악으로부터 보호'라는 3가지 간구를 통하여 우리 자신을 위한 청원으로 나아간다. 여기에도 일련의 질서가 있다. '죄에 대한 용서'는 과거에 대한 것이며, '시험과 악으로부터의 보호'는 미래적인 것인 반면, '일용할 양식'은 바로 지금, 여기에서 이루어지는 현재의 구체적인 삶의 현실을 말한다. 우리는 먼저 "하나님의 뜻이 하늘에서 이룬 것 같이 땅에서도 이루어지이다"라고 간구했다. 그러나 그 하나님의 뜻을 오늘 우리 자신의 구체적인 삶 속에서 실현해 가기 위해서는 우리가 지금 여기에 주어진 삶의 현장에서 살아 생존해야만 한다. 이것이 곧 '오늘 일용할 양식'에 대한 간구로 이어지는 논리적인 귀결이다. 이 기도를 통하여 이제 우리의 눈과 인식의 방향은 하나님과 하늘로부터 인간과 이 땅의 구체적인 삶의 현실로 나아간다.

2. '일용할 양식'이란 무엇을 의미하는가?

(1) '양식'의 의미

주기도문의 후반부를 구성하는 '우리를' 위한 간구 가운데 가장 먼저 나오는 것이 '일용할 양식'에 대한 간구이다. 그렇다면 네 번째 간구에서 **'일용할 양식'**(τόν ἄρτον τόν ἐπιούσιον)이란 정확하게 무엇을 의미하는 것인가? 이것을 이해하기 위해서는 먼저 '양식'에 해당하는 헬라어 원어인 **'아르톤'**(ἄρτον)이라는 용어의 정확한 의미를 알아야 할 필요가 있다. 이 '양식'(ἄρτον)의 해석에 대한 첫 번째 견해는 우리의 생명을 유지하는 데 필요한 모든 양식(음식물)을 의미한다고 본다. 두 번째 견해는 보다 영적인 의미로서 성만찬을 의미한다고 본다(cf. 오리겐, 요 6장). 그러나 우리는 본문의 문맥상 이 '양식'(our daily bread; 빵, 밥)이라는 말은 일종의 제유법(synecdoche)으로 쓰인 것으로, 우리 육신의 생명유지를 위해 필요한 양식뿐만 아니라 우리의 현실적인 삶을 영위하는 데 꼭 필요한 의복과 집, 건강, 대인관계, 사회적인 안정 등 모든 것을 가리키는 것으로 보아야 한다.[1] 즉, 여기에서의 일용할 양식이란 우리가 그것이 없이는 우리의 생존은 물론, 적절하고도 건강한 삶의 영위가 불가능한 모든 삶의 양식을 총체적으로 상징하는 것이라 하겠다. 그러므로 이것은 육신을 위한 양식뿐만 아니라 영적인 생명을 위해 필요한 양식까지도 포함하는 것으로 이해해야 한다.[2]

마 6:32-33 : 너희 하늘 아버지께서 이 모든 것이 너희에게 있어야 할 줄을 아시느니라 그런즉 너희는 먼저 그의 나라와 그의 의를 구하라 그리하면 이 모든 것을 너희에게 더하시리라

약 1:17 : 온갖 좋은 은사와 온전한 선물이 다 위로부터 빛들의 아버지께로부터 내려오나니

마 6:24 : 목숨을 위하여 무엇을 먹을까 무엇을 마실까 몸을 위하여 무엇을
입을까 염려하지 말라 목숨이 음식보다 중하지 아니하며 몸이 의
복보다 중하지 아니하냐

마 4:4 : 예수께서 대답하여 이르시되 기록되었으되 사람이 떡으로만 살 것
이 아니요 하나님의 입으로부터 나오는 모든 말씀으로 살 것이라
하였느니라

(2) '일용할' 의 의미

다음으로 '일용할' 양식의 수식어에 해당하는 헬라어 원어 '에피우시오스'(*ἐπιούσιος*)의 의미를 어떻게 새기느냐에 따라 본문의 의미가 많이 달라진다.[3] 성경학자들에 의하면 여기에는 4가지 가능한 의미가 있는데, (1) '존재를 위하여 필수적인', (2) '오늘을 위한', (3) '다음 날을 위한', 마지막으로 (4) '미래를 위한' 등이 그것이다. 이러한 여러 가지 의미들 가운데, 문맥상 가장 적합한 것으로는 이미 구원을 받았지만 천국에 이르기까지 이 세상에서 여전히 '이미' 와 '아직' 이라는 종말론적인 삶을 영위해야 하는 성도들의 하루하루의 삶을 위해 '그날에 필요한 양식' 을 의미하는 것으로 보아야 할 것이다.[4]

주님께서는 "내일 일을 위하여 염려하지 말라 내일 일은 내일이 염려할 것이요 한 날의 괴로움은 그 날로 족하니라"(마 6:34)고 말씀하셨다. 성경에서 '일용할 양식' 에 대한 가장 적절한 유비적 의미는 출애굽 이후 약속의 땅인 가나안에 들어가기 전까지 광야생활을 하는 동안 하나님께서 그의 백성들에게 그날에 필요한 일용할 양식으로 만나를 내려주시며, 오직 그 날의 양에만 만족하게 하신 것에서 발견할 수 있다.

출 16:15-18, 35 : 이는 여호와께서 너희에게 주어 먹게 하신 양식이라 여

> 호와께서 이같이 명령하시기를 너희 각 사람은 먹을 만큼만 이것을
> 거둘지니 곧 너희 사람 수효대로 한 사람에 한 오멜씩 거두되 각
> 사람이 그의 장막에 있는 자들을 위하여 거둘지니라 하셨느니라 …
> 많이 거둔 자도 남음이 없고 적게 거둔 자도 부족함이 없이 각 사
> 람은 먹을 만큼만 거두었더라
>
> **출 16:4** : 그 때에 여호와께서 모세에게 이르시되 보라 내가 너희를 위하여
> 하늘에서 양식을 비 같이 내리리니 백성이 나가서 '일용할 것을 날
> 마다 거둘 것' 이라 이같이 하여 그들이 내 율법을 준행하나 아니하
> 나 내가 시험하리라

3. "오늘 우리에게 일용할 양식을 주시고"라고 간구하는 이유

(1) 먼저 물질에 대한 과도한 탐욕주의를 배격하는 것이다

인간의 생존과 삶의 영위를 위해 물질이 반드시 필요하지만, 성경은 재물 자체에 대하여 집착하는 '물신주의' 와 지나친 '탐욕주의' 를 언제나 배격하고 있다. 그것은 우리로 하여금 물질을 의지하지 않고 오직 하나님만을 의지하게 하기 위함이다. 사람은 하나님과 재물을 겸하여 섬기지 못한다(cf. 마 6:24). 물론 재물과 우리가 소유한 그 모든 것이 하나님께서 주신 놀라운 은혜의 선물이며 축복이다. 그러나 성경은 "돈을 사랑함이 일만 악의 뿌리"(딤전 6:10)라고 하며, "포악을 의지하지 말며 탈취한 것으로 허망하여지지 말며 재물이 늘어도 거기에 마음을 두지 말라"(시 62:10)고 했다.

> **딤전 6:9-10** : 부하려 하는 자들은 시험과 올무와 여러 가지 어리석고 해로
> 운 욕심에 떨어지나니 곧 사람으로 파멸과 멸망에 빠지게 하는 것
> 이라 돈을 사랑함이 일만 악의 뿌리가 되나니 이것을 탐내는 자들
> 은 미혹을 받아 믿음에서 떠나 많은 근심으로써 자기를 찔렀도다

(2) 하나님께서는 우리에게 모든 좋은 것들을 선물로 주셨다

하나님께서는 그의 자녀들에게 좋은 것을 주시기를 원하신다(cf. 마 7:11). 그래서 우리에게 재물과 필요한 모든 것을 은혜의 선물로 주셨다. 참으로 하나님께서는 우리에게 필요한 그 모든 것들을 주시되 "후히 되어 누르고 흔들어 넘치도록 하여 너희에게 안겨 주리라"(눅 6:38)고 약속하셨다. 그리고 "이는 네 몫이요 내가 헤아려 정하여 네게 준 분깃이니"(렘 13:25), 그것들을 기쁨으로 누리고 즐거워하라고 하셨다. 그러므로 물질 자체를 죄악시하거나 너무 과도한 금욕주의 또한 바람직하지 않다.

> **신 8:18** : 네 하나님 여호와를 기억하라 그가 네게 재물 얻을 능력을 주셨음이라
> **대하 1:12** : 그러므로 내가 네게 지혜와 지식을 주고 부와 재물과 영광도 주리니
> **잠 28:25-26** : 욕심이 많은 자는 다툼을 일으키나 여호와를 의지하는 자는 풍족하게 되느니라 자기의 마음을 믿는 자는 미련한 자요 지혜롭게 행하는 자는 구원을 얻을 자니라

(3) 모든 소유가 하나님께서 주신 것이며, 재물에 대한 청지기임을 깨닫게 하기 위함이다

주님께서 우리에게 "오늘 우리에게 일용할 양식을 주시고"라고 간구하게 하신 것은 오직 하나님만이 우리의 주님이시며, 우리의 모든 소유가 하나님께로부터 온 것이요, 우리는 단지 하나님께서 주신 모든 것들에 대한 청지기임을 깨닫게 하시기 위함이다. 그러므로 우리는 하나님께서 주신 모든 것에 대하여 감사하고 즐거워하며, 자족할 줄 아는 참된 하나님의 자녀들이 되어야 할 것이다. 또한 하나님께서 우리에게 주신 재물은 우리의

영적인 유익과 신앙의 성장을 위하여 올바르게 사용되어야만 한다. 그렇지 않을 경우, '부자 청년'(cf. 마 19:13-22)의 경우처럼 우리에게 주신 풍성한 재물 자체가 오히려 우리에게 큰 해악과 독이 될 것이다.

> 잠 30:8-9 : 나를 가난하게도 마옵시고 부하게도 마옵시고 오직 필요한 양식으로 나를 먹이시옵소서 혹 내가 배불러서 하나님을 모른다 여호와가 누구냐 할까 하오며 혹 내가 가난하여 도둑질하고 내 하나님의 이름을 욕되게 할까 두려워함이니이다(아굴의 기도)
> 시 37:16 : 의인의 적은 소유가 악인의 풍부함보다 낫도다
> 딤전 6:6-10 : 그러나 자족하는 마음이 있으면 경건은 큰 이익이 되느니라 우리가 세상에 아무 것도 가지고 온 것이 없으매 또한 아무 것도 가지고 가지 못하리니 우리가 먹을 것과 입을 것이 있은즉 족한 줄로 알 것이니라

(4) 일용할 양식을 위하여 합당한 노동을 성실함과 기쁨으로 즐겁게 해야 한다

뿐만 아니라 우리는 일용할 양식을 구하기 위하여 이에 합당한 노동을 필요로 한다. 본래 우리에게 있어 일과 노동은 저주의 산물이 아니었다. 오히려 애초에 그것은 하나님의 문화대명령을 이루기 위한 필요 충분한 조건이었으며, 기쁨과 즐거움으로 가득한 것이었다. 그러나 그러한 신성하고 즐거운 노동이 인간의 죄와 탐욕으로 말미암아 저주의 것이 되어 버렸고, 아무리 먹어도 배부르지 않고 아무리 채워도 만족함이 없는 고통의 노역으로 변하고 말았다.

> 잠 21:5-6 : 부지런한 자의 경영은 풍부함에 이를 것이나 조급한 자는 궁핍함에 이를 따름이니라 속이는 말로 재물을 모으는 것은 죽음을 구하는 것이라 곧 불려다니는 안개니라

잠 21:25 : 게으른 자의 욕망이 자기를 죽이나니 이는 자기의 손으로 일하
기를 싫어함이니라
잠 6:6 : 게으른 자여 개미에게 가서 그가 하는 것을 보고 지혜를 얻으라
살후 3:10 : 누구든지 일하기 싫어하거든 먹지도 말게 하라
엡 4:28 : 도둑질하는 자는 다시 도둑질하지 말고 돌이켜 가난한 자에게 구
제할 수 있도록 자기 손으로 수고하여 선한 일을 하라

(5) 우리가 구해야 할 것은 '나만의 양식' 이 아니라 '우리의 양식' 이다

이 기도를 드리면서 우리가 특별히 주의해야 할 것은 '나만의 양식' 이 아니라 '우리의 양식' 을 구하라고 하신 점이다.[5] 이것은 그리스도인의 공동체적인 책무를 시사하는 것이다. 우리 가운데는 항상 병들어 연약하고, 궁핍하여 굶주리며, 사회적으로 소외당하는 사람들이 함께하고 있다. 참으로 가난은 그 자체로는 '하나님의 저주' 도 아니며, 중세의 금욕주의적 전통에서처럼 어떤 '거룩의 표시' 도 아니다. 하나님의 뜻은 할 수만 있다면 모든 사람들이 그들의 삶에 있어 영적인 풍성함뿐만 아니라 물질의 풍성한 복도 누리시기를 원하신다. 그러나 빈곤은 인간의 타락의 결과로서 창조질서의 일그러진 한 모습으로 우리 가운데 항구적으로 존재한다. 그러므로 모든 그리스도인들은 '각자에게 주어진 능력과 은사에 따라' 열심히 일할 뿐만 아니라, 또한 '서로의 곤란과 필요에 따라' 사랑과 나눔의 상호부조적인 그리스도인의 공동체적인 삶을 통하여 이것을 극복해야 한다. 왜냐하면 우리가 하나님으로부터 받은 모든 좋은 은사와 물질은 하나님의 선하신 일을 이루고, 또한 어려움 당하는 우리의 가난한 이웃들의 유익을 위해서 사용하는 조건으로 하나님께서 우리에게 베푸시고 위탁하신 것이기 때문이다.[6]

요일 3:17 : 누가 이 세상의 재물을 가지고 형제의 궁핍함을 보고도 도와 줄 마음을 닫으면 하나님의 사랑이 어찌 그 속에 거하겠느냐

딤전 6:17-19 : 네가 이 세대에서 부한 자들을 명하여 마음을 높이지 말고 정함이 없는 재물에 소망을 두지 말고 오직 우리에게 모든 것을 후히 주사 누리게 하시는 하나님께 두며 선을 행하고 선한 사업을 많이 하고 나누어 주기를 좋아하며 너그러운 자가 되게 하라 이것이 장래에 자기를 위하여 좋은 터를 쌓아 참된 생명을 취하는 것이니라

레 19:9-10 : 너희가 너희의 땅에서 곡식을 거둘 때에 너는 밭 모퉁이까지 다 거두지 말고 네 떨어진 이삭도 줍지 말며 네 포도원의 열매를 다 따지 말며 네 포도원에 떨어진 열매도 줍지 말고 가난한 사람과 거류민을 위하여 버려두라 나는 너희의 하나님 여호와이니라

신 14:27-28 : 매 삼 년 끝에 그 해 소산의 십분의 일을 다 내어 네 성읍에 저축하여 너희 중에 분깃이나 기업이 없는 레위인과 네 성중에 거류하는 객과 및 고아와 과부들이 와서 먹고 배부르게 하라 그리하면 네 하나님 여호와께서 네 손으로 하는 범사에 네게 복을 주시리라

(6) 결론적으로, '일용할 양식'을 구하게 하신 것은 하나님의 백성으로 하여금 재물을 의지하지 말고 오직 하나님과 그의 은혜만을 의지하라는 것이다

주기도문은 특별히 '제자들', 즉 '하나님의 백성' 들에게 주신 기도문이다. 그리고 우리 자신을 위한 간구 가운데 가장 먼저 '일용할 양식'(τόν ἄρτον τόν ἐπιούσιον), 즉 오늘 하루의 생명의 유지를 위해 필요한 것들을 날마다 하나님께 구하게 하신 것은 우리 자신의 힘이나 능력, 재물 등, 다른 그 어떤 것이 아니라 오직 하나님만을 의지하며, 그의 은혜로만 살아가게 하기 위한 것이다. 즉, 오직 하나님만 의지하는 하나님 중심의 삶의 자세가 문제가 되는 것이다.[7] 우리의 생명은 오직 하나님의 주권에 의존한다. 또한 우리의 삶의 모든 과정을 간섭하시며 인도하시는 이는 오직 하나님이시다.

렘 17:7 : 무릇 여호와를 의지하며 여호와를 의뢰하는 그 사람은 복을 받을 것이라

시 115:9 : 이스라엘아 여호와를 의지하라 그는 너희의 도움이시요 너희의 방패시로다

마 6:31-32 : 그러므로 염려하여 이르기를 무엇을 먹을까 무엇을 마실까 무엇을 입을까 하지 말라 이는 다 이방인들이 구하는 것이라 너희 하늘 아버지께서 이 모든 것이 너희에게 있어야 할 줄을 아시느니라

빌 4:11-13 : 내가 궁핍하므로 말하는 것이 아니니라 어떠한 형편에든지 나는 자족하기를 배웠노니 나는 비천에 처할 줄도 알고 풍부에 처할 줄도 알아 모든 일 곧 배부름과 배고픔과 풍부와 궁핍에도 처할 줄 아는 일체의 비결을 배웠노라 내게 능력 주시는 자 안에서 내가 모든 것을 할 수 있느니라

나를 가난하게도 마옵시고

부하게도 마옵시고

오직 필요한 양식으로 나를 먹이시옵소서

혹 내가 배불러서 하나님을 모른다

여호와가 누구냐 할까 하오며

혹 내가 가난하여 도둑질하고

내 하나님의 이름을 욕되게 할까

두려워함이니이다

(잠 30:8-9)

재물에 대한 그리스도인의 십계명

1계명 : 항상 먼저 하나님의 나라와 그의 의를 구하라. 그리하면 필요한 모든 것을 하나님께서 공급하실 것이다(마 6:33).

2계명 : 한 사람이 두 주인을 섬기지 못하는 것과 같이 하나님과 재물을 겸하여 섬기지 못함을 명심하라(마 6:24).

3계명 : 하나님보다 재물을 더 사랑하지 말라. 돈을 사랑함이 일만 악의 뿌리가 되며, 탐욕은 멸망으로 가는 지름길이다(딤전 6:10).

4계명 : 자기 자신을 위하여 보물을 땅에 쌓아 두지 말고, 오직 보물을 하늘에 쌓아 두라. 하늘에 쌓아 둔 보물은 언제나 안전하다. 그리고 보물이 있는 그 곳에 우리의 마음도 있다(마 6:19-21).

5계명 : 선을 행하며 선한 사업을 많이 하고, 항상 나누어 주기를 좋아하며 너그러운 자가 되라. 이것이 장래에 자기를 위하여 좋은 터를 쌓아 참된 생명을 취하는 것이다(딤전 6:18-19).

6계명 : 하나님의 것을 도적질하지 말고 온전한 십일조를 드리라. 그리하면 하나님께서 하늘 문을 열고 우리에게 복을 쌓을 곳이 없도록 부어 주실 것이다(말 3:10).

7계명 : 오직 여호와 하나님께서 주시는 복을 누려라. 하나님이 주시는 복은 사람을 부하게 하고 근심이 없게 한다(잠 10:22).

8계명 : 욕심을 버려라. 오직 각 사람이 시험을 받는 것은 자기 욕심에 끌려 미혹됨이니, 욕심이 잉태하여 죄를 낳고 죄가 장성하여 사망을 낳는다(약 1:14-15).

9계명 : 하나님의 선한 사업과 교회와 성도를 섬기는 일에 참여함에 대하여 넘치는 기쁨으로 힘대로 할 뿐 아니라 힘에 지나도록 자원하여 하라(고후 8:2-4).

10계명: 우리에게 주어진 모든 물질은 하나님의 것이며 우리는 그의 청지기에 불과하다는 사실을 명심해야 한다. 그리고 반드시 결산의 날이 도적 같이 올 것이므로 항상 준비하며 살아야 할 것이다(마 25:14-30).

제 38 과

다섯 번째 간구
: "우리의 죄를 용서하여 주옵소서"

제105문 : 다섯째 간구에서 우리가 기도하는 것이 무엇입니까?
답 : "우리가 우리에게 죄 지은 자를 사하여 준 것같이 우리 죄를 죄하여 주시옵고"(새번역: 우리가 우리에게 잘못한 사람을 용서하여 준 것같이 우리 죄를 용서하여 주시고) 라는 다섯째 간구에서 기도하는 것은 하나님께서 그리스도를 보시고 우리의 모든 죄를 거저 용서해 주옵소서 하는 것입니다. 그의 은혜에 의해서 우리가 진심으로 남들을 용서할 수 있게 되었기에 우리가 격려를 받아 이런 간구를 하게 된 것입니다.

눅 11:4 마 18:35; 행 7:60; 롬 3:24-25

1. "우리 죄를 용서하여 주시고"

주님께서는 우리를 위한 간구의 두 번째로 **"우리 죄를 용서하여 주시고"** 라고 하며 우리의 죄 용서를 위하여 간구하게 하셨다. 이미 살펴본 바와 같이 '하나님의 이름'의 영광을 위하여, '하나님의 주권적인 통치하심' 안에서, 그리고 이 땅의 삶 속에서 '하나님의 뜻'을 이루며 살아가기를 원하는 하나님의 백성들, 또한 나아가 '일용할 양식'을 위한 간구를 통하여 오직 하나님만 의지하는 삶을 살아가는 하나님의 백성들이 날마다 죄 가운데서 살아갈 수는 없다. 따라서 우리는 "하늘에 계신 우리 아버지여, 우리의 죄를 용서하여 주옵소서"라고 기도한다. 그러나 여기에서 우리의 마음속에 한 가지 의문이 떠오른다. 예수 그리스도의 십자가의 은혜로 말미암아 우리의 모든 죄는 이미 용서받지 않았는가? 그런데 왜 우리는 날마다 기도를 통하여 '일용할 양식'을 구함과 동시에 '죄의 용서'를 위하여 기도해야 하는가?

사 1:18 : 여호와께서 말씀하시되 오라 우리가 서로 변론하자 너희의 죄가 주홍 같을지라도 눈과 같이 희어질 것이요 진홍 같이 붉을지라도 양털 같이 희게 되리라

롬 8:1-2 : 그러므로 이제 그리스도 예수 안에 있는 자에게는 결코 정죄함이 없나니 이는 그리스도 예수 안에 있는 생명의 성령의 법이 죄와 사망의 법에서 너를 해방하였음이라

(1) 원문의 의미는 무엇인가?

주기도문은 마태복음(6:9-13)과 누가복음(11:2-4)에 나타나는데, 자세히 살펴보면 죄용서에 대한 간구에 있어 두 가지 원문의 형태가 조금씩 다르다는 사실을 알 수 있다.

마 6:12 : 우리가 우리에게 죄 지은 자를 사하여 준 것 같이 우리 죄를 사하여 주시옵고
〈원문〉 우리가 우리에게 빚진 자들(ὀφειλέταις)을 사하여 준 것 같이 **우리 빚들**(ὀφειλήματα)**을 사하여 주시옵고**

눅 11:4 : 우리가 우리에게 죄 지은 모든 사람을 용서하오니 우리 죄도 사하여 주시옵고
〈원문〉 우리도 우리에게 빚진(ὀφείλοντι) 모든 자들을 용서하오니 우리 죄들(ἁμαρτίας)을 사하여 주옵시고

이와 같이 주기도문의 원문을 살펴보면, 마태복음은 '빚들'(ὀφειλήματα)이라고 표현하고, 누가복음은 이것을 '죄들'(ἁμαρτίας)이라고 하고 있다. 성경학자들에 의하면, 이 가운데 '빚'(부채)이라는 용어가 예수님께서 사용하신 본래적인 것이라고 한다. 왜냐하면 유대인들은 '죄'를 하나님에 대한 빚으로 이해하였기 때문인데, 이는 죄의 엄중성을 뜻하는 것이다. 마태복음 18:23-35에 나오는 '죄를 용서하지 않은 악한 종의 비유'는 이것의 의미를 분명하게 보여준다. 그러나 이방인들을 위해 복음서를 기록한 누가는 오해를 피하게 하기 위해 '빚'의 본래적인 의미를 살려서 '죄'라고 바꾸어 놓았다고 볼 수 있다. 결국 두 본문이 주는 의미는 동일한 것이라 하겠다.[1]

우리는 예수 그리스도 안에서 이미 오직 은혜로, 값없이 의롭다함을 받았지만, 하나님의 자녀로서 마땅히 하나님 앞에서 행하여야 할 의무를 다하지 못했을 때, 이것이 바로 우리의 죄와 허물이요 하나님에 대한 일종의 빚이 되는 것이다. 우리는 심히 연약하여 우리의 힘만으로는 도저히 "내가 거룩하니 너희도 거룩할지어다"(벧전 1:16; 레 11:45)라는 하나님의 요구를 완전하게 만족시켜 드릴 수가 없다. 이러한 우리의 연약한 실존적 상황과 처지는 다음과 같은 사도 바울의 고백에서 극명하게 드러난다.

롬 7:15-25 : 내가 행하는 것을 내가 알지 못하노니 곧 내가 원하는 것은 행하지 아니하고 도리어 미워하는 것을 행함이라 … 이제는 그것을 행하는 자가 내가 아니요 내 속에 거하는 죄니라 내 속 곧 내

> 육신에 선한 것이 거하지 아니하는 줄을 아노니 원함은 내게 있으나 선을 행하는 것은 없노라 내가 원하는 바 선은 행하지 아니하고 도리어 원하지 아니하는 바 악을 행하는도다 … 내 속사람으로는 하나님의 법을 즐거워하되 내 지체 속에서 한 다른 법이 내 마음의 법과 싸워 내 지체 속에 있는 죄의 법으로 나를 사로잡는 것을 보는도다 오호라 나는 곤고한 사람이로다 이 사망의 몸에서 누가 나를 건져내랴 우리 주 예수 그리스도로 말미암아 하나님께 감사하리로다 그런즉 내 자신이 마음으로는 하나님의 법을 육신으로는 죄의 법을 섬기노라

그러므로 우리는 날마다 '일용할 양식'이 필요한 만큼이나, 날마다 하나님의 긍휼과 은혜에 따른 죄용서 또한 필요하다. 우리 육신의 생명이 '그날의 양식'이 없이는 한 순간도 생존할 수 없는 것같이, 우리의 영혼은 날마다 하나님의 죄용서가 없이는 한 순간도 존속할 수가 없다.

(2) 구원받은 하나님의 백성들도 계속하여 자범죄를 짓게 되며, 이러한 죄에 대한 고백과 회개가 있어야 한다

주기도문에서 "우리의 죄를 용서하여 주옵시고"라는 간구는 어떤 막연한 회개를 의미하는 것이 아니다. 구원받은 하나님의 백성들도 살아가면서 끊임없이 자범죄를 짓게 된다. 본문은 **'우리의 죄들'**(τὰς ἁμαρτίας ἡμῶν)이라고 하여 우리가 하나님 앞에서 범하는 구체적인 죄들에 대해 말하고 있다. 따라서 우리는 날마다 우리의 죄들을 구체적으로 깨닫고 고백해야 하는데, 그때 하나님께서는 예수 그리스도의 십자가의 의로 말미암아 우리의 죄를 용서하시고, 성령의 은혜로 말미암아 성화의 거룩한 삶을 살아갈 수 있게 하신다.

전 7:20 : 선을 행하고 전혀 죄를 범하지 아니하는 의인은 세상에 없기 때문이로다

요일 1:8-10 : 만일 우리가 죄가 없다고 말하면 스스로 속이고 또 진리가 우리 속에 있지 아니할 것이요 만일 우리가 우리 죄를 자백하면 그는 미쁘시고 의로우사 우리 죄를 사하시며 우리를 모든 불의에서 깨끗하게 하실 것이요 만일 우리가 범죄하지 아니하였다 하면 하나님을 거짓말하는 이로 만드는 것이니 또한 그의 말씀이 우리 속에 있지 아니하니라

롬 8:1 : 그러므로 이제 그리스도 예수 안에 있는 자에게는 결코 정죄함이 없나니 이는 그리스도 예수 안에 있는 생명의 성령의 법이 죄와 사망의 법에서 너를 해방하였음이라

2. "우리가 우리에게 잘못한 사람을 용서하여 준 것같이"라고 간구하는 이유

이 다섯 번째 간구에 있어 또 하나의 논란은 "우리가 우리에게 잘못한 사람을 용서하여 준 것같이 우리 죄를 용서하여 주옵소서"라고 기도할 때, 과연 우리가 형제나 이웃의 죄를 용서하는 것이 우리가 하나님으로부터 죄 용서함을 받는 공로 혹은 조건인가 하는 문제이다.

마 6:12 : 우리가 우리에게 죄지은 자들을 **용서한 것 같이** ($\dot{\alpha}\phi\acute{\eta}\kappa\alpha\mu\epsilon\nu$, 완료형 동사) 우리 죄를 용서하여 주옵소서

눅 11:4 : 우리도 우리에게 죄지은 모든 자들을 **용서하오니** ($\dot{\alpha}\phi\acute{\iota}o\mu\epsilon\nu$, 현재형 동사) 우리 죄를 용서하여 주옵소서

그러나 주기도문을 전문적으로 연구한 요아킴 예레미야스(Joachim Jeremias)에 따르면, 이 구절에 대한 아람어 형태는 '동시성의 완료형'(perfectum coincidentiae)으로서, 이것은 동시적인 행동을 의미한다고 한다. 따라서 이러한 문법적 의미를 잘 고려하여 번역하자면, 이 본문은 "하늘에 계신 아버지여, 우리의 죄를 용서하여 주옵소서. (그와 동시적으로) 우리도 우리에게 죄지은 자들을 용서하겠습니다"라는 뜻이다. 즉, "우리가 우리에게 잘못한 사람을 용서하여 준 것같이"라는 구절은 우리의 죄를 용서받기 위한 하나의 조건이 아니라, 우리도 기도하는 가운데 실제로 이웃의 죄를 용서하겠다는 일종의 하나님께 드리는 우리의 서약인 것이다.[2] 따라서 우리가 이웃의 죄를 용서하지 않은 채 하나님으로부터 우리의 죄를 용서받고자 하는 간구는 헛된 기도요, 기만적인 기도일 뿐이다. 즉, 이웃에 대한 원한, 미움, 그리고 복수하려는 마음을 가지고 "하나님 나의 죄를 용서하여 주옵소서"라고 기도할 수 없다는 것이다. 만일 그렇게 기도한다면, 그것은 마치 "내가 저놈에게 원수를 갚는 죄를 지을텐데, 그것은 용서하지 마옵소서"라고 기도하는 것과 같다.[3]

이와 같이 우리가 우리의 이웃들의 죄를 용서하는 것과 하나님으로부터 우리의 죄를 용서 받는 것은 서로 구조적으로 연결되어 있다.[4] 나아가 성경은 오히려 우리의 원수까지도 사랑하며, 그를 위하여 기도하라고 한다. 하나님께 죄 용서함을 위하여 기도하는 가운데 죄사함을 받고 우리 스스로가 인격적으로 변화됨으로써 우리의 이웃의 죄를 용서하는 것, 이것이 기도의 진정한 능력이고 힘이다. 죄의 용서는 단순히 교리적인 문제가 아니라 구체적인 삶의 문제요, 실천의 문제이다. 주님의 '사랑하라' 는 명령은 우리의 구체적인 행동과 실천을 요구한다. 따라서 우리가 아직 우리 이웃들의 죄를 용서하지 못한다면, 우리 스스로도 아직 하나님으로부터 진정한 용서를 받지 못했다는 것을 의미한다. 나무는 오직 그 열매를 보아 알 수 있다고 했다(cf. 마 7:16-20).

마 6:14-15 : 너희가 사람의 잘못을 용서하면 너희 하늘 아버지께서도 너희 잘못을 용서하시려니와 너희 사람의 잘못을 용서하지 아니하면 너희 아버지께서도 너희 잘못을 용서하지 아니하시리라

눅 10:27 : 네 마음을 다하며 목숨을 다하며 힘을 다하며 뜻을 다하여 주 너의 하나님을 사랑하고 또한 네 이웃을 네 자신 같이 사랑하라 하였나이다.

레 19:17-18 : 너는 네 형제를 마음으로 미워하지 말며 … 원수를 갚지 말며 동포를 원망하지 말며 네 이웃 사랑하기를 네 자신과 같이 사랑하라 나는 여호와이니라

마 5:43-44 : 나는 너희에게 이르노니 너희 원수를 사랑하며 너희를 박해하는 자를 위하여 기도하라 이같이 한즉 하늘에 계신 너희 아버지의 아들이 되리니 이는 하나님이 그 해를 악인과 선인에게 비추시며 비를 의로운 자와 불의한 자에게 내려주심이라

3. 이것은 우리의 용서, 그리고 이웃 사랑에 대한 서약이다

(1) 우리는 왜 용서해야 하는가?

이미 살펴 본바와 같이 다섯 번째 간구의 내용은 "하늘에 계신 아버지, 우리의 죄를 용서하여 주옵소서 그와 동시에 우리도 우리에게 빚진 자들을 용서하겠나이다"라는 의미이다. 즉, 죄 용서에 대한 간구는 동시에 우리가 하나님 앞에 드리는 우리의 용서, 그리고 이웃 사랑에 대한 서약이다. 그렇다면 우리는 왜 우리의 형제나 이웃의 죄를 용서해야만 하는가? 그것은 우리가 먼저 하나님으로부터 우리의 더 엄청난 죄를 용서받았기 때문이다. 이러한 죄용서의 원리는 주님께서 '용서하지 않은 악한 종의 비유'를 통하여 말씀하셨다.

마 18:23-35 : 그러므로 천국은 그 종들과 결산하려 하던 어떤 임금과 같으니 결산할 때에 만 달란트⁵⁾ 빚진 자 하나를 데려오매 갚을 것이 없는지라 주인이 명하여 그 몸과 아내와 자식들과 모든 소유를 다 팔아 갚게 하라 하니 그 종이 엎드려 절하며 이르되 내게 참으소서 다 갚으리이다 하거늘 그 종의 주인이 불쌍히 여겨 놓아 보내며 그 빚을 탕감하여 주었더니 그 종이 나가서 자기에게 백 데나리온 빚 진 동료 한 사람을 만나 붙들어 목을 잡고 이르되 빚을 갚으라 하매 그 동료가 엎드려 간구하여 이르되 나에게 참아 주소서 갚으리이다 하되 허락하지 아니하고 이에 가서 그가 빚을 갚도록 옥에 가두거늘 그 동료들이 그것을 보고 몹시 딱하게 여겨 주인에게 가서 그 일을 다 알리니 이에 주인이 그를 불러다가 말하되 악한 종아 네가 빌기에 내가 네 빚을 전부 탕감하여 주었거늘 내가 너를 불쌍히 여김과 같이 너도 네 동료를 불쌍히 여김이 마땅하지 아니하냐 하고 주인이 노하여 그 빚을 다 갚도록 그를 옥졸들에게 넘기니라 너희가 각각 마음으로부터 형제를 용서하지 아니하면 나의 하늘 아버지께서도 너희에게 이와 같이 하시리라

그러므로 하나님께 "우리의 죄를 용서해 달라"는 간구는 동시적으로 '이웃의 죄에 대한' 우리의 용서로 나아가야 한다. 이는 우리가 하나님으로부터 "네 이웃을 네 자신과 같이 사랑하라"(마 22:39), 심지어 "원수까지도 사랑하라"(눅 6:35)는 적극적인 명령을 받았기 때문이다. 뿐만 아니라, 실제로 다른 사람의 죄를 용서하지 아니하고 분함과 원한을 마음에 쌓아놓는 것이 우리 자신의 영적, 육체적 건강에도 치명적인 해가 되기 때문이다.

레 19:18 : 원수를 갚지 말며 동포를 원망하지 말며 네 이웃 사랑하기를 네 자신과 같이 사랑하라 나는 여호와이니라

눅 6:35 : 오직 너희는 원수를 사랑하고 선대하며 아무 것도 바라지 말고 꾸

어 주라 그리하면 너희 상이 클 것이요 또 지극히 높으신 이의 아들
이 되리니 그는 은혜를 모르는 자와 악한 자에게도 인자하시니라

롬 5:8 : 우리가 아직 죄인 되었을 때에 그리스도께서 우리를 위하여 죽으심
으로 하나님께서 우리에 대한 자기의 사랑을 확증하셨느니라

마 5:44 : 나는 너희에게 이르노니 너희 원수를 사랑하며 너희를 박해하는
자를 위하여 기도하라

잠 17:22 : 마음의 즐거움은 양약이라도 심령의 근심은 뼈를 마르게 하느니라

(2) 그렇다면 우리는 얼마나 용서해야 하는가?

마태복음 18:21-22에서 베드로가 예수님께 나아와 "주여 형제가 내게 죄를 범하면 몇 번이나 용서하여 주리이까 일곱 번까지 하오리이까?"하고 물었다. 유대법에 따르면 동일한 죄에 대하여 최상으로 세 번까지 용서할 수 있었으므로, 이러한 베드로의 제안은 상당히 고무적인 것이다. 그러나 이에 대한 예수님의 대답은 "일곱 번뿐 아니라 일곱 번을 일흔 번까지라도 할지니라"라는 것이었다. 이것은 단순히 숫자적으로 490번까지 용서하라는 의미가 아니라, 끝없이 무제한으로 용서해야 한다는 것이다.

마 18:21-22 : 그 때에 베드로가 나아와 이르되 주여 형제가 내게 죄를 범
하면 몇 번이나 용서하여 주리이까 일곱 번까지 하오리이까 예수
께서 이르시되 네게 이르노니 일곱 번뿐 아니라 일곱 번을 일흔
번까지라도 할지니라

(3) 진정한 용서는 무엇인가?

그렇다면 죄에 대한 용서는 과연 무엇을 의미하는 것일까? 성경에 따르면, 그것은 죄악을 제거하는 것이며(욥 7:21), 죄를 덮는 것이며(시 85:2), 도말하는 것이며(사 43:25), 다시 기억도 하지 않는 것이다(히 8:12).[6] 그러나 성경이

가르치는 가장 적극적이며 참된 용서는 '**사랑하는 것**'이다. 그러므로 예수님께서 우리에게 "원수를 미워하지 말고 사랑하라"고 하시는 것이다. 우리를 향한 하나님의 지극한 사랑은 예수 그리스도의 십자가의 사랑이다. 하나님께서 우리의 죄를 용서하신다는 것은 단순히 우리의 죄책과 그것에 따르는 형벌을 면하여 준다는 것으로 끝나는 것이 아니다. 오히려 그것은 우리를 위하여 자기의 생명까지도 내어주신 끝없는 사랑으로 나타난다. 예수 그리스도께서는 십자가에 죽으시기까지 순종하시며 자기 자신의 생명을 우리를 위하여 내어주심으로 우리를 향한 하나님의 무한한 사랑을 보여주시고 확증하셨다. "미움은 다툼을 일으켜도 사랑은 모든 허물을 가리느니라"(잠 10:12).

> 요일 4:19-21 : 우리가 사랑함은 그가 먼저 우리를 사랑하셨음이라 누구든지 하나님을 사랑하노라 하고 그 형제를 미워하면 이는 거짓말하는 자니 보는 바 그 형제를 사랑하지 아니하는 자는 보지 못하는 바 하나님을 사랑할 수 없느니라 우리가 이 계명을 주께 받았나니 하나님을 사랑하는 자는 또한 그 형제를 사랑할지니라
>
> 마 5:43-45 : 또 네 이웃을 사랑하고 네 원수를 미워하라 하였다는 것을 너희가 들었으나 나는 너희에게 이르노니 너희 원수를 사랑하며 너희를 박해하는 자를 위하여 기도하라 이같이 한즉 하늘에 계신 너희 아버지의 아들이 되리니 이는 하나님이 그 해를 악인과 선인에게 비추시며 비를 의로운 자와 불의한 자에게 내려주심이라

(4) 어떻게 원수를 사랑할 것인가? : 원수 사랑의 구체적인 원리와 방법들

① 원수의 고통을 즐거워하거나 기뻐하지 않아야 한다

잠 24:17-18 : 네 원수가 넘어질 때에 즐거워하지 말며 그가 엎드러질 때에 마음에 기뻐하지 말라 여호와께서 이것을 보시고 기뻐하지 아니하사 그의 진노를 그에게서 옮기실까 두려우니라

② 원수를 위하여 기도하여야 한다

마 5:44 : 나는 너희에게 이르노니 너희 원수를 사랑하며 너희를 박해하는 자를 위하여 기도하라

③ 원수가 어려운 일을 당할 때 적극적으로 도와주어야 한다

출 23:4-5 : 네가 만일 네 원수의 길 잃은 소나 나귀를 보거든 반드시 그 사람에게로 돌릴지며 네가 만일 너를 미워하는 자의 나귀가 짐을 싣고 엎드러짐을 보거든 그것을 버려두지 말고 그것을 도와 그 짐을 부릴지니라

롬 12:20-21 : 네 원수가 주리거든 먹이고 목마르거든 마시게 하라 그리함으로 네가 숯불을 그 머리에 쌓아 놓으리라 악에게 지지 말고 선으로 악을 이기라(cf. 잠 25:21-22)

나는 너희에게 이르노니

너희 원수를 사랑하며

너희를 박해하는 자를 위하여 기도하라

이같이 한즉 하늘에 계신 너희 아버지의 아들이 되리니

이는 하나님이 그 해를 악인과 선인에게 비추시며

비를 의로운 자와 불의한 자에게 내려주심이라

(마 5:43-45)

제 39 과

여섯 번째 간구와 송영

: "우리를 시험과 악에서 구하여 주옵시고,
오직 하나님께 영광이 있으리이다"

제106문 : 여섯째 간구에서 우리가 기도하는 것이 무엇입니까?

답 : "우리를 시험에 들게 하지 마옵시고, 다만 악에서 구하시옵소서"(새번역: 우리를 시험에 빠지지 않게 하시고 악에서 구하소서)라는 여섯째 간구에서 우리가 기도하는 것은 우리가 유혹을 당하려고 할 때 하나님께서 우리를 막아 죄를 짓지 않도록 하시거나, 우리가 이미 유혹을 당할 때에는 우리를 붙들어 구출해 주옵소서 하는 것입니다.

마 26:41; 시 51:10-12; 살전 5:23; 고전 10:13

제107문 : 주님의 기도의 맺는 말이 우리에게 가르치는 것은 무엇입니까?

답 : 주님의 기도의 맺는 말, 곧 "나라와 권능과 영광이 아버지의 것입니다. 아멘"이 우리에게 가르치는 것은 우리가 오직 하나님께로부터만 기도의 용기를 얻을 것과 우리의 기도에 있어서 왕국과 능력과 영광을 하나님께 돌리며 그를 찬양해야 한다는 것입니다. 우리의 소원을 아뢰며 그것을 하나님께서 들어 주시리라고 확신하면서 우리가 '아멘' 하고 말하는 것입니다.

신 32:43; 시 104:24; 대상 29:10-13; 롬 11:36; 고전 14:16; 계 22:20-21

I. 보호 : "우리를 시험에 빠지지 않게 하시고 악에서 구하소서"

1. 왜 우리에게 '시험'이 있는가?

(1) 하나님으로부터 오는 시험 – 믿음의 연단과 축복을 위한 '시험'(Test)

이제 우리는 주기도문의 마지막 여섯 번째 간구에 대하여 살펴보게 되었다. 주님께서는 **"우리를 시험에 빠지지 않게 하시고 악에서 구하소서"** 라고 기도하게 하셨다. 그러나 우리가 먼저 생각할 것은 여기에서 말하는 '시험'이 과연 무엇인가 하는 것이다. 우리가 당하는 시험에는 대체로 두 가지 종류가 있다. 본문에 사용된 '시험'에 해당하는 헬라어 원어, **'페이라스몬'**(πειρασμον)에는 두 가지 뜻이 있다. 하나는 믿음의 연단을 위한 **'시험'**(Test)이라는 의미이고, 또 다른 하나는 우리를 넘어지고 파멸케 하려는 악의적인 **'유혹'**(Temptation)이라는 의미이다.[1] 우리는 이 두 가지의 의미를 잘 분별해야만 한다. 왜냐하면 하나님께서 우리에게 주시는 것은 언제나 믿음의 연단을 위한 '시험'이지만, 사탄은 항상 우리를 넘어지게 하기 위하여 악의적으로 '유혹'하기 때문이다. 그리고 우리가 먼저 생각해야 할 것은 하나님께서는 우리의 선한 목자이시기 때문에 임의로 우리를 시험하시지 않으신다는 것이다. 즉, 하나님께서 단순히 우리를 괴롭게 하시기 위해서나, 또는 악의를 가지고 시험하시거나, 걸려 넘어지게 하시기 위하여 '유혹'하시는 일은 결코 없다.

우리의 아버지되신 여호와 하나님께서는 항상 우리에게 좋은 것을 주기 원하시며, 언제나 의와 생명의 길로 인도하기 원하신다. 그러나 경우에 따라서는 우리에게 시험을 허락하시기도 하는데, 그것은 우리에게 특별한 사명을 맡기려고 하실 때이거나 혹은 큰 축복을 주려고 하실 때, 과연 우리의 믿음이 그것을 감당할 수 있는지 확인하시기 위함이며, 또한 그것을 감당할 수 있도록 미리 교육하고 연단하여 준비시키기 위함이다(cf. 창 22장 - 아브라함의 믿음을 시험하고 연단하심, 욥의 시험). 그러나 이러한 때에도 선하고 미쁘신 하나님께서는 우리의 형편과 믿음의 정도를 살피시고 "감당하지 못할 시험 당함을 허락하지 아니하시고 시험 당할 즈음에 또한 피할 길을 내사 [우리]로 능히 감당하게"(고전 10:13) 하신다. 그리고 하나님께서는 우리가 그러한 시험을 잘 이겨내면 우리에게 큰 축복과 금보다도 귀한 생명의 면류관을 주신다.

약 1:13 : 사람이 시험을 받을 때에 내가 하나님께 시험을 받는다 하지 말지니 하나님은 악에게 시험을 받지도 아니하시고 친히 아무도 시험하지 아니하시느니라

고전 10:13 : 사람이 감당할 시험 밖에는 너희가 당한 것이 없나니 오직 하나님은 미쁘사 너희가 감당하지 못할 시험 당함을 허락하지 아니하시고 시험 당할 즈음에 또한 피할 길을 내사 너희로 능히 감당하게 하시느니라

욥 23:10 : 나의 가는 길을 오직 그가 아시나니 그가 나를 단련하신 후에는 내가 정금 같이 나오리라

벧후 1:6-7 : 그러므로 너희가 이제 여러 가지 시험으로 말미암아 잠깐 근심하게 되지 않을 수 없으나 오히려 크게 기뻐하는도다 너희 믿음의 확실함은 불로 연단하여도 없어질 금보다 더 귀하여 예수 그리스도께서 나타나실 때에 칭찬과 영광과 존귀를 얻게 할 것이니라

히 12:10-11 : 그들은 잠시 자기의 뜻대로 우리를 징계하였거니와 오직 하나님은 우리의 유익을 위하여 그의 거룩하심에 참여하게 하시느니라 무릇 징계가 당시에는 즐거워 보이지 않고 슬퍼 보이나 후에 그로 말미암아 연단 받은 자들은 의와 평강의 열매를 맺느니라

창 22:1, 16-17 : 그 일 후에 하나님이 아브라함을 시험하시려고 그를 부르

시되 아브라함아 하시니 그가 이르되 내가 여기 있나이다 … 여호
와께서 이르시기를 … 내가 네게 큰 복을 주고 네 씨가 크게 번성
하여 하늘의 별과 같고 바닷가의 모래와 같게 하리니 네 씨가 그
대적의 성문을 차지하리라

(2) 사탄으로부터 오는 시험 – 파멸에 이르게 하는 악의적인 '유혹'(Temptation)

다음으로 '페이라스몬'($\pi\epsilon\iota\rho\alpha\sigma\mu o\nu$)의 두 번째 의미인 사탄으로부터 오는 '유혹'(Temptation)은 우리를 넘어지게 하고, 죄의 길로 인도하여 궁극적으로 파멸시키기 위한 악의적인 것이다. 성경은 사탄을 '시험하는 자'라고 하며, '악한 자', '속이는 자', '미혹케 하는 자'라고도 한다(cf. 마 4:3).[2] 그러므로 주기도문에서 "우리를 시험에 빠지지 않게 하시고"라고 기도하는 것은 바로 이러한 두 번째 의미인 사탄의 악의적인 '유혹'을 말하는 것이다. 사탄은 에덴동산에서부터 첫 사람 아담과 하와를 유혹하여 속이고 마침내 넘어지게 했듯이, 항상 우는 사자와 같이 두루 다니며 삼킬 자를 찾고, 그리하여 끊임없이 우리를 파멸시키기 위하여 유혹한다. 심지어 사탄은 광야에서 메시아 사역을 준비하시던 예수님마저도 넘어뜨리려고 유혹하고 시험했으나, 예수님께서는 오직 기도와 하나님의 말씀으로 이 유혹의 시험을 이겨내셨다(cf. 마 4:1-11).

창 3:1 : 그런데 뱀은 여호와 하나님이 지으신 들짐승 중에 가장 간교하니라 뱀이 여자에게 물어 이르되 하나님이 참으로 너희에게 동산 모든 나무의 열매를 먹지 말라 하시더냐

계 12:12 : 이는 마귀가 자기의 때가 얼마 남지 않은 줄을 알므로 크게 분내어 너희에게 내려갔음이라

벧전 5:8 : 근신하라 깨어라 너희 대적 마귀가 우는 사자 같이 두루 다니며 삼킬 자를 찾나니

고후 11:14-15 : 이것은 이상한 일이 아니니라 사탄도 자기를 광명의 천사로 가장하나니 그러므로 사탄의 일꾼들도 자기를 의의 일꾼으로 가장하는 것이 또한 대단한 일이 아니니라 그들의 마지막은 그 행위대로 되리라

2. 어떻게 사탄의 유혹에 빠지지 않고 악에 대적하여 이길 수 있는가?

(1) 사탄의 '유혹'에 빠질 요인을 미리 제거하라

우리가 사탄의 유혹에 빠지지 않으려면, 가장 먼저 유혹 당할만한 요인을 제거해야만 한다. 사람이 시험을 당하고 유혹에 빠지는 것은 자신의 정욕과 탐욕으로 말미암아 스스로 미혹되기 때문이라고 했다. 성경은 "돈을 사랑함이 일만 악의 뿌리"라고 하며(딤전 6:10), "포악을 의지하지 말며 탈취한 것으로 허망하여지지 말며 재물이 늘어도 거기에 마음을 두지 말라"(시 62:10)고 했다. 그러므로 이 세상의 온갖 허탄한 것들을 사랑하지 말며, 항상 먼저 그의 나라와 의를 구하면, 사탄의 간악한 간계와 유혹의 올무에 빠지지 않을 수 있을 것이다. 사탄은 항상 우리가 가장 약한 때에, 우리의 가장 약한 부분을 공격해 온다. 우리는 결코 항상 강할 수가 없고, 모든 부분에 있어 완벽할 수가 없다. 따라서 특별히 우리가 약해질 때, 또한 가장 약한 부분을 항상 더욱 조심하고 세밀하게 살펴야만 한다. 마귀와 악의 세력은 언제나 바로 그러한 약한 고리와 틈새를 노리고 공격해 오기 때문이다.

시 1:1-2 : 복 있는 사람은 악인들의 꾀를 따르지 아니하며 죄인들의 길에 서지 아니하며 오만한 자들의 자리에 앉지 아니하고 오직 여호와의 율법을 즐거워하여 그의 율법을 주야로 묵상하는도다

약 1:14-15 : 오직 각 사람이 시험을 받는 것은 자기 욕심에 끌려 미혹됨이니

욕심이 잉태한즉 죄를 낳고 죄가 장성한즉 사망을 낳느니라

요일 2:15-17 : 이 세상이나 세상에 있는 것들을 사랑하지 말라 누구든지 세상을 사랑하면 아버지의 사랑이 그 안에 있지 아니하니 이는 세상에 있는 모든 것이 육신의 정욕과 안목의 정욕과 이생의 자랑이니 다 아버지께로부터 온 것이 아니요 세상으로부터 온 것이라 이 세상도, 그 정욕도 지나가되 오직 하나님의 뜻을 행하는 자는 영원히 거하느니라

딤전 6:9 : 부하려 하는 자들은 시험과 올무와 여러 가지 어리석고 해로운 욕심에 떨어지나니 곧 사람으로 파멸과 멸망에 빠지게 하는 것이라

(2) 항상 깨어 근신하며 기도하라

주님께서는 그의 자녀들에게 시험에 들지 않도록 항상 깨어 근신하며 기도하라고 하신다. 방심하는 곳에는 항상 유혹의 덫이 놓여 있고, 언제나 우리를 노리는 악한 죄의 올가미가 걸려 있다(마 13:25; 삼하 11:2-3). 사탄은 항상 그럴듯한 탈을 쓴 광명의 천사의 얼굴을 하고, 언제나 '사탕' 처럼 달콤한 유혹으로 우리에게 다가온다. 만일 사탄의 유혹이 무섭고 두려운 모습으로 다가온다면, 늘 우리가 대비하고 경계할 수 있으나, 악한 유혹은 언제나 겉으로는 "먹음직도 하고 보암직도 하고 지혜롭게 할 만큼 탐스럽기도"(창 3:6) 한 모습으로 나타나기 때문에 그것에 쉽게 유혹당하고 넘어가게 되는 것이다. 그러므로 우리가 깨어 근신하지 아니하면 미혹케 하는 자의 유혹에 빠지게 될 것이다.

그러나 하나님께서 우리를 연단하시기 위하여 주시는 시험은 대체로 처음 보기에는 어렵고 힘들어 보여서 우리가 쉽게 감당하지 못할 것처럼 보인다. 그러나 주님께서는 "이기는 그에게는 내가 하나님의 낙원에 있는 생명나무의 열매를 주어 먹게 하리라"(계 2:7) 하셨고, 또 "이기는 그에게는 내

가 내 보좌에 함께 앉게 하여 주기를 내가 이기고 아버지 보좌에 함께 앉은 것과 같이 하리라"(계 3:21)고 약속하셨다.

이와 같이 하나님께서 믿음의 연단으로 주시는 '시험'과 사탄의 사악한 '유혹'은 그 시작과 결말이 전혀 다르다. 먼저, 하나님께서 주시는 시험은 대체로 우리 입에는 말할 수 없이 쓰나, 그 결과는 언제나 말할 수 없는 축복이요, 영원한 생명의 면류관이 보장된 영광의 승리요, 하나님과 함께 누릴 영원한 생명이다. 그러나 사탄의 유혹은 반대로 그 시작은 말할 수 없이 달콤하나, 그 결과는 참담한 패망이요, 참혹한 파멸이며, 영원히 불타는 지옥의 죽음이 있을 뿐이다.

마 26:41 : 시험에 들지 않게 깨어 기도하라 마음에는 원이로되 육신이 약하도다 하시고

벧전 5:8 : 근신하라 깨어라 너희 대적 마귀가 우는 사자 같이 두루 다니며 삼킬 자를 찾나니

눅 22:31-32 : 시몬아, 보라 사탄이 너희를 밀 까부르듯 하려고 요구하였으나 그러나 내가 너를 위하여 네 믿음이 떨어지지 않기를 기도하였노니 너는 돌이킨 후에 네 형제를 굳게하라

엡 6:10, 18 : 너희가 주 안에서와 그 힘의 능력으로 강건하여지고 마귀의 간계를 능히 대적하기 위하여 하나님의 전신 갑주를 입으라 … 모든 기도와 간구를 하되 항상 성령 안에서 기도하고 이를 위하여 깨어 구하기를 항상 힘쓰며 여러 성도를 위하여 구하라

계 2:17 : 귀 있는 자는 성령이 교회들에게 하시는 말씀을 들을지어다 이기는 그에게는 내가 감추었던 만나를 주고 또 흰 돌을 줄 터인데 그 돌 위에 새 이름을 기록한 것이 있나니 받는 자 밖에는 그 이름을 알 사람이 없느니라

(3) 믿음으로 시험을 이기고, 담대하게 '악'에 대적하여 싸우라

우리는 단순히 시험과 유혹을 없게 해달라고 기도만 하고 있을 수는 없다. 왜냐하면 때로는 시험과 시련이 우리의 믿음을 연단하여, 우리로 하여금 더욱 장성한 믿음의 귀한 일꾼으로 만들어 주기 때문이다. 성경의 수많은 믿음의 용장들을 보라. 아브라함, 모세, 다윗, 다니엘, 바울과 같이 하나님께서 한 시대를 위해 들어 쓰신 믿음의 용장들은 하나같이 그러한 치열한 시험과 연단의 과정을 통하여 비로소 훈련되고 만들어졌다. 히브리서 11장에서 우리는 반석과 같은 믿음으로 무수한 시험과 불같은 연단의 과정을 거쳐 마침내 약속의 기업을 이어받은 믿음의 대장정에 대한 장엄한 서사시요, 세상이 감당하지 못할 불화살과 같이 살다간 믿음의 산 증인들의 웅장한 역사의 기록을 볼 수 있다.

불타는 용광로와 쇠망치로 두들기는 엄중한 제련의 과정을 거치지 않고는 결코 정순한 금이 나올 수가 없고, 무쇠 강철이 만들어 질 수 없다. 찬란하게 그 영롱한 빛을 발하는 진주 하나를 만들기 위해 진주조개는 수많은 세월동안 모래톱에서 쓰라림의 눈물을 흘려야 한다. 그러므로 우리는 사탄의 유혹에 빠지지 않도록 언제나 근신하여 깨어 있어야 할뿐만 아니라, 믿음으로 담대하게 '악'에 대적하여 믿음의 선한 싸움을 끝까지 싸워 이겨내야만 할 것이다.

> 벧전 5:8-10 : 근신하라 깨어라 너희 대적 마귀가 우는 사자 같이 두루 다니며 삼킬 자를 찾나니 너희는 믿음을 굳건하게 하여 그를 대적하라 이는 세상에 있는 너희 형제들도 동일한 고난을 당하는 줄을 앎이라 모든 은혜의 하나님 곧 그리스도 안에서 너희를 부르사 자기의 영원한 영광에 들어가게 하신 이가 잠깐 고난을 당한 너희를 친히 온전하게 하시며 굳건하게 하시며 강하게 하시며 터를 견고하게 하시리라

엡 6:10-17 : 너희가 주 안에서와 그 힘의 능력으로 강건하여지고 마귀의 간계를 능히 대적하기 위하여 하나님의 전신 갑주를 입으라 우리의 씨름은 혈과 육을 상대하는 것이 아니요 통치자들과 권세들과 이 어둠의 세상 주관자들과 하늘에 있는 악의 영들을 상대함이라 그러므로 하나님의 전신 갑주를 취하라 … 그런즉 서서 진리로 너희 허리 띠를 띠고 의의 호심경을 붙이고 평안의 복음이 준비한 것으로 신을 신고 모든 것 위에 믿음의 방패를 가지고 이로써 능히 악한 자의 모든 불화살을 소멸하고 구원의 투구와 성령의 검 곧 하나님의 말씀을 가지라

약 1:12 : 시험을 참는 자는 복이 있나니 이는 시련을 견디어 낸 자가 주께서 자기를 사랑하는 자들에게 약속하신 생명의 면류관을 얻을 것이기 때문이라

(4) 오직 하나님의 말씀에 순종하며, 성령 안에서 행하고, 하나님의 도우심을 구하라

우리의 힘만으로는 결코 사탄의 간악한 유혹과 궤계를 물리치거나 그와 대적하여 싸워 이길 수 없다. 왜냐하면 그는 잠시 동안 '공중의 권세 잡은 자'요(엡 2:2), '이 세상의 임금'이며(요 14:30), 아주 '강한 자'(눅 11:21)이기 때문이다. 따라서 우리는 항상 우리를 도우시는 예수 그리스도의 은혜와 하나님의 사랑과 보혜사 성령 하나님의 능력의 도우심을 덧입기 위하여 기도해야 하며, 그의 능력의 말씀에 순종하는 삶을 살아야 할 것이다. 예수님께서도 광야에서 시험 당하실 때, 오직 하나님의 능력의 말씀으로 마귀의 악한 유혹의 시험을 이기셨다(cf. 마 4:1-11). 그러므로 우리도 끝까지 마귀의 악한 시험에 지지 않고 인내하며 그의 유혹에 빠지지 아니하고, 우리에게 주어진 시련을 이겨낸다면, 하나님께서 우리에게 약속된 생명의 면류관을 주실 것이다.

히 4:12 : 하나님의 말씀은 살아 있고 활력이 있어 좌우에 날선 어떤 검보다도 예리하여 혼과 영과 및 관절과 골수를 찔러 쪼개기까지 하며 또 마음의 생각과 뜻을 판단하나니

히 2:18 : 그가 시험을 받아 고난을 당하셨은즉 시험 받는 자들을 능히 도우실 수 있느니라

갈 5:16-17 : 내가 이르노니 너희는 성령을 따라 행하라 그리하면 육체의 욕심을 이루지 아니하리라 육체의 소욕은 성령을 거스르고 성령은 육체를 거스르나니 이 둘이 서로 대적함으로 너희가 원하는 것을 하지 못하게 하려 함이니라

II. 송영 : "나라와 권능과 영광이 아버지의 것입니다. 아멘!"

1. "나라와 권능과 영광이 아버지의 것입니다"

우리의 창조자이시자 또한 구원자가 되시는 하나님께서는 영원부터 영원까지 찬양을 받으시기에 합당한 분이시다. 그러므로 오직 성자 하나님을 통하여 성령 안에서 간구하는 우리의 모든 기도를 들으시고 이루시는 성부 하나님, 그리하여 삼위일체 하나님 모두에게 마땅히 나라와 권능과 영광의 송영이 돌려져야만 한다. 그는 실로 모든 것을 다스리시며, 하늘과 땅의 모든 권세를 가지시고 모든 것을 이루시는 분이시기 때문에 모든 영광이 영원부터 영원까지 오직 홀로 그만의 것이다. 그러므로 주기도문은 우리의 기도가 항상 확신에 찬 감사와 찬양, 그리고 영원한 송영으로 끝나야 함을 가르친다.

이렇게 하늘에 계신 아버지 하나님의 영광으로 시작된 주기도문은 이제

하나의 대원을 그리며 영원부터 영원까지, 세세토록 있는 그의 나라, 곧 그의 다스리심과 권능과 영광의 송영으로 끝을 맺는다.[3]

시 106:48 : 여호와 이스라엘의 하나님을 영원부터 영원까지 찬양할지어다 모든 백성들아 아멘 할지어다 할렐루야

대상 16:36 : 여호와 이스라엘의 하나님을 영원부터 영원까지 송축할지로다 하매 모든 백성이 아멘 하고 여호와를 찬양하였더라

대상 29:11 : 여호와여 광대하심과 권능과 영광과 이김과 위엄이 다 주께 속하였사오니 천지에 있는 것이 다 주의 것이로소이다 여호와여 주권도 주께 속하였사오니 주는 높으사 만유의 머리심이니이다

계 4:11 : 우리 주 하나님이여 영광과 존귀와 권능을 받으시는 것이 합당하오니 주께서 만물을 지으신지라 만물이 주의 뜻대로 있었고 또 지으심을 받았나이다 하더라

계 7:10-11 : 구원하심이 보좌에 앉으신 우리 하나님과 어린 양에게 있도다 … 하나님께 경배하여 이르되 아멘 찬송과 영광과 지혜와 감사와 존귀와 권능과 힘이 우리 하나님께 세세토록 있을지어다 아멘 하더라

2. '아멘!'으로 기도를 마치는 이유는 무엇인가?

우리는 왜 항상 기도의 마지막에 '아멘' 이라고 할까? 이것이 우리의 기도를 효과 있게 하는 어떤 주문과 같은 것인가? **'아멘'** (αμην, amen)이란 말에는 대체로 **'진실'**, **'믿음'**, **'충성'** 이라는 의미가 있다. 먼저, ① '아멘' 이라는 말은 '진실로 그러하다' 는 의미이다. 그러므로 기도가 끝난 다음 아멘이라고 고백하는 것은 지금까지 우리가 기도한 내용 모두가 하나님 앞에서 거짓됨이 없이 진실로 그러하다는 것을 확인하는 것을 의미한다. ② 또한 그것

은 "우리가 기도한 그대로 모든 것이 확실하게 이루어질 것임을 믿습니다" 하고 확증하여 인을 찍는 것과 같은 의미를 가진다. 마지막으로, ③ 우리가 아멘이라고 고백하는 것은, 하나님의 뜻이 하늘에서 이루어진 것 같이 땅에서도, 그리고 우리의 삶 속에서도 우리가 기도한 바와 같이 온전히 이루어질 것임을 믿음으로 우리의 아버지 되신 하나님에 대한 전적인 신뢰, 충성과 헌신, 그리고 무한한 위탁을 의미하는 것이다. 즉, 아멘으로 기도를 마치는 것은 우리의 기도가 하나님 앞에서 진실되며, 하나님께서 그것을 이루실 것을 믿으며, 또한 그의 도우심으로 우리 스스로도 그러한 기도를 이루기 위하여 충성스럽게 살아갈 것임을 다짐하며 확증하는 것이다.

마 21:22 : 너희가 기도할 때에 무엇이든지 믿고 구하는 것은 다 받으리라 하시니라 아멘!

그러므로 너희가 이제 여러 가지 시험으로 말미암아

잠깐 근심하게 되지 않을 수 없으나

오히려 크게 기뻐하는도다

너희 믿음의 확실함은 불로 연단하여도

없어질 금보다 더 귀하여

예수 그리스도께서 나타나실 때에

칭찬과 영광과 존귀를 얻게 할 것이니라

(벧전 1:6-7)

제8부 십계명

: 하나님께서 언약백성에게 주신 삶의 규범

제40과: 서문 – "하나님께서 이 모든 말씀을 주시니라"
제41과: 제1계명 – "나 외에 다른 신들을 네게 두지 말라"
제42과: 제2계명 – "너를 위하여 새긴 우상을 만들지 말라"
제43과: 제3계명 – "하나님 여호와의 이름을 망령되이 부르지 말라"
제44과: 제4계명 – "안식일을 기억하여 거룩하게 지키라"
제45과: 제5계명 – "네 부모를 공경하라"
제46과: 제6계명 – "살인하지 말라"
제47과: 제7계명 – "간음하지 말라"
제48과: 제8계명 – "도둑질하지 말라"
제49과: 제9계명 – "네 이웃에 대하여 거짓증거하지 말라"
제50과: 제10계명 – "네 이웃의 모든 소유를 탐내지 말라"

제 40 과

서문

: "하나님께서 이 모든 말씀을 주시니라"

제39문 : 하나님께서 사람에게 요구하시는 의무가 무엇입니까?
답 : 하나님께서 사람에게 요구하시는 의무는 그의 계시된 뜻에 복종하는 일입니다.
신 29:26; 마 28:20; 미 6:8

제40문 : 하나님께서 사람의 복종의 법으로 처음 계시하신 것이 무엇입니까?
답 : 하나님께서 사람에게 복종의 법으로 처음 계시하신 것은 도덕법이었습니다.
롬 2:14-15; 10:5; 창 2:17

제41문 : 이 도덕법이 요약되어 담겨있는 곳이 어디입니까?
답 : 그 도덕법은 십계명 속에 담겨 있습니다.
출 20:3, 17; 마 19:17-19

제42문 : 십계명의 요지는 무엇입니까?
답 : 십계명의 요지는 우리의 온 마음과 온 영혼과 온 힘과 온 뜻을 다하여 주 우리 하나님을 사랑하고, 또 이웃을 우리 자신처럼 사랑하라는 것입니다.
마 22:37-40; 신 6:5

제43문 : 십계명의 서문은 어떤 것입니까?

답 : 십계명의 서문은 이러합니다. "나는 너를 애굽 땅, 종 되었던 집에서 인도하여 낸 너의 하나님 여호와로라"입니다.

출 20:2; 신 6:1-7

제44문 : 십계명의 서문이 우리에게 가르치는 것이 무엇입니까?

답 : 십계명의 서문이 우리에게 가르치는 것은 하나님은 주님이시며, 또 우리 하나님이시요 구속자이시므로 우리는 그의 모든 계명을 지켜야 한다는 것입니다.

엡 1:2; 롬 3:29; 사 43:11; 레 18:30; 신 11:1

I. 하나님께서 주신 십계명 - 그리스도인의 삶의 기초[1]

1. 하나님께서 십계명을 주신 이유

(1) 율법에 대한 올바른 이해 - '하나님의 언약백성들을 위한 삶의 규범'

구약의 도덕법(십계명)은 무엇인가?[2] 단지 사람을 옥죄는 굴레이며, 그리하여 벗어버리고 폐기시켜 버려야만 하는 어떤 것인가? 또한 율법과 복음, 혹은 율법과 은혜는 완전히 서로 대치되는 것인가? 이러한 질문에 올바로 답하기 위해서 우리는 먼저 하나님께서 왜, 언제 십계명을 주셨는지, 그리고 그것의 참된 의미가 무엇인지 잘 이해해야만 한다.[3] 광야에서 모세를 통하여 주어진 시내산 언약은 또 다른 어떤 것이 아니라, 그 옛날 믿음의 조상 아브라함에게 주어진 은혜언약의 계승이며 성취이다(cf. 창 12:1-3; 신 5:2-3). 그것은 "내가 … 너희를 속량하여 너희를 내 백성으로 삼고 나는 너희의 하나님이 되리니"(출 6:6-7)라는 언약의 갱신으로 나타났다. 그 자신의 언약에 있어 참으로 신실하신 여호와 하나님께서는 조상들과 맺은 '언약을 기억'하여 오직 은혜로 애굽의 압제와 핍박으로부터 그들을 속량하고 구원해내신 다음, 구별하여 세우신 언약공동체인 하나님의 백성, 곧 신정국가인 이스라엘을 위하여 그들의 총체적인 삶의 규범으로서 십계명을 주셨다. 그러므로 율법은 은혜의 복음과 반대되는 것이 아니다. 오히려 하나님께서는 율법으로 말미암아 그의 언약을 보증하고 계속하여 은혜 가운데서 그의 백성들을 다스리시고 돌보시며 복 주실 것에 대하여 약속하셨다.[4] 그러므로 참으로 율법 속에 은혜가 있고, 은혜 속에 율법이 있다고 하겠다.

> **출 6:2-8 :** 하나님이 모세에게 말씀하여 이르시되 나는 여호와이니라 … 가나안 땅 곧 그들이 거류하는 땅을 그들에게 주기로 그들과 언약하였더니 이제 애굽 사람이 종으로 삼은 이스라엘 자손의 신음 소리를 내가 듣고 나의 언약을 기억하노라 그러므로 이스라엘 자손에게 말하기를 나는 여호와라 내가 애굽 사람의 무거운 짐 밑에서 너희를 빼내며 그들의 노역에서 너희를 건지며 편 팔과 여러 큰 심판들로써 너희를 속량하여 너희를 내 백성으로 삼고 나는 너희의 하나님이 되리니 … 내가 아브라함과 이삭과 야곱에게 주기로 맹세한 땅으로 너희를 인도하고 그 땅을 너희에게 주어 기업을 삼게 하리라 나는 여호와라 하셨다 하라
>
> **출 19:3-8 :** 모세가 하나님 앞에 올라가니 여호와께서 산에서 그를 불러 말씀하시되 너는 이같이 야곱의 집에 말하고 이스라엘 자손들에게 말하라 내가 애굽 사람에게 어떻게 행하였음과 내가 어떻게 독수리 날개로 너희를 업어 내게로 인도하였음을 너희가 보았느니라 세계가 다 내게 속하였나니 너희가 내 말을 잘 듣고 내 언약을 지키면 너희는 모든 민족 중에서 내 소유가 되겠고 너희가 내게 대하여 제사장 나라가 되며 거룩한 백성이 되리라 … 백성이 일제히 응답하여 이르되 여호와께서 명령하신 대로 우리가 다 행하리이다(cf. 벧전 2:9)

신 5:2-3 : 우리 하나님 여호와께서 호렙 산에서 우리와 언약을 세우셨나니 이 언약은 여호와께서 우리 조상들과 세우신 것이 아니요 오늘 여기 살아 있는 우리 곧 우리와 세우신 것이라

이와 같이 여호와 하나님께서는 이스라엘 백성들을 구원하여 출애굽시키신 이후에 시내산에서 십계명을 주셨다. 그러므로 구약의 이스라엘은 그들의 행위의 의가 아니라 하나님의 주권적인 은혜의 선택으로 인하여 언약 백성이 되었고, 오직 믿음으로 말미암아 의롭다함을 받았다(창 15:6; 신 7:6-10; 히 11:1-40). 이처럼 그들의 구원은 오직 하나님의 신실하신 은혜로 말미암아 주어졌다(출 6:6-7). 그렇기 때문에 하나님께서는 율법을 주시기 전에 먼저 "나는 너를 애굽 땅, 종 되었던 집에서 인도하여 낸 네 하나님 여호와니라" 하고 분명하게 말씀하신다(출 20:2). 따라서 율법은 구원의 조건이 아니라 하나님의 주권적인 은혜로 말미암아 구원받은 하나님의 백성들이 감사함으로 지켜야 할 총체적인 삶의 규범과 의무로서 주어진 것이다.[5]

창 15:6 : 아브람이 여호와를 믿으니 여호와께서 이를 그의 의로 여기시고

롬 4:2-3 : 만일 아브라함이 행위로써 의롭다 하심을 받았으면 자랑할 것이 있으려니와 하나님 앞에서는 없느니라 성경이 무엇을 말하느냐 아브라함이 하나님을 믿으매 그것이 그에게 의로 여겨진 바 되었느니라(cf. 갈 3:1-9)

신 7:6-9 : 너는 여호와 네 하나님의 성민이라 네 하나님 여호와께서 지상 만민 중에서 너를 자기 기업의 백성으로 택하셨나니 여호와께서 너희를 기뻐하시고 너희를 택하심은 너희가 다른 민족보다 수효가 많기 때문이 아니니라 너희는 오히려 모든 민족 중에 가장 적으니라 여호와께서 다만 너희를 사랑하심으로 말미암아, 또는 너희의 조상들에게 하신 맹세를 지키려 하심으로 말미암아 자기의 권능의

손으로 너희를 인도하여 내시되 너희를 그 종 되었던 집에서 애굽
왕 바로의 손에서 속량하셨나니 그런즉 너는 알라 오직 네 하나님
여호와는 하나님이시요 신실하신 하나님이시라

시 19:7-11 : 여호와의 율법은 완전하여 영혼을 소성시키며 여호와의 증거
는 확실하여 우둔한 자를 지혜롭게 하며 여호와의 교훈은 정직하
여 마음을 기쁘게 하고 여호와의 계명은 순결하여 눈을 밝게 하시
도다 여호와를 경외하는 도는 정결하여 영원까지 이르고 여호와
의 법도 진실하여 다 의로우니 금 곧 많은 순금보다 더 사모할 것
이며 꿀과 송이꿀보다 더 달도다 또 주의 종이 이것으로 경고를
받고 이것을 지킴으로 상이 크니이다

이제 이스라엘은 하나님의 말씀과 율법에 순종함으로써 다른 모든 민족과 구별되어 오직 하나님의 은혜로 구원함을 받은 언약백성의 거룩한 정체성을 유지할 수 있었다. 그러므로 여호와 하나님께서는 다음과 같이 명령하신다: "나는 너희의 하나님이 되려고 너희를 애굽 땅에서 인도하여 낸 여호와라 내가 거룩하니 너희도 거룩할지어다"(레 11:45). 이러한 명령은 구약의 언약백성들과 마찬가지로 오직 예수 그리스도 안에서(Solus Christus), 오직 은혜로(Sola Gratia), 그리고 오직 믿음으로(Sola Fide) 의롭다함을 받은 신약의 언약백성에게도 동일하게 반복하여 적용되고 있다: "오직 너희를 부르신 거룩한 이처럼 너희도 모든 행실에 거룩한 자가 되라 기록되었으되 내가 거룩하니 너희도 거룩할지어다 하셨느니라"(벧전 1:15-16).

이러한 의미에서 실로 하나님의 율법(십계명)은 구원을 위한 그 어떤 전제조건이나 목적, 혹은 방편과 수단이 아니라, 오히려 그 자체로서 구원받은 백성들에게 주어진 은혜의 선물이자 구원의 은혜에 대한 보증이며, 나아가 계속되는 하나님의 사랑과 임재, 그리고 언약의 신실한 보존을 약속하

는 것이다. 여호와 하나님께서 율법을 주신 목적은 다음의 성경구절에 분명히 나타난다.

> **신 6:24-25** : 여호와께서 우리에게 이 모든 규례를 지키라 명령하셨으니 이는 우리가 우리 하나님 여호와를 경외하여 항상 복을 누리게 하기 위하심이며 또 여호와께서 우리를 오늘과 같이 살게 하려 하심이라 우리가 그 명령하신 대로 이 모든 명령을 우리 하나님 여호와 앞에서 삼가 지키면 그것이 곧 우리의 의로움이니라 할지니라
> (cf. 신 4:1, 40; 5:32-33; 6:1-3)

이와 같이 율법은 그 자체로서 여호와 하나님께서 한없는 은혜와 능력의 펴신 팔로 구원하여 낸 그의 언약백성들에게 주신 축복의 선물이며, 그리하여 지속적으로 그의 백성들이 하나님과의 신실한 관계 속에서 그의 사랑과 축복을 마음껏 누리며 살아갈 수 있도록 하기 위한 은혜의 방편이면서 동시에 하나님의 절대적인 요구였다(cf. 신 28:1-14).[6] 그러므로 "너희는 내 규례와 법도를 지키라 사람이 이를 행하면 그로 말미암아 살리라 나는 여호와이니라"(레 18:5)고 말씀하셨다.

따라서 구원의 은혜를 입은 이스라엘은 이제 하나님께서 그들에게 주신 말씀과 율법을 떠나지 않고 감사함으로 그것을 사랑하고 기쁨으로 즐거워하며, 그 율법을 주신 하나님을 경외하며 찬양하며 살아가야만 했다(시 1:1-3; 19:7-11; 119:127, 160). 그러나 그들의 마음은 언제나 부패하고 완악하여 구원을 베푸신 하나님의 은혜를 망각한 채, 살아계신 여호와 하나님에 대한 참된 믿음을 버렸다. 바로 이점이 아주 중요하다. 그들은 믿음을 버리고 하나님을 떠났다. 그들은 생명의 하나님을 떠나 죽은 우상, 바알과 아세라 목상을 섬겼으며, 패역하고 행악하여 그의 말씀과 율법도 저버렸다. "이스

라엘 자손이 여호와의 목전에 악을 행하여 자기들의 하나님 여호와를 잊어버리고 바알들과 아세라들을 섬긴지라"(삿 3:7)라고 함은 바로 이것을 의미한다. 그것은 "너는 나 외에는 다른 신들을 네게 두지 말라"는 제1계명을 범한 것이요, 곧 언약의 파기였다. 그 결과 "여호와께서 이르시되 그의 이름을 로암미라 하라 너희는 내 백성이 아니요 나는 너희 하나님이 되지 아니할 것임이니라"고 선언하셨다(호 1:9). 그리하여 마침내 하나님의 징계를 받아 바벨론에 포로로 잡혀간 후, 다니엘은 다음과 같이 고백한다.

> **단 9:4-5, 11** : 크시고 두려워할 주 하나님, 주를 사랑하고 주의 계명을 지키는 자를 위하여 언약을 지키시고 그에게 인자를 베푸시는 이시여 우리는 이미 범죄하여 패역하며 행악하며 반역하여 주의 법도와 규례를 떠났사오며 … '온 이스라엘이 주의 율법을 범하고 치우쳐 가서 주의 목소리를 듣지 아니하였으므로 이 저주가 우리에게 내렸으되 곧 하나님의 종 모세의 율법에 기록된 맹세대로 되었사오니 이는 우리가 주께 범죄하였음이니이다

그러나 여호와 하나님께서는 다시 그들에게 한량없는 은혜와 긍휼을 베푸사 끊임없이 회개를 촉구하며, 다시 '돌아오라'고 하신다(cf. 사 31:6; 55:7; 렘 3:22; 4:1; 호 14:1; 슥 1:3; 욜 2:12; 말 3:7, etc.). 그리하여 이제는 율법을 돌비에 새기지 않고 그 백성들의 마음에 새겨 지키게 할 새 언약을 주실 것에 대하여 약속하신다(cf. 렘 31:31-33).

> **렘 31:31-33** : 여호와의 말씀이니라 보라 날이 이르리니 내가 이스라엘 집과 유다 집에 새 언약을 맺으리라 이 언약은 내가 그들의 조상들의 손을 잡고 애굽 땅에서 인도하여 내던 날에 맺은 것과 같지 아니할 것은 내가 그들의 남편이 되었어도 그들이 내 언약을 깨뜨렸

음이라 여호와의 말씀이니라 그러나 그 날 후에 내가 이스라엘 집과 맺을 언약은 이러하니 곧 내가 나의 법을 그들의 속에 두며 그들의 마음에 기록하여 나는 그들의 하나님이 되고 그들은 내 백성이 될 것이라 여호와의 말씀이니라

(2) 신약성경의 율법 이해

그렇다면 신약에서 율법의 의미는 과연 무엇일까? 가장 먼저, 우리는 이것을 예수님의 율법 이해를 통하여 분명히 알 수 있다. 예수님께서는 율법을 "폐하러 온 것이 아니라 완전하게 하기 위해서 오셨다"고 했으며, 그러므로 "율법의 일점일획도 결코 없어지지 않고 다 이루리라"고 말씀하셨다(마 5:17-20). 이와 같이 하나님의 율법은 참으로 선하고 의로우며 완전하고 진리이기 때문에 영원한 것이다(cf. 시 19:7-11; 119:43, 68, 89, 142; 롬 7:12). 그러나 우리 모두가 범죄하여 전적으로 부패한 우리의 본성으로는 하나님의 율법의 요구를 결코 충족시킬 수 없기 때문에, 예수님께서 오셔서 우리를 위하여 율법의 요구를 온전하게 충족시키신 것이다. 또한 그럼으로써 율법을 폐기하신 것이 아니라 그것을 완성하신 것이다.

그리고 우리를 도우시는 보혜사 성령을 보내시어 율법을 완성하신 예수 그리스도를 믿음으로 구원받은 백성들이 이제는 성령 안에서 하나님의 말씀에 온전히 순종할 수 있게 하셨다(cf. 요 14:26). 또한 그는 새 언약과 더불어 다음과 같은 새로운 계명을 우리에게 주셨다: "새 계명을 너희에게 주노니 서로 사랑하라 내가 너희를 사랑한 것 같이 너희도 서로 사랑하라 너희가 서로 사랑하면 이로써 모든 사람이 너희가 내 제자인 줄 알리라"(요 13:34-35). 이것은 이미 선지자 예레미야를 통하여 주신 새 언약에 대한 성취이다(cf. 렘 31:31-33).

마 5:17-20 : 내가 율법이나 선지자를 폐하러 온 줄로 생각하지 말라 폐하러 온 것이 아니요 완전하게 하려 함이라 진실로 너희에게 이르노니 천지가 없어지기 전에는 율법의 일점 일획도 결코 없어지지 아니하고 다 이루리라 그러므로 누구든지 이 계명 중의 지극히 작은 것 하나라도 버리고 또 그같이 사람을 가르치는 자는 천국에서 지극히 작다 일컬음을 받을 것이요 누구든지 이를 행하며 가르치는 자는 천국에서 크다 일컬음을 받으리라 내가 너희에게 이르노니 너희 의가 서기관과 바리새인보다 더 낫지 못하면 결코 천국에 들어가지 못하리라

마 22:37-40 : 예수께서 이르시되 네 마음을 다하고 목숨을 다하고 뜻을 다하여 주 너의 하나님을 사랑하라 하셨으니 이것이 크고 첫째 되는 계명이요 둘째도 그와 같으니 네 이웃을 네 자신 같이 사랑하라 하셨으니 이 두 계명이 온 율법과 선지자의 강령이니라

요 14:15-17 : 너희가 나를 사랑하면 나의 계명을 지키리라 내가 아버지께 구하겠으니 그가 또 다른 보혜사를 너희에게 주사 영원토록 너희와 함께 있게 하리니 그는 진리의 영이라 세상은 능히 그를 받지 못하나니 이는 그를 보지도 못하고 알지도 못함이라 그러나 너희는 그를 아나니 그는 너희와 함께 거하심이요 또 너희 속에 계시겠음이라

또한 우리가 잘 아는 바와 같이 '이신칭의'(Justification through Faith alone), 곧 율법의 행위가 아니라 "오직 믿음으로 의롭다함을 받는다"(롬 1:17; 갈 3:11)는 사실을 그 무엇보다도 강조하는 바울도, 또 다른 한편으로는 율법에 대하여 다음과 같이 말하고 있다. "그런즉 우리가 무슨 말을 하리요 율법이 죄냐 그럴 수 없느니라"(롬 7:7). 오히려 그는 하나님께서 우리에게 주신 "율법은 거룩하고 계명도 거룩하고 의로우며 선하도다"라고 말한다(롬 7:12). 나아가 "그런즉 우리가 믿음으로 말미암아 율법을 파기하느냐 그럴 수 없느니라 도리어 율법을 굳게 세우느니라"라고 강조하고 있다(롬 3:31). 그렇다

면 진정 무엇이 문제인가? 문제는 타락한 우리의 육신이 연약하고 또한 우리의 본성이 완전히 부패했기 때문에, 우리의 힘만으로는 하나님의 거룩한 율법을 온전히 지킬 수가 없다는 사실이다. 따라서 "육신의 생각은 하나님과 원수가 되나니 이는 하나님의 법에 굴복하지 아니할 뿐 아니라 할 수도 없음이라"(롬 8:7). "그러므로 율법의 행위로 그의 앞에 의롭다 하심을 얻을 육체가 없나니 율법으로는 죄를 깨달음이니라"(롬 3:20). 오직 "사람이 의롭다 하심을 얻는 것은 율법의 행위에 있지 않고 믿음으로 되는 줄 우리가 인정하노라"(롬 3:28)고 성경은 말씀하고 있다.

이와 같이 문제는 '거룩하고 의로우며 선한' 하나님의 율법에 있는 것이 아니라, 끝없이 하나님과 그가 주신 생명의 말씀에 대적하는 우리의 타락한 본성과 더불어, 아무리 하고자 해도 이미 할 수 있는 능력을 상실한 죄인된 우리 자신에게 있다. 이러한 진리는 바울의 다음과 같은 언명에서 분명하게 밝혀진다: "우리가 율법은 신령한 줄 알거니와 나는 육신에 속하여 죄 아래에 팔렸도다 … 내가 원하는 바 선은 행하지 아니하고 도리어 원하지 아니하는 바 악을 행하는도다 … 오호라 나는 곤고한 사람이로다 이 사망의 몸에서 누가 나를 건져내랴"(롬 7:14, 19, 24). 따라서 우리가 심히 부패하고 연약하여 도저히 할 수 없는 그것을 예수 그리스도께서 우리를 위하여 완성하셨고, 그럼으로써 "그리스도는 모든 믿는 자에게 의를 이루기 위하여 율법의 마침"(롬 10:4)이 되셨다.

그리고 영광을 받으신 그리스도께서는 그가 약속하신 대로 이제 그의 영을 우리에게 보내시는데(요 14:26, 16:7; 20:22, 행 2:1-4), 그것은 우리를 도우시는 보혜사 성령으로 말미암아 하나님의 말씀에 온전히 순종하며 살아갈 수 있도록 하기 위함이다. 따라서 이제 우리를 위하여 율법의 마침이 되신 예수 그리스도에게 접붙임 바 된 사람은 오직 성령 안에서 하나님의 말씀에 기쁨과 즐거움으로 순종하며 살아갈 수 있게 되었다. 이것은 선지자 에스겔을 통하여 주신 다음과 같은 예언의 성취이다. "또 새 영을 너희 속에 두고 새 마음을 너희에게 주되 너희 육신에서 굳은 마음을 제거하고 부드러운 마음을 줄 것이며 또 내 영을 너희 속에 두어 너희로 내 율례를 행하게 하리니 너희가 내 규례를 지켜 행할지라"(겔 36:26-27). 그러므로 우리는 오직 성령 안에서, 육체의 정욕이 아니라 성령의 인도하심에 따라 행하여야 한다(cf. 갈 5:16-18). "내가 이르노니 너희는 성령을 따라 행하라 그리하면 육체의 욕심을 이루지 아니하리라"(갈 5:16).

이와 같이 하나님의 백성인 구약의 이스라엘이나 신약교회의 성도들은 모두 하나님께서 오직 그의 놀라운 은혜와 오직 믿음으로 말미암아 구원하신 동일한 언약백성들이다. 즉, 구약의 백성들은 장차 오실 약속의 메시아를 믿음으로, 신약의 백성들은 이미 오셔서 하나님의 약속을 성취하신 메시아, 예수 그리스도를 믿음으로 구원을 받는다는 점에서 이 둘은 동일하다. 그리고 구원받은 하나님의 언약백성으로서 "내가 거룩하니 너희도 거룩할지어다"라는 명령과 함께 하나님의 말씀에 대한 순종이 똑같이 요구되고 있다는 점에서도 동일하다. 또한 둘 다 오직 하나님의 은혜로 언약백성이 되었지만, 그럼에도 불구하고 아직 부패한 본성이 남아있기 때문에 그들에게 삶의 규범으로 주신 하나님의 말씀과 계명에 온전히 순종하며 살 수 없다는 점에 있어서도 동일하다.

그러나 그 둘 사이에 있는 결정적인 차이점은 바로 '보혜사 성령 하나님'이시다. 구약에서 인간의 타락 이후에 죄악이 땅에 관영함을 보시고, "여호와께서 이르시되 나의 영이 영원히 사람과 함께 하지 아니하리니 이는 그들이 육신이 됨이라"(창 6:3)고 하셨다. 이와 같이 죄의 육체가 되어버린 인간을 떠나신 하나님의 영을 예수 그리스도를 통하여 다시 보내어 주시겠다는 것이 바로 '새 언약'의 핵심이다(cf. 욜 2:28-29; 렘 31:31-33; 겔 36:26-27). 그리고 그러한 새 언약의 약속은 오순절 성령 하나님의 강림으로 성취되었다(cf. 행 2:1-4). 그러므로 이제 오신 성령께서는 '신약'(새 언약)의 백성들 가운데 임재하시고 우리 속에 내주하시며, 우리를 도우심으로 우리 힘만으로는 도저히 할 수 없는 그것을 할 수 있게 하시는데, 그것은 곧 우리가 성령 안에서 하나님의 말씀에 순종하며 살아갈 수 있게 하시는 것이다.

- **욜 2:28-29** : 그 후에 내가 내 영을 만민에게 부어 주리니 너희 자녀들이 장래 일을 말할 것이며 너희 늙은이는 꿈을 꾸며 너희 젊은이는 이상을 볼 것이며 그 때에 내가 또 내 영을 남종과 여종에게 부어 줄 것이며
- **롬 3:23-24** : 모든 사람이 죄를 범하였으매 하나님의 영광에 이르지 못하더니 그리스도 예수 안에 있는 속량으로 말미암아 하나님의 은혜로 값 없이 의롭다 하심을 얻은 자 되었느니라
- **롬 8:1-3** : 그러므로 이제 그리스도 예수 안에 있는 자에게는 결코 정죄함이 없나니 이는 그리스도 예수 안에 있는 생명의 성령의 법이 죄와 사망의 법에서 너를 해방하였음이라 율법이 육신으로 말미암아 연약하여 할 수 없는 그것을 하나님은 하시나니 곧 죄로 말미암아 자기 아들을 죄 있는 육신의 모양으로 보내어 육신에 죄를 정하사 육신을 따르지 않고 그 영을 따라 행하는 우리에게 율법의 요구가 이루어지게 하려 하심이니라
- **롬 7:6** : 이제는 우리가 얽매였던 것에 대하여 죽었으므로 율법에서 벗어났으니 이러므로 우리가 영의 새로운 것으로 섬길 것이요 율법 조문의 묵은 것으로 아니할지니라
- **롬 8:13, 26** : 너희가 육신대로 살면 반드시 죽을 것이로되 영으로써 몸의 행실을 죽이면 살리니 … 이와 같이 성령도 우리의 연약함을 도우시나니 우리는 마땅히 기도할 바를 알지 못하나 오직 성령이 말할 수 없는 탄식으로 우리를 위하여 친히 간구하시느니라

그리고 사도 바울 또한 예수 그리스도께서 주신 "너희는 서로 사랑하라"는 새 계명이 율법의 완성이라고 말한다. "남을 사랑하는 자는 율법을 다 이루었느니라 … 그러므로 사랑은 율법의 완성이니라"(롬 13:8, 10; cf. 약 2:8). 그럼에도 불구하고 우리는 결코 우리의 행위에 있어 완전함에 이르지 못한다. 하지만 하나님께서는 우리 마음의 중심을 보신다(cf. 잠 21:2).

> **롬 13:8-10** : 피차 사랑의 빚 외에는 아무에게든지 아무 빚도 지지 말라 남을 사랑하는 자는 율법을 다 이루었느니라 … 네 이웃을 네 자신과 같이 사랑하라 하신 그 말씀 가운데 다 들었느니라 사랑은 이웃에게 악을 행하지 아니하나니 그러므로 사랑은 율법의 완성이니라

2. 율법의 종류

모세가 하나님께로부터 받은 구약의 율법은[7] 일반적으로 3가지 형태의 법체계로 분류되는데, 도덕법, 의식법, 그리고 시민법이 바로 그것이다.[8]

(1) 도덕법(Moral Law)

여호와 하나님께서 그의 언약백성들을 위하여 주신 도덕법은 특별히 십계명(Ten Commandments, Decalogue)으로 요약되며, 이것은 하나님과 그의 언약백성들 사이의 본질적인 관계를 규정하는 영적이며 윤리적인 기초 토대가 된다. 따라서 어떤 이는 이것을 '율법 중의 율법' 또는 '계명 중의 계명'이라고 했다.[9] 이와 같이 도덕법은 구약의 언약백성들 뿐만 아니라 신약의 언약백성들에게도 여전히 유효하며, 삶의 규범으로서 보편성을 가진다. 오히려 신약에서 심지어 예수님의 율법해석은 더욱 엄격하고 철저하며, 하나님께서 주신 율법의 본래적 목적과 의미를 명확하게 드러내고 있다.

마 5:21-22 : 옛 사람에게 말한 바 살인하지 말라 누구든지 살인하면 심판을 받게 되리라 하였다는 것을 너희가 들었으나 나는 너희에게 이르노니 형제에게 노하는 자마다 심판을 받게 되고 형제를 대하여 라가라 하는 자는 공회에 잡혀가게 되고 미련한 놈이라 하는 자는 지옥 불에 들어가게 되리라

마 23:23 : 화 있을진저 외식하는 서기관들과 바리새인들이여 너희가 박하와 회향과 근채의 십일조는 드리되 율법의 더 중한 바 정의와 긍휼과 믿음은 버렸도다 그러나 이것도 행하고 저것도 버리지 말아야 할지니라

(2) 제의법(의식법, Ceremonial Law)

하나님께 드리는 제사의식과 절기를 지키는 것과 관계된 여러 가지 율법들은 대체로 의식법 혹은 제사법으로 분류한다. 이 가운데 특별히 하나님께 드리는 희생제의와 관련된 의식법은 예수 그리스도의 속죄사역을 예표하는 것이었고, 또한 예수 그리스도에 의해 이미 온전히 완성되었기 때문에 신약교회에서는 더 이상 지키지 않는다. 예수께서 우리의 죄를 대속하시기 위하여 '단번에' 자신을 희생제물로 드려 십자가에서 죽으심으로 성소의 휘장이 찢어진 것이 바로 이것을 의미한다(마 27:51; 마 15:38; 눅 23:45). 그러나 구약의 모든 제의법이 다 그 의미를 상실한 것은 아니다. 안식일과 각종 절기를 지키는 것은 예수 그리스도의 오심으로 말미암아 완성되었고, 또 그럼으로써 새롭게 갱신되어 지속된다고도 볼 수 있다. 예를 들면, 할례는 세례예식으로, 유월절은 성만찬으로, 안식일은 주일로 대체되었다. 뿐만 아니라, 성탄절, 사순절, 부활절, 성령강림절, 맥추절, 추수감사절과 같은 절기들은 새 언약의 백성인 신약교회의 역사 속에서 새롭게 갱신되거나 기념하기 위해 제정하여 지키는 절기들이라고 할 수 있다.

> 히 9:11-12 : 그리스도께서는 장래 좋은 일의 대제사장으로 오사 손으로 짓지 아니한 것 곧 이 창조에 속하지 아니한 더 크고 온전한 장막으로 말미암아 염소와 송아지의 피로 하지 아니하고 오직 자기의 피로 영원한 속죄를 이루사 단번에 성소에 들어가셨느니라(cf. 히 7:27; 9:26; 10:10; 롬 6:10; 벧전 3:18)

(3) 시민법(Civil Law)

하나님께서는 인간관계에 있어 사회적 책무와 언약공동체의 계속적인 존속과 질서유지를 위하여 여러 가지 사회적인 범죄와 재판에 관련된 법들, 즉 형법, 민법과 상법 등에 해당하는 각종 율법을 제정하여 주셨는데, 이것과 관련된 율법을 시민법이라고 한다. 이러한 구약의 시민법에 담긴 약자 보호와 같은 본질적인 원리와 정신은 비록 완전히 소멸되지 않고 지속된다고 볼 수 있지만, 시대와 환경이 변했기 때문에 그대로 신약교회에 적용할 수는 없다. 예수님께서도 율법의 정신은 살리되, 적용은 다르게 하고 있음을 알 수 있다.

> 레 20:10 : 누구든지 남의 아내와 간음하는 자 곧 그의 이웃의 아내와 간음하는 자는 그 간부와 음부를 반드시 죽일지니라
> 요 8:7-11 : 이에 일어나 이르시되 너희 중에 죄 없는 자가 먼저 돌로 치라 하시고 … 예수께서 이르시되 나도 너를 정죄하지 아니하노니 가서 다시는 죄를 범하지 말라 하시니라

3. 율법의 3가지 용법

그렇다면 신약교회에서 율법은 과연 어떤 의미와 가치를 가지는가? 종교개혁자들, 특히 칼빈과 개혁주의 전통에서는 율법이 신약교회에 있어

전혀 무의미하고 무가치한 것이 아니라 아주 중요한 의미와 용도를 가지는 것으로 이해하였다. 이러한 율법의 가치와 의미는 통상 3가지 용도로 설명되는데, 그것은 각각 죄를 억제하는 **'사회적/정치적 용도'**, 죄인들을 그리스도께로 인도하는 **'신학적/교육적 용도'**, 그리고 언약백성들의 삶을 규정하고 성화를 이루게 하는 **'도덕적/규범적 용도'**가 바로 그것이다.[10] 종교개혁자 칼빈은 이러한 율법의 3가지 용도 가운데 특별히 제3의 규범적 용도를 강조하며, 그것을 자신의 성화 교리의 기초로 삼았다.

(1) 사회적 용도(정치적 용도; Usus Politicus)

율법의 제1용법은 '사회적(정치적) 용도'인데, 이것은 율법이 가지는 일반은총적인 측면을 말한다. 하나님께서는 만유의 창조자이시며, 또 통치자로서 모든 것을 보존하시고 다스리신다. 따라서 하나님의 율법이 존재함으로써 구원받지 않은 사람들이라 할지라도 그 율법에 따른 벌과 심판의 두려움과 공포심으로 말미암아 무법한 것처럼 마음대로 악을 행할 수 없게 된다. 이처럼 율법은 죄를 억제하고 제어하는 용법을 지니는데, 이로써 인간의 부패하고 타락한 본성에도 불구하고 일정수준의 사회적 질서와 공공의 치안이 유지되는 것이다. 이러한 율법의 제1용법, 즉 사회적 용도는 칭의나 구원과는 관계가 없다. 우리가 살아가는 사회의 질서를 유지하기 위한 국가제도와 사회의 법질서는 모두 하나님의 율법으로 말미암아 일반은총이 적용된 것이다.

> **딤전 1:8-10** : 그러나 율법은 사람이 그것을 적법하게만 쓰면 선한 것임을 우리는 아노라 알 것은 이것이니 율법은 옳은 사람을 위하여 세운 것이 아니요 오직 불법한 자와 복종하지 아니하는 자와 경건하지 아니한 자와 죄인과 거룩하지 아니한 자와 망령된 자와 아버지를

죽이는 자와 어머니를 죽이는 자와 살인하는 자며 음행하는 자와 남색하는 자와 인신 매매를 하는 자와 거짓말하는 자와 거짓맹세 하는 자와 기타 바른 교훈을 거스르는 자를 위함이니

(2) 신학적 용도(Usus Theologicus / 교육적 용도; Usus Pedagogus)

율법의 제2용법은 '신학적(교육적) 용도'라고 불리는 것으로, 특별히 종교개혁자 마틴 루터(Martin Luther)가 강조한 것이다. 이것은 율법이 인간의 부패한 본성 가운데 있는 타락성과 죄성, 그리고 무지함과 비참함을 드러내고 깨닫게 하며, 하나님의 공의 앞에 죄를 고발하여 심판대에 세우는 정죄의 용도를 말한다. 그러나 하나님 앞에서 스스로 교만하여 자신의 선행과 자기의 의를 내세우며, 스스로 의롭다하는 자들, 곧 "자기 양심이 화인을 맞아서 외식함으로 거짓말하는 자들"(딤전 4:2)은 이러한 율법의 제2용법을 알지 못하는 자들이다. 그들은 여호와의 율법을 거역하고 대적하는 '목이 곧은 백성들'이며, "자주 책망을 받으면서도 목이 곧은 사람은 갑자기 패망을 당하고 피하지 못하리라"(잠 29:1)함과 같다. 그러나 하나님의 은혜로 말미암아 택함을 받은 사람들은 하나님의 말씀이 선포될 때, 이 말씀이 바위와 같은 인간의 '자기 의'를 깨어 부수고, 폐부와 양심을 찔러 죄를 책망함은 물론, 죄에 대한 하나님의 무서운 진노를 깨달아 알게 한다. 그것은 마치 "내 말이 불같지 아니하냐 바위를 쳐서 부스러뜨리는 방망이 같지 아니하냐"(렘 23:29)함과 같다. 그러므로 율법의 제2용법은 인간으로 하여금 자신의 죄인됨을 철저히 깨닫게 함으로써 겸손하게 만들고 회개를 촉구하며, 결과적으로 예수 그리스도의 은혜의 복음 앞으로 나아가게 하는 '초등교사'(몽학선생)와 같은 역할을 한다.

롬 3:20 : 그러므로 율법의 행위로 그의 앞에 의롭다 하심을 얻을 육체가 없나니 율법으로는 죄를 깨달음이니라

롬 7:13 : 그런즉 선한 것이 내게 사망이 되었느냐 그럴 수 없느니라 오직 죄가 죄로 드러나기 위하여 선한 그것으로 말미암아 나를 죽게 만들었으니 이는 계명으로 말미암아 죄로 심히 죄 되게 하려 함이라

갈 3:24 : 이같이 율법이 우리를 그리스도께로 인도하는 초등교사가 되어 우리로 하여금 믿음으로 말미암아 의롭다 함을 얻게 하려 함이라

(3) 도덕적 용도(규범적 용도; Usus Normativus)

율법의 제3용법은 우리를 도우시는 보혜사 성령 하나님으로 말미암아 중생한 자들에게 적용되는 '규범적(도덕적) 용도'로서, 이는 율법의 가장 적극적인 용법이다. 이러한 제3용법은 특별히 존 칼빈(John Calvin)과 개혁파 전통에서 강조하는 것이다. 그런데 도대체 오직 은혜로(Sola Gratia), 오직 믿음으로(Sola Fide) 거듭난 사람들에게 율법이 왜 필요한가? 이것은 "내가 나의 법을 그들의 속에 두며 그들의 마음에 기록하여 나는 그들의 하나님이 되고 그들은 내 백성이 될 것이라"함과 같다(렘 31:33; 히 10:16). 하나님께서는 이제 돌비가 아니라 성령으로 말미암아 구원받은 그의 백성들의 마음속에 '생명의 성령의 법'을 심어주심으로 구원받은 은혜에 감사함은 물론, 진정으로 하나님을 경외하며 그의 생명의 말씀에 순종하며 살아가게 하시기 위하여, 또 그럼으로써 그의 자녀들에게 복주시기 위하여 율법을 사용하시는 것이다. 즉, 하나님의 은혜로 말미암아 칭의(Justification)의 은혜를 입고 값없이 의롭다 함을 받은 사람들이라 할지라도 신앙의 삶을 살아가는 가운데 여전히 부패한 본성과 죄의 영향을 받고 있기 때문에, 이 말씀을 지켜 행함으로써 끊임없이 성화(Sanctification)의 과정을 밟아가야 하는 것이다.

그러한 성화의 지난한 과정은 죄로 말미암아 전적으로 부패한 우리 자

신의 능력으로는 전혀 불가능하다. 하지만 오직 진리와 자유의 영이자 생명의 영이신 성령 안에서 성도들은 이제 양심의 자유함 속에서 자발적으로 하나님의 말씀에 순종함으로써 "행위에 있어서도 온전하게 되도록" 도우심과 격려함을 받게 된다(cf. 시 119:1; 롬 8:1-3). 바로 이러한 의미에서 "행함이 없는 믿음은 그 자체가 죽은 것이라 ⋯ 아아 허탄한 사람아 행함이 없는 믿음이 헛것인 줄을 알고자 하느냐 ⋯ 네가 보거니와 믿음이 그의 행함과 함께 일하고 행함으로 믿음이 온전하게 되었느니라"(약 2: 17, 20, 22)라는 어려운 말씀이 이해가 되는 것이다.

실로 "오직 의인은 믿음으로 말미암아 살리라"(롬 1:17; 갈 3:11; 합 2:4)는 말씀이 진리임과 마찬가지로 "영혼 없는 몸이 죽은 것 같이 행함이 없는 믿음은 죽은 것이니라"(약 2:26)는 말씀 또한 진리이다. 모든 신자들은 이제 성령의 역사로 말미암아 믿음으로 그리스도에게 연합(Unio cum Christo)되어 칭의와 성화의 이중은혜(Duplex Gratia)를 동시에 받게 된다. 그러므로 칼빈이 강조하여 말하듯이 "칭의없는 성화가 있을 수 없고, 성화없는 칭의가 있을 수 없다."[11] 따라서 신약교회의 성도들도 우리 안에서 내주하시며 역사하시는 성령의 능력과 도우심을 받아 구원의 은혜에 대한 감사와 함께 신실하게 하나님의 말씀을 잘 지키고 순종함으로써 거룩한 성령의 열매들을 풍성하게 하나님 앞에 맺어드릴 수 있어야 할 것이다(cf. 갈 5:22-23).[12]

렘 32:38-41 : 그들은 내 백성이 되겠고 나는 그들의 하나님이 될 것이며 내가 그들에게 한 마음과 한 길을 주어 자기들과 자기 후손의 복을 위하여 항상 나를 경외하게 하고 내가 그들에게 복을 주기 위하여 그들을 떠나지 아니하리라 하는 영원한 언약을 그들에게 세우고 나를 경외함을 그들의 마음에 두어 나를 떠나지 않게 하고 내가 기쁨으로 그들에게 복을 주되 분명히 나의 마음과 정성을 다하

여 그들을 이 땅에 심으리라

히 8:10 : 주께서 이르시되 그 날 후에 내가 이스라엘 집과 맺을 언약은 이 것이니 내 법을 그들의 생각에 두고 그들의 마음에 이것을 기록하리라 나는 그들에게 하나님이 되고 그들은 내게 백성이 되리라

II. 십계명의 서문

1. 십계명의 구조와 요약

우리 모두가 창조주이시자 구속주이신 하나님 앞에서 신실하게 지켜야 할 삶의 규범, 곧 도덕법의 기초로서 주어진 '십계명'(Ten Commandments; *Decalogue*, 열 가지 말씀; 출 30:28; 신 10:4)의 말씀은, 먼저 출애굽 직후 시내산에서 언약의 증표로서 하나님께서 직접 두 개의 돌판에 새겨주신 것으로, **출애굽기 20:1-17**에 주어져 있다. 또한 이것은 가나안에 들어가기 직전 광야에서 태어난 새로운 세대들에게 언약을 갱신하여 약간 다른 형식으로 반복하여 주신 것으로, **신명기 5:6-21**에도 주어져 있다. 하나님께서 직접 새겨주신 이 십계명의 말씀은 그 주신 형식과 성격으로 인하여 이스라엘에게 있어 특별한 지위를 가진다. 즉, 이 계명의 말씀을 지키는 것이 언약백성이 되는 한계조건이며, 나아가 이것은 다른 모든 율법의 기초가 된다고 볼 수 있다.[13]

신 5:22 : 여호와께서 이 모든 말씀을 … 큰 음성으로 너희 총회에 이르신 후에 더 말씀하지 아니하시고 그것을 두 돌판에 써서 내게 주셨느니라

십계명은 일반적으로 2부분으로 나누어지는데, 학자들에 따라서는 3부분 혹은 그 이상의 여러 가지 방법으로 나누기도 한다. 그러나 여기에서는 신약에서 예수 그리스도께서 십계명을 다음과 같이 두 부분으로 요약한 것에 따라 구분하고자 한다.[14]

마 22:37-40 : 예수께서 이르시되 네 마음을 다하고 목숨을 다하고 뜻을 다하여 주 너의 하나님을 사랑하라 하셨으니 이것이 크고 첫째 되는 계명이요 둘째도 그와 같으니 네 이웃을 네 자신 같이 사랑하라 하셨으니 이 두 계명이 온 율법과 선지자의 강령이니라

롬 13:9-10 : 간음하지 말라, 살인하지 말라, 도둑질하지 말라, 탐내지 말라 한 것과 그 외에 다른 계명이 있을지라도 네 이웃을 네 자신과 같이 사랑하라 하신 그 말씀 가운데 다 들었느니라 사랑은 이웃에게 악을 행하지 아니하나니 그러므로 사랑은 율법의 완성이니라

(1) 하나님과 사람과의 관계(수직적인 관계): "주 너의 하나님을 사랑하라"

① 제1계명: "너는 나 외에 다른 신들을 네게 두지 말라"
　→ 참 예배의 대상 - 오직 유일하신 삼위일체 하나님만 예배하라

② 제2계명: "너를 위하여 새긴 우상을 만들지 말라"
　→ 참 예배의 형식 - 어떤 우상이나 형상도 새겨 만들거나 절하여 섬기지 말라

③ 제3계명: "하나님 여호와의 이름을 망령되이 부르지 말라"
　→ 참 예배의 방법 - 하나님의 거룩한 이름를 영화롭게 하라

④ 제4계명: "안식일을 기억하여 거룩히 지키라"
　→ 참 예배의 시간 - 안식일(주일)을 거룩하게 지켜라

(2) 사람과 사람과의 관계 (수평적인 관계): "네 이웃을 네 자신 같이 사랑하라"

⑤ 제5계명: "네 부모를 공경하라"
　→ 존경받아야 할 참된 권위 – 이웃의 권위를 존중하라

⑥ 제6계명: "살인하지 말라"
　→ 생명의 존엄성 – 이웃의 생명을 사랑하라

⑦ 제7계명: "간음하지 말라"
　→ 혼인언약의 신성함 – 이웃의 정절을 신성하게 여기라

⑧ 제8계명: "도둑질하지 말라"
　→ 재물의 청지기 – 이웃의 소유재산권을 귀하게 여기라

⑨ 제9계명: "네 이웃에 대하여 거짓 증거하지 말라"
　→ 언어의 성화 – 이웃의 명예를 훼손하지 말라

⑩ 제10계명: "네 이웃의 소유를 탐내지 말라"
　→ 탐욕의 절제 – 이웃의 소유를 탐하지 말고 스스로 자족함의 자유를 가져라

2. 십계명 서문의 가르침 [15]

십계명의 서문은 다음과 같은 장엄한 언명으로 시작하고 있다: "하나님이 이 모든 말씀으로 말씀하여 이르시되 나는 너를 애굽 땅, 종 되었던 집에서 인도하여 낸 네 하나님 여호와니라"(출 20:1-2; 신 5:6). 이 서문에는 십계명의 각 계명들을 공부하기 전에 먼저 우리가 분명히 알아야 할 다음과 같은 중요한 사실들이 계시되어 있다.

(1) 율법의 수여자: "우리를 구원하신 여호와 하나님"

십계명의 서문에 나타난 것은 먼저 율법의 수여자가 하나님이시며, 특별히 언약에 신실하시며, 은혜로 우리를 구원하여 참된 자유와 생명을 주신 여호와 하나님이심을 적시하고 있다. '여호와'는 영원하신 하나님의 절대적인 성호이다(출 3:14-15 - "이는 나의 영원한 이름이요 대대로 기억할 나의 표호니라"). 십계명은 여호와 하나님께서 그의 언약백성들에게 직접 말씀하여 주신 것이며, 또한 그 주신 형식에 있어서도 친히 자신의 손가락으로 돌판에 새겨주신 말씀으로서(출 31:18), 특별히 언약궤 안에 넣어 지성소에 보관하도록 하셨다(대하 5:10; 왕상 8:9; 히 9:3-4). 이것은 하나님께서 주신 십계명의 존귀함과 엄위성을 분명하게 말해준다. 뿐만 아니라 이것은 하나님의 임재, 즉 하나님께서 그의 백성과 항상 함께하심을 보여주는 것이다.

(2) 우리가 지켜야 할 것: "이 모든 말씀"

우리는 여호와 하나님께서 주신 '모든 율법'을 지켜야 한다. 이것은 특별히 '이 모든 말씀'으로 특정하여 말씀하신 것에서 분명하다. 그러므로 십계명 가운데 그 어느 것 하나도 중요하지 않은 것이 없다. 우리의 편의에 따라 이것은 지키고 저것은 경홀히 여길 수 있는 것이 아니다. 모든 계명이 하나님의 입에서 나온 말씀으로서, 먼저는 돌비에, 이제는 우리의 심비에 새겨져 지켜져야 할 영원한 하나님의 율법이요, 계명들이다(cf. 렘 31:33). 그러나 주신 말씀에도 분명한 우선순위와 질서가 있는데, 우리로서는 그 우선순위를 무시하거나 역행할 수 없다.[16] 예를 들어 영적질서에 있어서 사람과의 관계보다는 하나님과의 관계가 더 중요하며 언제나 우선한다. 하나님과의 관계의 실패는 곧 사람과의 관계의 실패로 이어진다. 그러나 하나님을 진정 사랑하는 사람은 또한 이웃을 진정 사랑하게 되며, 하나님에 대한 사랑은 형제와 이웃을 사랑하는 것으로 나타나야 한다(cf. 요일 4:20-21).

(3) 율법을 지켜야 할 대상: "하나님의 언약백성"

십계명의 서문에서 하나님께서는 "나는 너를 애굽 땅, 종 되었던 집에서 인도하여 낸 네 하나님 여호와니라"라고 하시며, 나는 '너의 하나님 여호와' 라고 특정하여 말씀하셨다. 이것은 율법의 수여 대상자가 '애굽 땅, 종 되었던 집' 에서 구원함을 받은 언약백성인 이스라엘, 곧 하나님의 백성들임을 분명히 하는 것이다. 이것은 '나와 너(너희)' 라는 구체적인 언약관계, 인격적인 관계 속에서 주어진 것이며, 따라서 상호 배타적인 관계에서 주어진 것임을 분명히 한다. 신약에서 이것은 '흑암의 권세'(골 1:13), 곧 '죄와 사망의 법'(롬 8:2)에서 해방되고 생명의 자유함을 받은 하나님의 자녀들에게 주신 것이라고 말한다. 따라서 이것은 예수 그리스도 안에서 영생의 구원의 은혜를 입은 자들이 감사함으로 지켜야 할 영원한 하나님의 계명이요, 율법이다.

예수께서 이르시되
네 마음을 다하고 목숨을 다하고 뜻을 다하여
주 너의 하나님을 사랑하라 하셨으니
이것이 크고 첫째 되는 계명이요
둘째도 그와 같으니 네 이웃을 네 자신 같이 사랑하라 하셨으니
이 두 계명이 온 율법과 선지자의 강령이니라
(마 22:37-40)

제 41 과
제1계명
: "나 외에 다른 신들을 네게 두지 말라"

제45문 : 첫째 계명이 무엇입니까?
답 : 첫째 계명은 "너는 나 외에는 다른 신들을 네게 두지 말라" 하는 것입니다.
출 20:3

제46문 : 첫째 계명에서 요구하는 것은 무엇입니까?
답 : 첫째 계명에서 우리에게 요구하는 것은 하나님을 유일하신 참 하나님과 우리 하나님으로 알고 인정하며, 그럼으로써 그를 예배하고 영화롭게 하는 것입니다.
사 43:10; 렘 32:37; 마 4:10

제47문 : 첫째 계명에서 금하는 것은 무엇입니까?
답 : 첫째 계명에서 금하는 것은 참 하나님이시며 또 우리 하나님이신 것을 부인하거나, 그를 예배하며 영화롭게 하지 않는 것이며, 또한 하나님께만 드려야 할 예배와 영광을 다른 신에게 드리는 것입니다.
시 14:1; 렘 2:27-28; 단 5:23; 신 8:8-18

제48문 : 첫째 계명에 있는 '나 외에' 라는 말이 우리에게 가르치는 것은 무엇입니까?

답 : 첫째 계명에 있는 '나 외에'라는 말이 우리에게 특별히 가르치는 것은, 모든 것을 보시는 하나님께서 다른 신들을 섬기는 죄를 주목하시며, 또 그것을 매우 불쾌하게 여기신다는 것입니다.

시 44:20-21; 대상 28:9

I. 참 하나님은 누구신가?

1. 오직 여호와만이 참으로 살아계신 하나님이시다

십계명의 제1계명은 예배의 대상이 되시는 참된 신이 과연 누구신가라는 문제를 다루고 있다. 특별히 **"너는 나 외에는 다른 신들을 네게 두지 말라"** 는 제1계명은 더 이상의 부가적인 이유나 설명을 필요로 하지 않는 일종의 무조건적이며 절대적인 '정언명령'(定言命令, categorical imperative)에 해당한다. 그리고 이어서 나오는 다른 모든 계명들은 바로 이러한 절대적인 언명인 제1계명에 종속한다. 만일 참된 하나님이 존재하지 않으신다면, 그 모든 다른 계명들은 이미 존재할 이유가 없기 때문이다. 그렇기 때문에 그 어떤 다른 인간적인 논리나 형식도 이 절대적인 명령과 타협하거나 절충시킬 수 없고, 또 그렇게 해서도 안 된다.

뿐만 아니라 성경은 하나님의 존재에 대하여 증명하려는 어떤 시도도 하지 않는다. 오히려 살아계신 하나님의 존재하심은 너무나 분명하기 때문에, 이러한 사실을 전제하고 증거하여 선포할 따름이다(cf. 롬 1:19-20; 시 19:1-4).[1] 이것은 "창세로부터 그의 보이지 아니하는 것들 곧 그의 영원하신 능력과 신성이 그가 만드신 만물에 분명히 보여 알려졌나니 그러므로 그들이 핑계하지 못할지니라"(롬 1:20) 함과 같다. 따라서 제1계명의 의미는 오직 너희를 구원해낸 여호와 하나님만이 예배를 받으실 수 있는 참 하나님이시기 때문에, 그 외에 다른 우상들을 섬기거나 또는 여호와 하나님과 함께 나란히 섬기지 말라는 것이다.

이와 같이 오직 "나는 여호와라"(I am Yahweh, אֲנִי יְהוָה)고 스스로를 계시하시는 하나님께서는 그의 말씀과 행위를 통해서 그의 거룩한 존재를 엄위하심과 영광 가운데 드러내신다. 그러므로 하나님의 존재하심을 부인하는 패역한 자들에 대하여 성경은 선언하기를, "어리석은 자는 그의 마음에 이르기를 하나님이 없다 하는도다. 그들은 부패하고 그 행실이 가증하니 선을 행하는 자가 없도다"(시14:1)라고 한다. 뿐만 아니라, 그의 거룩하신 성호, 즉 "나는 스스로 있는 자"(YHWH, יְהוָה; 출 3:14)라는 하나님의 절대적인 언명은 그 존재하심에 있어 이미 유한한 피조물인 우리의 인식과 이해의 범위를 완전히 초월하여 계심을 말하고 있다. 즉, 창조자이신 여호와 하나님과 피조물인 인간 사이에는 언제나 '무한한 질적인 차이'(the infinite qualitative difference)가 존재한다.

그러므로 십계명의 서문과 또 다른 곳에서 무수히 반복되는 "나는 여호와라"(출 6:8; 신 5:6; 사 43:11; 호 13:4, etc.)는 언명은 부가되는 그의 모든 말씀에 대한 살아계신 하나님의 절대적인 인장과도 같은 것이다. 성경은 오직 여호와 하나님만이 '참된 신'(the true God)이라고 거듭 반복하여 선언하고 있다. 왜 오직 여호와 하나님만이 참된 신이신가? 그것은 오직 여호와 하나님만이 참으로 '살아계신 하나님'(the Living God), 곧 생명의 하나님(the God of Life)이시기 때문이다. 이것으로서 하나님께서는 스스로를 '신'들이라고 거짓 이름하는 다른 모든 것들, 곧 죽은 우상들로부터 자신을 철저하게 구별하신다(cf. 시 115:4-8; 렘 10:3-16). 성경은 "오직 여호와는 참 하나님이시요 살아 계신 하나님이시요 영원한 왕"(렘 10:10)이시라고 했다. 이와 같이 하나님께서는 그의 창조세계와 구속역사, 그리고 그의 백성과의 언약관계 속에서 특별히 '살아계신 하나님'으로 스스로를 계시하신다. 따라서 성경이 증거하는 유일하게 참되신 하나님, 곧 '살아계신 하나님'은 오직 여호와(Yahweh), 곧 '생명의 하나님'(the God of Life, cf. 삼상 17:26; 시 42:2; 마 16:16)이시다. 하나님은 영존하시는 '생명'(the Life)으로서 자존자, 곧 참되시고 '영원한 생명'(the eternal Life)이시다(cf. 렘 10:10; 살전 1:9; 히 12:22; 계 7:2). 이것이 "나는 처음이요 나는 마지막이라"(사 44:6)이라는 말씀의 의미이다.

그러므로 시편기자는 "산이 생기기 전, 땅과 세계도 주께서 조성하시기 전 곧 영원부터 영원까지 주는 하나님이시니이다"(시 90:2)라고 찬양의 경배를 드리고 있다. 이와 같이 생명의 하나님이시자 모든 생명의 주인이신 여호와 하나님께서는 '생명의 창조자'(the Creator of life, cf. 창 1:1; 요 1:1-4)이시며, 또한 '생명의 구원자'(the Savior of life)이시다. 그리하여, 하나님께서는 "나는 여호와라 나 외에 다른 이가 없나니 나 밖에 신이 없느니라 … 해 뜨는 곳에서든지 지는 곳에서든지 나 밖에 다른 이가 없는 줄을 알게 하리라 나는 여호와라 다른 이가 없느니라"(사 45:5-6)고 거듭 말씀하신다. 그의 지으신바 된 만물이 만군의 주 여호와 하나님 앞에 무릎을 꿇고 경배와 함께 영원토록 찬양할 것은, "주 여호와여 이러므로 주는 위대하시니 이는 우리 귀로 들은 대로는 주와 같은 이가 없고 주 외에는 신이 없음이니이다"(삼하 7:22) 함과 같다. 그러므로 성경은 "주 너의 하나님께 경배하고 다만 그를 섬기라"고 한다(마 4:10).

렘 10:10 : 오직 여호와는 참 하나님이시요 살아 계신 하나님이시요 영원한 왕이시라

사 44:6 : 이스라엘의 왕인 여호와, 이스라엘의 구원자인 만군의 여호와가 이같이 말하노라 나는 처음이요 나는 마지막이라 나 외에 다른 신이 없느니라

사 45:21 : 너희는 알리며 진술하고 또 함께 의논하여 보라 이 일을 옛부터 듣게 한 자가 누구냐 이전부터 그것을 알게 한 자가 누구냐 나 여호와가 아니냐 나 외에 다른 신이 없나니 나는 공의를 행하며 구원을 베푸는 하나님이라 나 외에 다른 이가 없느니라

시 115:4-8 : 그들의 우상들은 은과 금이요 사람이 손으로 만든 것이라 입이 있어도 말하지 못하며 눈이 있어도 보지 못하며 귀가 있어도 듣지 못하며 코가 있어도 냄새 맡지 못하며 손이 있어도 만지지 못하며 발이 있어도 걷지 못하며 목구멍이 있어도 작은 소리조차 내지 못하느니라 우상들을 만드는 자들과 그것을 의지하는 자들이 다 그와 같으리로다

시 42:10-11 : 내 뼈를 찌르는 칼 같이 내 대적이 나를 비방하여 늘 내게 말하기를 네 하나님이 어디 있느냐 하도다 내 영혼아 네가 어찌하여 낙심하며 어찌하여 내 속에서 불안해 하는가 너는 하나님께 소망을 두라 나는 그가 나타나 도우심으로 말미암아 내 하나님을 여전히 찬송하리로다

살전 1:9-10 : 너희가 어떻게 우상을 버리고 하나님께로 돌아와서 살아 계시고 참되신 하나님을 섬기는지와 또 죽은 자들 가운데서 다시 살리신 그의 아들이 하늘로부터 강림하실 것을 너희가 어떻게 기다리는지를 말하니 이는 장래의 노하심에서 우리를 건지시는 예수시니라

2. 참된 신은 오직 삼위일체 하나님뿐이시다

참으로 살아계신 하나님은 오직 한 분뿐이시며, 곧 성부, 성자, 성령, 삼위일체 하나님이시다. 그러므로 성경은 "영생은 곧 유일하신 참 하나님과 그의 보내신 자 예수 그리스도를 아는 것"(요 17:3)이라고 선언한다. 이와 같

이 기독교 신앙은 오직 유일하신 참 하나님, 삼위일체 하나님을 믿으며 고백한다. 이것이 성경에서 스스로를 계시하시는 하나님에 대한 기독교의 유일 독특한 신이해이다. 그러므로 삼위일체론은 기독교의 모든 복음과 교리의 총체적인 요약이라고 할 수 있다. 이것은 인간의 이성과 과학만으로는 결코 알 수 없는 것이다. 따라서 베드로가 "주는 그리스도시요 살아계신 하나님의 아들이시니이다"(마 16:16)라고 참된 신앙을 고백했을 때, 예수님께서는 "바요나 시몬아 네가 복이 있도다 이를 네게 알게 한 이는 혈육이 아니요 하늘에 계신 내 아버지시니라"(마 16:17)고 했다. 그리고 또한 예수님께서는 "세상 중에서 내게 주신 사람들에게 내가 아버지의 이름을 나타내었나이다"(요 17:6)라고 하셨다.

그리고 "진리의 성령이 오시면 그가 너희를 모든 진리 가운데로 인도하시리니 그가 스스로 말하지 않고 오직 들은 것을 말하며 장래 일을 너희에게 알리시리라 그가 내 영광을 나타내리니 내 것을 가지고 너희에게 알리시겠음이라"(요 16:13-14)함과 같이, 이제 우리 가운데 내주하시는 보혜사 성령께서 이 모든 것을 깨달아 알게 하신다. 따라서 성경이 선언하듯이, 오직 영원부터 영원까지 살아계신 삼위일체 하나님만이 참 하나님이시며, 그 외 다른 신은 결단코 없다. 그러므로 하나님께서는 종교 다원주의 혹은 종교 혼합주의를 극도로 싫어하신다. 성경의 하나님은 질투하시는 하나님이시다. "너희는 도리어 그들의 제단들을 헐고 그들의 주상을 깨뜨리고 그들의 아세라 상을 찍을지어다 너는 다른 신에게 절하지 말라 여호와는 질투라 이름하는 질투의 하나님임이니라"(출 34:13-14)고 했다. 이와 같이 배타적인 언약관계 속에서 하나님께서는 그가 택하고 구원하신 그의 소유된 백성들로부터 참된 예배, 진정한 경배를 받으시길 원하신다. 그러므로 현대의 종교 혼합주의, 종교 다원주의는 결코 받아들일 수 없고, 그렇게 해서도 안 된다.²⁾ 이것이 바로 제1계명에서 명령하시고 가르치는 가장 중요한 교훈이다: "너는 나 외에 다른 신들을 네게 있게 말지니라"(출 20:3).

> **사 37:16** : 그룹 사이에 계신 이스라엘 하나님 만군의 여호와여 주는 천하 만국의 유일하신 하나님이시라 주께서 천지를 만드셨나이다
>
> **막 12:29** : 예수께서 대답하시되 첫째는 이것이니 이스라엘아 들으라 주 곧 우리 하나님은 유일한 주시라
>
> **딤전 6:15** : 기약이 이르면 하나님이 그의 나타나심을 보이시리니 하나님은 복되시고 유일하신 주권자이시며 만왕의 왕이시며 만주의 주시요
>
> **딤전 2:5** : 하나님은 한 분이시요 또 하나님과 사람 사이에 중보자도 한 분이시니 곧 사람이신 그리스도 예수라
>
> **출 23:24-25** : 너는 그들의 신을 경배하지 말며 섬기지 말며 그들의 행위를 본받지 말고 그것들을 다 깨뜨리며 그들의 주상을 부수고 네 하나님 여호와를 섬기라 그리하면 여호와가 너희의 양식과 물에 복을 내리고 너희 중에서 병을 제하리니
>
> **신 4:23-24** : 너희는 스스로 삼가 너희의 하나님 여호와께서 너희와 세우신 언약을 잊지 말고 네 하나님 여호와께서 금하신 어떤 형상의 우상도 조각하지 말라 네 하나님 여호와는 소멸하는 불이시요 질투하시는 하나님이시니라

II. 왜 오직 삼위일체 하나님만이 예배의 대상이 되시는가?

1. 오직 삼위일체 하나님만이 우리의 창조자(the Creator)이시기 때문이다³⁾

그렇다면 우리는 왜 삼위일체 하나님만 예배하고 경배를 드려야만 하는가? 그것은 먼저 오직 여호와 하나님, 삼위일체 하나님만이 우리의 참된

'창조자'(the Creator)이시기 때문이다.⁴⁾ 여호와 하나님께서는 하늘과 땅, 그리고 그 사이에 있는 모든 것, 즉 만물을 오직 그의 말씀으로 창조하셨다. 그는 실로 '없는 것을 있는 것으로 부르시는 이'(롬 4:17), 곧 엘샤다이, 전능자 하나님이시다. 뿐만 아니라, 그는 지으신 모든 것들을 온전히 보존하시며 또한 절대적인 주권으로 통치하신다. 이러한 사실들은 이사야 선지자를 통하여 거듭하여 다음과 같이 선포되고 있다. "나는 빛도 짓고 어두움도 창조하며 나는 평안도 짓고 환난도 창조하나니 나는 여호와라 이 모든 일을 행하는 자니라"(사 45:7). 하나님께서 태초에 만물을 창조하시되 오직 그의 영원한 말씀(cf. 요 1:1-3)으로 창조하셨으며, 또한 하나님의 영이 함께 하셨다(cf. 창 1:1-3). 이에 더하여, 유일하게 참된 하나님께서는 '모든 사람들에게' 생명의 숨결을 불어 넣으시며(cf. 창 2:7), 그리고 그의 생명의 영(the Spirit of Life)을 땅 위에 행하는 모든 자에게 주신다(cf. 욜 2:28).

이와 같이 삼위일체 하나님께서는 창조사역에 함께 공역하셨다. 그러므로 창조사역에 있어 여호와 하나님, 곧 영원부터 영원까지 계시는 삼위일체 하나님께서는 오직 '말씀'으로 천지와 그 가운데 있는 모든 것을 창조하셨는데, 성부 하나님께서는 '말씀' 하셨고, 성자 하나님은 바로 그의 영원한 '말씀'이시며, 성령 하나님은 그 '말씀'을 효과적으로 온전하게 이루셨다. 이 모든 것을 이사야 선지자는 다음과 같이 요약하고 있다. "대저 여호와께서 이같이 말씀하시되 하늘을 창조하신 이 그는 하나님이시니 그가 땅을 지으시고 그것을 만드셨으며 그것을 견고하게 하시되 혼돈하게 창조하지 아니하시고 사람이 거주하게 그것을 지으셨으니 나는 여호와라 나 외에 다른 이가 없느니라"(사 45:18). 창조 사역에서 삼위일체 하나님께서 공역하셨음에 대한 성경적 증거들은 다음과 같다.

(1) 성부 하나님(God the Father)

창 1:1 : 태초에 하나님이 천지를 창조하시니라
느 9:6 : 오직 주는 여호와시라 하늘과 하늘들의 하늘과 일월 성신과 땅과 땅 위의 만물과 바다와 그 가운데 모든 것을 지으시고 다 보존하시오니 모든 천군이 주께 경배하나이다
고전 8:6 : 그러나 우리에게는 한 하나님 곧 아버지가 계시니 만물이 그에게서 났고

(2) 성자 하나님(God the Son; Jesus Christ)

요 1:1-3 : 태초에 말씀이 계시니라 이 말씀이 하나님과 함께 계셨으니 이 말씀은 곧 하나님이시니라 그가 태초에 하나님과 함께 계셨고 만물이 그로 말미암아 지은 바 되었으니 지은 것이 하나도 그가 없이는 된 것이 없느니라
고전 8:6 : 또한 한 주 예수 그리스도께서 계시니 만물이 그로 말미암고 우리도 그로 말미암아 있느니라
골 1:15-16 : 그는 보이지 아니하는 하나님의 형상이시요 모든 피조물보다 먼저 나신 이시니 만물이 그에게서 창조되되 하늘과 땅에서 보이는 것들과 보이지 않는 것들과 … 만물이 다 그로 말미암고 그를 위하여 창조되었고

(3) 성령 하나님(God the Holy Spirit)

창 1:2 : 땅이 혼돈하고 공허하며 흑암이 깊음 위에 있고 하나님의 영은 수면위에 운행하시니라
욥 33:4 : 하나님의 영이 나를 지으셨고 전능자의 기운이 나를 살리시느니라

2. 오직 삼위일체 하나님만이 우리의 구원자(the Redeemer)이시기 때문이다[5]

삼위일체 하나님께서는 오직 홀로 참된 '창조자 하나님'(the true Creator)이실 뿐만 아니라, 오직 홀로 우리의 참된 '구원자 하나님'(the true Redeemer)이시다. "나는 여호와 너희의 거룩한 자요 이스라엘의 창조자요 너희 왕이니라"(사 43:15). "너희의 구속자요 이스라엘의 거룩한 자 여호와가 말하노라"(사 43:14). 그러므로 "나 곧 나는 여호와라 나 외에 구원자가 없느니라. 내가 고하였으며 구원하였으며 보였고 너희 중에 다른 신이 없나니 그러므로 너희는 나의 증인이요 나는 하나님이니라 여호와의 말이니라"(사 43:11-12). 이와 같이 '참된 창조자' 이시며, 또한 동시에 '참된 구속자' 이신 삼위일체 하나님만이 우리에게 '참된 구원'(the true Salvation)을 주시기 때문에 오직 그만이 영원토록 우리의 찬양과 경배의 대상이 되시는 것이다. 우리는 구원 사역에 있어 삼위 하나님 각각의 사역을 다음과 같이 구분하여 생각할 수 있다.

(1) 성부 하나님: 작정(계획) → 예정과 선택

엡 1:3-5 : 찬송하리로다 하나님 곧 우리 주 예수 그리스도의 아버지께서 그리스도 안에서 하늘에 속한 모든 신령한 복을 우리에게 주시되 곧 창세 전에 그리스도 안에서 우리를 택하사 우리로 사랑 안에서 그 앞에 거룩하고 흠이 없게 하시려고 그 기쁘신 뜻대로 우리를 예정하사 예수 그리스도로 말미암아 자기의 아들들이 되게 하셨으니

엡 1:11 : 모든 일을 그의 뜻의 결정대로 일하시는 이의 계획을 따라 우리가 예정을 입어 그 안에서 기업이 되었으니

(2) 성자 하나님: 성취 → 십자가의 죽으심과 부활

행 4:12 : 다른 이로써는 구원을 받을 수 없나니 천하 사람 중에 구원을 받을 만한 다른 이름을 우리에게 주신 일이 없음이라 하였더라

엡 1:7 : 우리는 그리스도 안에서 그의 은혜의 풍성함을 따라 그의 피로 말미암아 속량 곧 죄 사함을 받았느니라

롬 10:9-10 : 네가 만일 네 입으로 예수를 주로 시인하며 또 하나님께서 그를 죽은 자 가운데서 살리신 것을 네 마음에 믿으면 구원을 받으리라 사람이 마음으로 믿어 의에 이르고 입으로 시인하여 구원에 이르느니라

(3) 성령 하나님: 적용 → 구원을 적용하여 완성하심

고전 12:3 : 하나님의 영으로 말하는 자는 누구든지 예수를 저주할 자라 하지 아니하고 또 성령으로 아니하고는 누구든지 예수를 주시라 할 수 없느니라

요 3:3-5 : 예수께서 대답하여 이르시되 진실로 진실로 네게 이르노니 사람이 거듭나지 아니하면 하나님의 나라를 볼 수 없느니라 … 사람이 물과 성령으로 나지 아니하면 하나님의 나라에 들어갈 수 없느니라

딛 3:5-7 : 우리를 구원하시되 우리가 행한 바 의로운 행위로 말미암지 아니하고 오직 그의 긍휼하심을 따라 중생의 씻음과 성령의 새롭게 하심으로 하셨나니 우리 구주 예수 그리스도로 말미암아 우리에게 그 성령을 풍성히 부어 주사 우리로 그의 은혜를 힘입어 의롭다 하심을 얻어 영생의 소망을 따라 상속자가 되게 하려 하심이라

여호와여 우리 귀로 들은 대로는

주와 같은 이가 없고 주 외에는 하나님이 없나이다

땅의 어느 한 나라가 주의 백성 이스라엘과 같으리이까

하나님이 자기 백성을 구속하시려고 나가사

크고 두려운 일로 말미암아 이름을 얻으시고

애굽에서 구속하신 자기 백성 앞에서 모든 민족을 쫓아내셨사오며

주께서 주의 백성 이스라엘을 영원히 주의 백성으로 삼으셨사오니

여호와여 주께서 그들의 하나님이 되셨나이다

(대상 17:20-22)

제 42 과

제2계명
: "너를 위하여 새긴 우상을 만들지 말라"

제49문 : 둘째 계명은 무엇입니까?

답 : 둘째 계명은 "너를 위하여 새긴 우상을 만들지 말고 또 위로 하늘에 있는 것이나 아래로 땅에 있는 것이나 땅 아래 물속에 있는 것의 어떤 형상도 만들지 말며 그것들에게 절하지 말며 그것들을 섬기지 말라" 하는 것입니다.
출 20:4-6

제50문 : 둘째 계명에서 요구하는 것은 무엇입니까?

답 : 둘째 계명에서 요구하는 것은 하나님께서 그의 말씀 가운데에서 지정하신 모든 종교적 예배와 법령을 순수하게, 그리고 전부 받아들이고 행하고 지키는 것입니다.
신 32:46; 요 4:24; 고전 15:34; 딤전 6:13-14

제51문 : 둘째 계명에서 금하는 것은 무엇입니까?

답 : 둘째 계명에서 금하는 것은 우상을 통하거나 하나님의 말씀에 지정되어 있지 않은 어떤 다른 방법에 의하여 하나님께 예배드리는 일입니다.
신 4:15-16; 13:6-8; 삼하 6:7; 레 10:1

제52문 : 둘째 계명에 첨부된 이유들은 무엇입니까?

답 : 둘째 계명에 첨부된 이유들은 우리에 대한 하나님의 주권과 그의 점유권과 그가 받으시는 예배에 대한 그의 열의입니다.

계 15:3-4; 롬 1:6; 출 34:14

I. 참된 예배의 형식: "너를 위하여 새긴 우상을 만들지 말라"

1. 하나님은 영(the Spirit)이시다

십계명의 제1계명이 성경적인 유일신 사상, 곧 오직 우리의 창조자이시며 구원자이신 여호와 하나님, 삼위일체 하나님만이 참된 예배의 대상임을 선포하는 것이라면, 제2계명은 그러한 여호와 하나님을 예배하는 참된 형식을 규정하고 명령하는 것이다. 여호와 하나님께서는 제2계명에서 "너를 위하여 새긴 우상을 만들지 말고, 또 위로 하늘에 있는 것이나, 아래로 땅에 있는 것이나, 땅 아래 물속에 있는 것의 아무 형상이든지 만들지 말며, 그것들에게 절하지 말며, 그것들을 섬기지 말라"(출 20:4-6)고 명령하신다. 왜 그러한가? 그 이유는 여호와 하나님은 '영'(the Spirit)이시기 때문이다. 이것은 하나님의 불가시성을 말하는 것이며, 또한 비물질성과 비육체성을 말하는 것이다(요일 4:12; 요 1:18; 딤전 1:17; 6:15-16). 그러므로 예수님께서는 "하나님은 영이시니 예배하는 자가 영과 진리로 예배할지니라"라고 했다(요 4:24). 성경은 부활하신 예수님께서도 '영' 이시라고 했다(고후 3:17). 특히 그는 '살려주는 영' 이시다(고전 15:45). 성령 하나님도 마찬가지로 영이시다(롬 8:11). 이와 같이 하나님께서 영(the Spirit)이시라는 말은 삼위일체 하나님의 신성, 곧 신적 본질을 말하는 것이다.[1]

그러므로 하나님께서는 그 어떤 형상의 우상도 만들지 말며, 그것에 절하지 말고 섬기지 말라고 하신 것이다. 아마도 많은 사람들에게 있어 기독교 신앙이 어려운 이유들 가운데 가장 중요한 요인 한 가지가 바로 눈으로 보고 손으로 만질 수 있는 어떠한 신의 형상도 없다는 점일 것이다. 인간은 본능적으로 그것이 무엇이든지 눈에 보이고 손으로 만질 수 있는 신의 형상을 가지기를 원하고, 또 그러한 신상을 만들어 절하며 섬기기를 원한다. 그러나 살아계신 여호와 하나님께서는 제2계명에서 바로 이것을 엄격하게 금하시고 있다. 계속하여 "여호와께서 모세에게 이르시되 너는 이스라엘 자손에게 이같이 이르라 내가 하늘로부터 너희에게 말하는 것을 너희 스스로 보았으니 너희는 나를 비겨서 은으로나 금으로나 너희를 위하여 신상을 만들지 말고"(출 20:22-23)라고 분명하게 명령하셨다. 즉, 그것이 다른 어떤 이방의 신이 아니라 바로 여호와 하나님 자신을 나타내는 것이라 할지라도 결코 신상을 만들어 절하거나 섬기지 말라는 것이다.[2]

우리는 이것에 대한 성경의 분명한 가르침을 출애굽기 32장에 기록된 기사를 통하여 알 수 있다. 이 기사에 따르면, 모세가 하나님께서 주시는 율법의 돌판을 받으러 시내산에 오르고 난 뒤 사십 주야를 거하며 더디게 내려오므로, 이스라엘 백성들은 아론에게 요구하여 패물들을 모으고 그것을 녹여 황금으로 송아지를 만든 다음, 그것을 "이스라엘아 이는 너희를 애굽 땅에서 인도하여 낸 너희의 신이로다"(출 32:4)라고 선포하였다. 뿐만 아니라 그 앞에 제단을 만들고 '여호와의 절일'을 선포하였으며(출 32:5), 그 새긴 금송아지 우상에게 '번제'와 '화목제'를 드렸다(출 32:6). 이에 하나님께서는 크게 진노하시고 그들을 진멸하려 하였으나, 모세의 중보로 말미암아 결국에는 하나님께서 "나는 너희와 함께 올라가지 아니하리니 너희는 목이 곧은 백성인즉 내가 길에서 너희를 진멸할까 염려함이니라"고 하시며 크게 노하셨다(출 33:3). 이와 같이 이스라엘 백성들은 하나님의 율법을 받은 지 사십일이 채 지나지 않아서 그 주신 말씀을 어기고 우상숭배의 죄를 범했는데, 이러한 우상숭배의 죄는 그들의 역사 속에서 끊임없이 반복되고 있다는 사실에서 우리는 인간의 타락한 본성에 깊이 뿌리박힌 우상숭배의 뿌리가 얼마나 깊은지를 잘 알 수 있다.

그러므로 우리는 하나님을 예배함에 있어서도 우리 마음대로 하는 것이 아니라, 하나님께서 지시하신 형식과 방법대로 예배해야만 한다. 우리가 아무리 선한 목적으로 하더라도 하나님의 형상이나, 하나님을 대신할 어떠한 피조물의 모양이나 형상을 새겨 우상을 만들거나, 그것에 절하는 것에 대해 제2계명은 엄격히 금지하고 있다. 왜냐하면 그것이 곧바로 우상숭배로 변질되기 때문이며, 또한 그러한 행위 자체가 창조자이신 하나님을 인간이나 다른 피조물의 형상에 비겨 만들게 됨으로써 결과적으로 하나님의 거룩하심과 영광을 해치는 것이 되기 때문이다.[3]

제2계명의 이러한 명령은 신명기서에서 더욱 분명하고 자세하게 다음과 같이 주어지고 있다: "여호와께서 호렙 산 불길 중에서 너희에게 말씀하시던 날에 너희가 어떤 형상도 보지 못하였은즉 너희는 깊이 삼가라 그리하여 스스로 부패하여 자기를 위해 어떤 형상대로든지 우상을 새겨 만들지 말라 남자의 형상이든지, 여자의 형상이든지, 땅 위에 있는 어떤 짐승의 형상이든지, 하늘을 나는 날개 가진 어떤 새의 형상이든지, 땅 위에 기는 어떤 곤충의 형상이든지, 땅 아래 물속에 있는 어떤 어족의 형상이든지 만들지 말라 또 그리하여 네가 하늘을 향하여 눈을 들어 해와 달과 별들, 하늘 위의 모든 천체 곧 너희의 하나님 여호와께서 천하 만민을 위하여 배정하신 것을 보고 미혹하여 그것에 경배하며 섬기지 말라 … 너희는 스스로 삼가 너희의 하나님 여호와께서 너희와 세우신 언약을 잊지 말고 네 하나님 여호와께서 금하신 어떤 형상의 우상도 조각하지 말라 네 하나님 여호와는 소멸하는 불이시요 질투하시는 하나님이시니라"(신 4:15-24).

요 4:24 : 하나님은 영이시니 예배하는 자가 영과 진리로 예배할지니라
고후 3:17 : 주는 영이시니 주의 영이 계신 곳에는 자유가 있느니라
딤전 6:15-16 : 기약이 이르면 하나님이 그의 나타나심을 보이시리니 하나님은 복되시고 유일하신 주권자이시며 만왕의 왕이시며 만주의 주시요 오직 그에게만 죽지 아니함이 있고 가까이 가지 못할 빛에 거하시고 어떤 사람도 보지 못하였고 또 볼 수 없는 이시니 그에게 존귀와 영원한 권능을 돌릴지어다 아멘

2. 과연 무엇이 우상인가?

(1) 하나님보다 더 의지하고 신뢰하는 것은 무엇이든 모두 우상이다[4]

여호와 하나님께서는 제1계명에서 "너는 나 이외에 다른 신을 있게 하지 말라"(출 20:3)고 하셨다. 또한 제2계명에서는 "너를 위하여 새긴 우상을 만들지 말고 또 위로 하늘에 있는 것이나 아래로 땅에 있는 것이나 땅 아래 물속에 있는 것의 어떤 형상도 만들지 말며 그것들에게 절하지 말며 그것들을 섬기지 말라"(출 20:4-6)고 하셨다. 그러므로 눈에 보이는 우상을 새겨 그것을 섬기고 절하는 것은 참으로 어리석은 일이다. 하지만 이와 같이 눈에 보이는 우상은 오히려 명확하게 눈에 보이기 때문에 피하기가 쉽다. 그러나 눈에 보이도록 새겨 만든 우상만이 우상이 아니다. 우리에게 우상이 따로 있는 것이 아니다. 나름대로 명확한 이유들을 가진 이론적인 무신론자들보다 오히려 입술로는 살아계신 하나님의 존재를 인정하나 그 삶에 있어서는 전혀 하나님이 안 계신 듯이 살아가는 실천적인 무신론자들이

더 무서운 것처럼, 눈에 보이는 우상보다 눈에 보이지 않는 우상들이 더 무섭게 우리의 영혼을 황폐하게 하며, 우리의 삶을 철저하게 무너뜨린다.

그렇다면 우리에게 있어 우상은 과연 무엇인가? 먼저, 우리가 살아가면서 하나님보다 더 신뢰하고 의지하는 것이 있다면, 그것이 곧 우상이라 할 수 있을 것이다. 즉, 실천적인 의미에 있어 우리가 의지하는 것이 재물이든, 권력이든, 힘 있는 사람이든, 자기의 지혜나 지식이든 그 무엇이든지 하나님보다 더 의지하고 신뢰하는 것이 있다면, 그것이 바로 우리에게 우상이라고 할 것이다. 하나님께서는 이 세상의 흙으로 사람을 만드시고 참 생명을 주셨지만, 타락한 인간은 그 창조자를 잊어버리고 이 세상의 먼지로 죽은 우상을 만들어 의지하고 섬긴다.

그러므로 "여호와께서 이와 같이 말씀하시니라 무릇 사람을 믿으며 육신으로 그의 힘을 삼고 마음이 여호와에게서 떠난 그 사람은 저주를 받을 것이라 그는 사막의 떨기나무 같아서 좋은 일이 오는 것을 보지 못하고 광야 간조한 곳, 건건한 땅, 사람이 살지 않는 땅에 살리라 그러나 무릇 여호와를 의지하며 여호와를 의뢰하는 그 사람은 복을 받을 것이라 그는 물가에 심어진 나무가 그 뿌리를 강변에 뻗치고 더위가 올지라도 두려워하지 아니하며 그 잎이 청청하며 가무는 해에도 걱정이 없고 결실이 그치지 아니함 같으리라"(렘 17:5-8)고 했다.

잠 10:15 : 부자의 재물은 그의 견고한 성이요
욥 31:24 : 만일 내가 내 소망을 금에다 두고 순금에게 너는 내 의뢰하는 바라 하였다면
엡 5:5 : 너희도 정녕 이것을 알거니와 음행하는 자나 더러운 자나 탐하는 자 곧 우상 숭배자는 다 그리스도와 하나님의 나라에서 기업을 얻지 못하리니

렘 17:5-7 : 여호와께서 이와 같이 말씀하시니라 무릇 사람을 믿으며 육신으로 그의 힘을 삼고 마음이 여호와에게서 떠난 그 사람은 저주를 받을 것이라 … 그러나 무릇 여호와를 의지하며 여호와를 의뢰하는 그 사람은 복을 받을 것이라

렘 9:23-24 : 여호와께서 이와 같이 말씀하시되 지혜로운 자는 그의 지혜를 자랑하지 말라 용사는 그의 용맹을 자랑하지 말라 부자는 그의 부함을 자랑하지 말라

(2) 하나님보다 더 사랑하고 탐닉하는 것은 무엇이든 모두 우상이다[5]

예수님께서는 "네 마음을 다하고 목숨을 다하고 뜻을 다하고 힘을 다하여 주 너의 하나님을 사랑하라"(막 12:30)고 하셨다. 언약관계 속에서 여호와 하나님께서는 우리에게 배타적인 사랑을 요구하시는 질투의 하나님으로 나타나신다. 그러므로 우리에게 하나님보다 더 사랑하고 위하는 무엇인가가 있다면, 그것이 곧 우리의 우상이다. 성경은 재물을 사랑하여 그것을 "탐하는 자는 우상 숭배자"(엡 5:5)이며, "탐심은 우상 숭배"(골 3:5)라고 했다. 또한 자신의 "쾌락을 사랑하기를 하나님 사랑하는 것보다 더하며"(딤후 3:4) 그 눈에 좋아 보이는 모든 것에 탐닉하는 자들도 우상숭배자들이다. 바로 이러한 의미에서 예수님께서도 "아버지나 어머니를 나보다 더 사랑하는 자는 내게 합당하지 아니하고 아들이나 딸을 나보다 더 사랑하는 자도 내게 합당하지 아니하며 또 자기 십자가를 지고 나를 따르지 않는 자도 내게 합당하지 아니하니라"(마 10:37-38)고 말씀하신 것이다.

참으로 "그들의 마침은 멸망이요 그들의 신은 배요 그 영광은 그들의 부끄러움에 있고 땅의 일을 생각하는 자라"(빌 3:19)고 하신 말씀을 우리는 언제나 기억해야 할 것이다.

요일 2:15-17 : 이 세상이나 세상에 있는 것들을 사랑하지 말라 누구든지 세상을 사랑하면 아버지의 사랑이 그 안에 있지 아니하니 이는 세상에 있는 모든 것이 육신의 정욕과 안목의 정욕과 이생의 자랑이니 다 아버지께로부터 온 것이 아니요 세상으로부터 온 것이라 이 세상도, 그 정욕도 지나가되 오직 하나님의 뜻을 행하는 자는 영원히 거하느니라

딤전 6:9 : 돈을 사랑함이 일만 악의 뿌리가 되나니 이것을 탐내는 자들은 미혹을 받아 믿음에서 떠나 많은 근심으로써 자기를 찔렀도다

출 20:4-6 : 너를 위하여 새긴 우상을 만들지 말고 또 위로 하늘에 있는 것이나 아래로 땅에 있는 것이나 땅 아래 물 속에 있는 것의 어떤 형상도 만들지 말며 그것들에게 절하지 말며 그것들을 섬기지 말라 나 네 하나님 여호와는 질투하는 하나님인즉 나를 미워하는 자의 죄를 갚되 아버지로부터 아들에게로 삼사 대까지 이르게 하거니와 나를 사랑하고 내 계명을 지키는 자에게는 천 대까지 은혜를 베푸느니라

(3) 현대인들을 위한 우리 시대의 보다 구체적인 우상들은 무엇인가?

우리 시대의 우상은 아주 다양하고도 교묘한 모습으로 변장을 하고 나타난다. 그렇기 때문에 우리가 그것에 깊이 빠져들어 탐닉하며 헤어 나오지 못하여, 우리의 영혼을 저당 잡히고 정신이 피폐해지며 심지어 그것 때문에 육신이 병들어 죽어가도 그것을 제대로 인식하지 못한다. 대다수의 현대인들이 자신도 모르게 하나님보다 더 사랑하거나 스스로를 의지하고 있는 대표적인 것들을 예를 들자면 다음과 같은 것들이다.

① 물신/맘몬주의(돈과 재물) – 돈과 재물이 삶의 전부가 되어 버렸다.
② 권력/성공 지상주의 – 권력과 성공, 명예를 얻기 위해 모든 것을 바친다.
③ 자아 중심주의 – 인간이 만물의 표준이요 중심이 된지 이미 오래이다.
④ 웰빙(건강)주의 – '건강' 자체가 삶의 목적이 되어버렸다.

⑤ 과학만능주의(Scientism) – 진리의 말씀이 성경이 아니라 과학이 모든 진리의 척도가 되었다.
⑥ 쾌락주의(엔터테인먼트) – 가수, 연예인, 스포츠 선수들이 이미 대중들의 우상이 되어버렸다.
⑦ 여러 가지 중독증들 – 쇼핑, 스포츠, 게임, 도박, 알콜, 마약 등에 중독되어 그것의 노예가 된다.

II. 우리는 어떻게 하나님을 예배할 것인가?

1. 영원토록 살아계시는 참 하나님을 아는 것이다

우리가 하나님을 올바로 예배하고 경배하기 위해서는 가장 먼저 참된 신지식을 가져야만 한다. 즉, 참으로 살아계신 삼위일체 하나님이 누구시며, 어떤 하나님이신 줄 정확하게 깨달아 아는 것이 가장 중요하다. 왜냐하면 우리에게 있어 "영생은 곧 유일하신 참 하나님과 그가 보내신 자 예수 그리스도를 아는 것"(요 17:3)이기 때문이다. 그러므로 지혜자는 말하기를 "너는 청년의 때에 너의 창조주를 기억하라 곧 곤고한 날이 이르기 전에, 나는 아무 낙이 없다고 할 해들이 가깝기 전에 해와 빛과 달과 별들이 어둡기 전에, 비 뒤에 구름이 다시 일어나기 전에 그리하라 … 일의 결국을 다 들었으니 하나님을 경외하고 그의 명령들을 지킬지어다 이것이 모든 사람의 본분이니라"(전 12:1-2, 13)고 하였다.

롬 1:20-23 : 창세로부터 그의 보이지 아니하는 것들 곧 그의 영원하신 능력과 신성이 그가 만드신 만물에 분명히 보여 알려졌나니 그러므로 그들이 핑계하지 못할지니라 하나님을 알되 하나님을 영화롭게도 아니하며 감사하지도 아니하고 오히려 그 생각이 허망하여지며 미련한 마음이 어두워졌나니 스스로 지혜 있다 하나 어리석게 되어 썩어지지 아니하는 하나님의 영광을 썩어질 사람과 새와 짐승과 기어다니는 동물 모양의 우상으로 바꾸었느니라

히 1:1-2 : 옛적에 선지자들을 통하여 여러 부분과 여러 모양으로 우리 조상들에게 말씀하신 하나님이 이 모든 날 마지막에는 아들을 통하여 우리에게 말씀하셨으니 이 아들을 만유의 상속자로 세우시고 또 그로 말미암아 모든 세계를 지으셨느니라

2. 하나님의 하나님 되심, 즉 하나님의 절대주권을 인정하는 것이다

제1, 2계명이 요구하는 것은 여호와 하나님의 하나님 되심, 하나님의 주님 되심, 즉 하나님의 절대주권을 온전히 인정하라는 것이며, 또한 그럼으로써 오직 그에게만 온전한 방법으로 예배와 경배를 드리며, 합당한 영광을 돌리라는 것이다. 왜냐하면 오직 그만이 하늘과 땅과 그 가운데 있는 모든 것들을 창조하셨기 때문이며, 또한 오직 그만이 우리를 구원하셨고 통치하시기 때문이다. 그리하여 우리는 오직 그의 택한 백성이요, 그의 소유이기 때문이다.

시 100:3 : 여호와가 우리 하나님이신 줄 너희는 알지어다 그는 우리를 지으신 이요 우리는 그의 것이니 그의 백성이요 그의 기르시는 양이로다

수 24:14-15 : 그러므로 이제는 여호와를 경외하며 온전함과 진실함으로 그를 섬기라 너희의 조상들이 강 저쪽과 애굽에서 섬기던 신들을 치워 버리고 여호와만 섬기라 … 너희가 섬길 자를 오늘 택하라 오직 나와 내 집은 여호와를 섬기겠노라

3. 전심으로 하나님을 사랑하는 것이다

하나님의 절대주권을 인정하고 경배한다는 것은 또한 그를 전심으로 사랑하는 것이다.[6] 하나님께서 그의 택한 백성들에게 요구하는 것은 언약관계 속에서의 사랑이기 때문에, 마치 부부간의 사랑처럼 배타적이고 전적인 사랑을 요구한다. 우리는 하나님과 우상, 혹은 그 무엇이든 그것과 하나님을 겸하여 섬길 수 없고, 더불어 사랑할 수 없다. 그러므로 현대 사회에서 유행처럼 번지고 있는 포스트모더니즘에 기초한 종교다원주의나 종교혼합주의가 들어설 수 있는 여지는 애시당초 허용되지 않는 것이다. "행위가 온전하여 여호와의 율법을 따라 행하는 자들은 복이 있음이여 여호와의 증거들을 지키고 전심으로 여호와를 구하는 자는 복이 있도다"(시 119:1-2). 아멘!

> **신 6:4-9** : 이스라엘아 들으라 우리 하나님 여호와는 오직 유일한 여호와이시니 너는 마음을 다하고 뜻을 다하고 힘을 다하여 네 하나님 여호와를 사랑하라
> **출 34:14** : 너는 다른 신에게 절하지 말라 여호와는 질투라 이름하는 질투의 하나님임이니라
> **사 42:8** : 나는 여호와이니 이는 내 이름이라 나는 내 영광을 다른 자에게, 내 찬송을 우상에게 주지 아니하리라

4. 오직 하나님만을 전적으로 의지하고 신뢰하는 것이다

여호와 하나님을 나의 주, 나의 하나님으로 예배하고 경배한다는 것은 오직 하나님만을 신뢰하고 온전히 의지한다는 것이다. 또한 그것은 그의

말씀에 순종하며, 그의 계명을 지키는 것으로 나타난다. 그리할 때 오직 살아계시며 전능하신 하나님께서 우리를 구원하실 것이며, 그의 능력의 펴신 팔로 언제나 우리를 도우실 것이다. "이스라엘아 여호와를 의지하라 그는 너희의 도움이시요 너희의 방패시로다 아론의 집이여 여호와를 의지하라 그는 너희의 도움이시요 너희의 방패시로다 여호와를 경외하는 자들아 너희는 여호와를 의지하여라 그는 너희의 도움이시요 너희의 방패시로다"(시 115:9-11).

> **히 11:6** : 믿음이 없이는 하나님을 기쁘시게 하지 못하나니 하나님께 나아가는 자는 반드시 그가 계신 것과 또한 그가 자기를 찾는 자들에게 상 주시는 이심을 믿어야 할지니라
> **시 31:5** : 내가 나의 영을 주의 손에 부탁하나이다 진리의 하나님 여호와여 나를 속량하셨나이다

5. 오직 영과 진리 안에서 예배해야 한다

성경이 가르치는 참된 예배는 어떻게 드리는 예배인가? 예수님께서는 "아버지께 참되게 예배하는 자들은 영과 진리로 예배"(요 4:23)해야 한다고 하셨으며, 또한 "하나님은 영이시니 예배하는 자가 영과 진리로 예배할지니라"(πνευμα ὁ θεός, καὶ τοὺς προσκυνουντας ἐν πνεύματι καὶ ἀληθεία προσκυνειν δει, 요 4:24)고 하셨다. 그렇다면, 과연 '영과 진리 안에서 예배'(worship in spirit and in truth)한다는 것은 무엇을 의미하는가?

우리의 예배와 경배의 대상은 오직 삼위일체 하나님뿐이시다. 그리고 예배는 언약 관계 속에서 살아계신 하나님의 임재 앞에 나아가는 것이다. 그러므로 이 본문에서 말하는 '영과 진리'는 본질적으로 예배에 있어 인간

의 어떤 열광적인 열정이나 어떤 진정성을 의미하는 것이 아니다. 오히려 여기에서 '진리 안에서'(in Truth)란 진리의 말씀이신 예수 그리스도를 말하며(cf. 요 14:6), 또한 '영 안에서'(in Spirit)란 성령 하나님을 의미한다고 보아야 할 것이다.

범죄하여 타락한 인간은 결코 거룩하신 하나님 앞에 스스로 나아갈 수도 없고 예배할 수도 없다. 오직 예수 그리스도 안에서 의롭다 함을 받고, 오직 성령으로 거듭난 사람만이 하나님 앞에 나아갈 수 있고, 참된 예배를 드릴 수 있다. 그리고 살아계신 영이신 하나님과의 생명의 교제는 오직 예수 그리스도로 말미암아, 그리고 오직 성령 안에서만 가능하다.

히 10:19-22 : 그러므로 형제들아 우리가 예수의 피를 힘입어 성소에 들어갈 담력을 얻었나니 그 길은 우리를 위하여 휘장 가운데로 열어 놓으신 새로운 살 길이요 휘장은 곧 그의 육체니라 또 하나님의 집 다스리는 큰 제사장이 계시매 우리가 마음에 뿌림을 받아 악한 양심으로부터 벗어나고 몸은 맑은 물로 씻음을 받았으니 참 마음과 온전한 믿음으로 하나님께 나아가자

요 14:16-17 : 내가 아버지께 구하겠으니 그가 또 다른 보혜사를 너희에게 주사 영원토록 너희와 함께 있게 하리니 그는 진리의 영이라 세상은 능히 그를 받지 못하나니 이는 그를 보지도 못하고 알지도 못함이라 그러나 너희는 그를 아나니 그는 너희와 함께 거하심이요 또 너희 속에 계시겠음이라

아버지께 참되게 예배하는 자들은

영과 진리로 예배할 때가 오나니

곧 이 때라 아버지께서는

자기에게 이렇게 예배하는 자들을 찾으시느니라

하나님은 영이시니

예배하는 자가 영과 진리로 예배할지니라

(요 4:23-24)

제 43 과

제3계명

: "하나님 여호와의 이름을 망령되이 부르지 말라"

제53문 : 셋째 계명은 무엇입니까?

답 : 셋째 계명은 "너는 네 하나님 여호와의 이름을 망령되게 부르지 말라 여호와는 그의 이름을 망령되게 부르는 자를 죄 없다 하지 아니하리라"입니다.

출 20:7

제54문 : 셋째 계명에서 요구하는 것은 무엇입니까?

답 : 셋째 계명에서 요구하는 것은 하나님의 이름과 칭호와 속성과 법령과 말씀과 사역을 거룩하게, 그리고 존경심을 가지고 사용하는 것입니다.

히 12:28-29; 계 15:3-4; 말 1:6-10

제55문 : 셋째 계명에서 금하는 것은 무엇입니까?

답 : 셋째 계명에서 금하는 것은 하나님께서 자기를 알게 하시는데 쓰시는 것은 어떤 것이라도 그것을 모독하거나 남용하는 것입니다.

출 5:2; 막 7:11; 말 2:2

제56문 : 셋째 계명에 첨부된 이유는 무엇입니까?

답 : 셋째 계명에 첨부된 이유는 이 계명을 어기는 자들이 어떻게 해서든지

사람들에게서 벌을 피한다 하더라도 주 우리 하나님은 그들이 그의 의로운 심판을 피하도록 버려두시지 않으리라는 것입니다.

삼상 2:12; 히 4:13

I. 하나님을 경외하는 참된 방법

1. 하나님의 이름을 높이는 것

제3계명은 우리에게 삼위일체 하나님을 예배하는 구체적인 방법을 가르쳐 명령하고 있다. 하나님의 이름을 부르며 높인다는 것은 곧 하나님을 경외하고 영화롭게 하는 구체적인 방법을 말하는 것이다. 성경에서 특별히 하나님의 '이름'(쉠)은 하나님의 존재 자체, 즉 그의 인격, 본질, 그리고 모든 속성과 사역을 계시하는 것이다.[1] 성경은 "네 하나님을 경외하라 나는 여호와이니라"(레 19:14)고 선포하고 있다. 그리고 하나님을 경외하는 구체적인 방법은 "내가 주의 이름을 형제에게 선포하고 회중 가운데에서 주를 찬송하리이다"(시 22:22)는 것에서 분명하게 드러난다.

이와 같이 하나님의 성호는 우리의 경외의 대상이며, 영원토록 찬양과 경배와 영광을 받으실 고귀하고 거룩하신 이름이다. 따라서 하나님의 이름을 부르는 것이 우리에게는 구원이요, 하나님을 사랑하는 것은 바로 그의 이름을 사랑하며 즐거워하는 것이며, 또한 그의 성호를 높이는 것이 바로 그를 영화롭게 하는 것이다. 그렇기 때문에 주기도문에서도 "아버지의 이름을 거룩하게 하옵시며"라고 가르치고 있다. 그러나 하나님의 이름을 모욕하는 것은 바로 하나님의 인격과 존재 자체를 모독하는 것으로 치명적인 신성모독의 죄에 해당한다.[2]

행 2:21 : 누구든지 주의 이름을 부르는 자는 구원을 받으리라 하였느니라
시 5:11 : 주의 이름을 사랑하는 자들은 주를 즐거워하리이다
왕상 5:5 : 내 이름을 위하여 성전을 건축하리라 하신 대로 내가 내 하나님 여호와의 이름을 위하여 성전을 건축하려 하오니
미 4:5 : 만민이 각각 자기의 신의 이름을 의지하여 행하되 오직 우리는 우리 하나님 여호와의 이름을 의지하여 영원히 행하리로다
시 7:17 : 내가 여호와께 그의 의를 따라 감사함이여 지존하신 여호와의 이름을 찬양하리로다
시 8:1 : 여호와 우리 주여 주의 이름이 온 땅에 어찌 그리 아름다운지요 주의 영광이 하늘을 덮었나이다

2. 하나님의 영원한 성호: '여호와' (Yahweh/Jehovah)

이미 우리가 공부했듯이, '여호와' (Yahweh/Jehovah)라는 이름은 출애굽기 3:14에서 '나는 스스로 있는 자' (YHWH)라고 하나님께서 친히 계시하신 그의 특별한 성호이다. 따라서 이 성호는 이스라엘에게 있어 하나님의 여러 가지 명칭 가운데 가장 고유하고 거룩한 하나님의 성호로 알려졌다. 이것은 특별히 하나님의 자존성을 나타냄과 동시에 하나님과 그의 백성인 이스라엘과의 언약적 관계 속에서 주신 이름으로서, 그의 언약에 있어 신실하심과 절대적 주권을 나타내는 성호이다. 이 특별한 성호가 가지는 본질적인 의미를 우리는 '살아계신 하나님' (the Living God) 혹은 '영원한 자존적인 생명의 하나님' (God of the eternal self-existent Life)으로 해석할 수 있다. 또한 이 성호는 단지 성부 하나님만을 의미하는 것이 아니라 성자, 성령 하나님과 함께 삼위일체 하나님을 계시하는 것으로 새겨야 할 것이다.

구약시대에 '여호와' 혹은 '야웨' (Yahweh)라는 이 하나님의 고유한 성호

가 너무나 거룩해서 이스라엘 백성들은 성경을 읽을 때에 이 성호가 나올 때마다 '아도나이' 라고 읽었는데, 그것은 '다스리는 자', '주(主)' 또는 '주님'(the Lord)이라는 뜻으로, 하나님과 이스라엘, 그리고 모든 피조물과의 관계를 주인과 종의 관계로 나타내는 것이다. 따라서 이 이름은 하나님께서 만유의 주님, 만주의 주님으로서 지극히 높으신 분이심을 뜻한다. 그러므로 모든 민족이 주의 크고 두려운 이름을 알고 찬송하며, 주의 거룩하신 이름을 높이고 영광을 돌려야 할 것이다.

> 출 3:15 : 하나님이 또 모세에게 이르시되 너는 이스라엘 자손에게 이같이 이르기를 너희 조상의 하나님 여호와 곧 아브라함의 하나님, 이삭의 하나님, 야곱의 하나님께서 나를 너희에게 보내셨다 하라 이는 나의 영원한 이름이요 대대로 기억할 나의 칭호니라
> 사 45:5 : 나는 여호와라 나 외에 다른 이가 없나니 나 밖에 신이 없느니라
> 시 52:9 : 주께서 이를 행하셨으므로 내가 영원히 주께 감사하고 주의 이름이 선하시므로 주의 성도 앞에서 내가 주의 이름을 사모하리이다
> 시 99:3 : 주의 크고 두려운 이름을 찬송할지니 그는 거룩하심이로다
> 시 86:9 : 주여 주께서 지으신 모든 민족이 와서 주의 앞에 경배하며 주의 이름에 영광을 돌리리이다

3. 진정으로 하나님을 경외하고 사랑하라

제3계명에서 "여호와 하나님의 이름을 망령되이 부르지 말라"는 것은 단순히 입술로 하는 말의 문제만은 아니다. 그것은 우리의 마음 중심의 문제이다. 그것은 거룩하신 하나님에 대하여 지극히 경외하는 마음을 가지는 것이며, 우리의 온 마음을 다하여 진정으로 그를 사랑하는 것이다. 결

국에는 사람의 마음의 생각이 말로 발설되어 표현되기 때문이다. 특별히 하나님께서는 사람의 마음을 감찰하시고 그 중심을 보시는 분이시다. 옛날 서기관들은 성경을 필사할 때, '여호와'라는 성호가 나올 때마다 목욕재개를 한 다음 그 이름의 철자 대신에 네 개의 점으로 '····' 표시를 하고 다시 필사했다고 한다. 그러나 유대인들처럼 아예 하나님의 이름을 부르지도 쓰지도 않는 것도 문제가 있다. 우리는 오히려 하나님의 성호를 만천하에 널리 선포하고 높이며, 또한 찬양과 영광을 돌려야 할 것이다. 하나님께서는 우리에게 마음을 다하고, 뜻을 다하며, 목숨을 다하여 진정으로 여호와 하나님을 경외하고 사랑할 것을 요구하신다.

잠 9:10 : 여호와를 경외하는 것이 지혜의 근본이요 거룩하신 자를 아는 것이 명철이니라
삼상 2:30 : 나를 존중히 여기는 자를 내가 존중히 여기고 나를 멸시하는 자를 내가 경멸하리라
사 29:13 : 주께서 이르시되 이 백성이 입으로는 나를 가까이 하며 입술로는 나를 공경하나 그들의 마음은 내게서 멀리 떠났나니
신 10:12-13 : 이스라엘아 네 하나님 여호와께서 네게 요구하시는 것이 무엇이냐 곧 네 하나님 여호와를 경외하여 그의 모든 도를 행하고 그를 사랑하며 마음을 다하고 뜻을 다하여 네 하나님 여호와를 섬기고 내가 오늘 네 행복을 위하여 네게 명하는 여호와의 명령과 규례를 지킬 것이 아니냐

II. "망령되이 일컫지 말라"

1. "망령되이 일컫지 말라"는 명령의 의미

제3계명의 두 가지 본문이 우리말 성경에는 "너는 네 하나님 여호와의 이름을 망령되게 부르지 말라 여호와는 그의 이름을 망령되게 부르는 자를 죄 없다 하지 아니하리라"(출 20:7), 그리고 "너는 네 하나님 여호와의 이름을 망령되이 일컫지 말라 나 여호와는 내 이름을 망령되이 일컫는 자를 죄 없는 줄로 인정하지 아니하리라"(신 5:11)고 조금 다르게 번역되었으나, 그 두 본문의 원문은 동일하다. 그렇다면 도대체 "망령되이 일컫는다"는 것은 구체적으로 무엇을 의미하는 것인가?

여기에서 '망령되이' (샤베)라는 말은 (1) '거짓되이' (신 5:20 – '거짓증거' ; 출 23:1 – "너는 거짓된 풍설을 퍼뜨리지 말며"; 시 12:2), (2) '악하게' (욥 11:11; 7:3; 사 30:28), 혹은 (3) '헛되이', '허망하게' (in vain; 욥 15:31; 시 31:7) 등의 의미가 있다. 그리고 '일컫는다' (낫사)는 말은 '거명한다' (소리로 들어 올린다), '발설한다', '발언한다' 는 의미이다. 이것은 찬양할 때나 기도에 있어서, 그리고 대화를 할 때 "하나님의 이름을 말하고, 거명하는 것"을 말한다.[3] 그러므로 "망령되이 일컫지 말라"는 뜻은 하나님의 성호를 의도적으로 '거짓되이' (예: 거짓맹세, 불법적인 서원; 행 19:13-16), 혹은 '악하게' 거명하거나(예: 신성모독적인 욕설이나 저주 혹은 조롱하는 경우; 사 36:18-20), 또는 아무런 생각없이 허망하게 하나님의 이름을 발설하는 경우(예: 오 주여, 그런 일이 …) 모두에 해당하는 것이다.

레 19:12 : 너희는 내 이름으로 거짓 맹세함으로 네 하나님의 이름을 욕되게 하지 말라 나는 여호와이니라

레 24:11, 23 : 그 이스라엘 여인의 아들이 여호와의 이름을 모독하며 저주하므로 무리가 끌고 모세에게로 가니라 … 모세가 이스라엘 자손에게 말하니 그들이 그 저주한 자를 진영 밖으로 끌어내어 돌로 쳤더라

마 7:21- 23 : 나더러 주여 주여 하는 자마다 다 천국에 들어갈 것이 아니

요 다만 하늘에 계신 내 아버지의 뜻대로 행하는 자라야 들어가리라 그 날에 많은 사람이 나더러 이르되 주여 주여 우리가 주의 이름으로 선지자 노릇 하며 주의 이름으로 귀신을 쫓아내며 주의 이름으로 많은 권능을 행하지 아니하였나이까 하리니 그 때에 내가 그들에게 밝히 말하되 내가 너희를 도무지 알지 못하니 불법을 행하는 자들아 내게서 떠나가라 하리라

2. 제3계명을 범하는 구체적인 경우들[4]

(1) 하나님의 이름을 경솔하거나 불경하게 말할 때

오늘날 우리의 언어생활 속에는 하나님의 이름으로 된 불경건한 언사들이 난무한다. 어떠한 경우이든 하나님의 거룩하신 성호가 가볍게 농담처럼 사용되거나, 또는 대화 가운데 불손하게 말해지는 것은 살아계신 하나님 앞에 심각한 불경의 죄를 범하는 것이다. 그러므로 언제나 하나님의 이름을 말할 때는 참된 경외와 진실된 사랑의 마음이 담겨야만 한다.

> 시 10:7 : 그의 입에는 저주와 거짓과 포악이 충만하며 그의 혀 밑에는 잔해와 죄악이 있나이다
> 시 141:3 : 여호와여 내 입에 파수꾼을 세우시고 내 입술의 문을 지키소서
> 마 15:11 : 입으로 들어가는 것이 사람을 더럽게 하는 것이 아니라 입에서 나오는 그것이 사람을 더럽게 하느니라

(2) 하나님의 이름을 미신적으로 혹은 마술적으로 사용할 때

하나님에 대한 참된 믿음과 사랑하는 마음이 없이 삼위일체 하나님의 이름을 마치 마술적으로나 미신적인 방법으로 사용하는 것은 하나님의 이름을 심히 오용하는 경우이다. 또한 거짓 선지자들과 같이 자신의 말을 마

치 하나님의 뜻인 것처럼 말하는 것이나, 또는 하나님의 거룩한 말씀인 성경을 가지고 우스개 소리처럼 장난하는 것도 바로 하나님을 모독하는 것이다. 그와 같은 예를 우리는 사도행전 19:13-16에서 볼 수 있다.

> **행 19:11-17** : 하나님이 바울의 손으로 놀라운 능력을 행하게 하시니 심지어 사람들이 바울의 몸에서 손수건이나 앞치마를 가져다가 병든 사람에게 얹으면 그 병이 떠나고 악귀도 나가더라 이에 돌아다니며 마술하는 어떤 유대인들이 시험삼아 악귀 들린 자들에게 주 예수의 이름을 불러 말하되 내가 바울이 전파하는 예수를 의지하여 너희에게 명하노라 하더라 유대의 한 제사장 스게와의 일곱 아들도 이 일을 행하더니 악귀가 대답하여 이르되 내가 예수도 알고 바울도 알거니와 너희는 누구냐 하며 악귀 들린 사람이 그들에게 뛰어올라 눌러 이기니 그들이 상하여 벗은 몸으로 그 집에서 도망하는지라 에베소에 사는 유대인과 헬라인들이 다 이 일을 알고 두려워하며 주 예수의 이름을 높이고

(3) 하나님의 이름으로 거짓 맹세하는 경우 혹은 서약한 것을 어기는 경우

하나님의 이름으로 거짓 맹세하는 것은 하나님의 이름을 욕되게 하는 것일 뿐만 아니라 하나님 앞에서 악을 행하는 것이다. 또한 비록 우리가 처음부터 아예 거짓으로 맹세하거나 서약한 것이 아니라 진실되게 한 약속이라 할지라도, 그것을 최선을 다하여 이행하지 않는다면, 결과적으로 그것 역시 거짓된 맹세가 된다고 할 것이다. 그러므로 우리가 하나님의 이름으로 맹세하고 서약한 것은 그것이 무엇이든 신실함으로 반드시 지켜야 한다.

> **레 19:12** : 너희는 내 이름으로 거짓 맹세함으로 네 하나님의 이름을 욕되

게 하지 말라 나는 여호와이니라

민 30:2 : 사람이 여호와께 서원하였거나 결심하고 서약하였으면 깨뜨리지 말고 그가 입으로 말한 대로 다 이행할 것이니라

신 23:21-23 : 네 하나님 여호와께 서원하거든 갚기를 더디하지 말라 네 하나님 여호와께서 반드시 그것을 네게 요구하시리니 더디면 그것이 네게 죄가 될 것이라 네가 서원하지 아니하였으면 무죄하리라 그러나 네 입으로 말한 것은 그대로 실행하도록 유의하라 무릇 자원한 예물은 네 하나님 여호와께 네가 서원하여 입으로 언약한 대로 행할지니라

(4) 하나님의 이름으로 저주하거나 혹은 하나님의 이름을 모독할 때

하나님의 이름을 심히 오용하는 경우 가운데 한 가지는 하나님의 이름으로 다른 사람을 저주하는 경우이다. 이것은 인간의 악한 뜻과 의지를 하나님의 거룩하신 이름으로 행하는 것이므로 그것은 곧바로 하나님의 거룩한 성호를 모독하는 것이 된다. 또한 직접적으로 하나님의 이름을 저주하거나 불경스런 언사로 모독하는 경우도 있다. 영어나 다른 서양 언어에는 하나님이나 그리스도의 성호를 사용한 불경스런 욕설이나 농담들이 넘쳐나고 있다. 그러나 성경은 하나님의 이름을 조롱하고 모독하는 입술의 죄는 무서운 심판을 받게 된다고 하였다.

레 24:16 : 여호와의 이름을 모독하면 그를 반드시 죽일지니 온 회중이 돌로 그를 칠 것이니라 거류민이든지 본토인이든지 여호와의 이름을 모독하면 그를 죽일지니라

막 3:29 : 누구든지 성령을 모독하는 자는 영원히 사하심을 얻지 못하고 영원한 죄가 되느니라

3. 여호와의 이름을 망령되이 일컫는 자의 죄

하나님께서는 분명히 "너는 네 하나님 여호와의 이름을 망령되게 부르지 말라 여호와는 그의 이름을 망령되게 부르는 자를 죄 없다 하지 아니하리라"(출 20:7)고 말씀하셨다. 그러므로 하나님의 이름을 헛되이 남용하거나, 거짓되게 사용하거나, 심지어 악하게 말하는 그 모든 죄들을 심각하게 보시며, 그의 진노하심에 따른 정죄와 심판이 있을 것이라고 말씀하셨다. 그러므로 하나님께서는 "너는 이스라엘 자손에게 말하여 이르라 누구든지 그의 하나님을 저주하면 죄를 담당할 것이요 여호와의 이름을 모독하면 그를 반드시 죽일지니 온 회중이 돌로 그를 칠 것이니라 거류민이든지 본토인이든지 여호와의 이름을 모독하면 그를 죽일지니라"(레 24:15-16)고 말씀하셨다.

신 28:58-59 : 네가 만일 이 책에 기록한 이 율법의 모든 말씀을 지켜 행하지 아니하고 네 하나님 여호와라 하는 영화롭고 두려운 이름을 경외하지 아니하면 여호와께서 네 재앙과 네 자손의 재앙을 극렬하게 하시리니 그 재앙이 크고 오래고 그 질병이 중하고 오랠 것이라

마 12: 35-37 : 선한 사람은 그 쌓은 선에서 선한 것을 내고 악한 사람은 그 쌓은 악에서 악한 것을 내느니라 내가 너희에게 이르노니 사람이 무슨 무익한 말을 하든지 심판 날에 이에 대하여 심문을 받으리니 네 말로 의롭다 함을 받고 네 말로 정죄함을 받으리라

할렐루야,

여호와의 종들아 찬양하라

여호와의 이름을 찬양하라

이제부터 영원까지 여호와의 이름을 찬송할지로다

해 돋는 데에서부터 해 지는 데에까지

여호와의 이름이 찬양을 받으시리로다

여호와는 모든 나라보다 높으시며

그의 영광은 하늘보다 높으시도다

(시 113:1-4)

제 44 과

제4계명
: "안식일을 기억하여 거룩하게 지키라"

제57문 : 넷째 계명은 무엇입니까?

답 : 넷째 계명은 "안식일을 기억하여 거룩하게 지키라 엿새 동안은 힘써 네 모든 일을 행할 것이나 일곱째 날은 네 하나님 여호와의 안식일인즉 너나 네 아들이나 네 딸이나 네 남종이나 네 여종이나 네 가축이나 네 문안에 머무는 객이라도 아무 일도 하지 말라 이는 엿새 동안에 나 여호와가 하늘과 땅과 바다와 그 가운데 모든 것을 만들고 일곱째 날에 쉬었음이라 그러므로 나 여호와가 안식일을 복되게 하여 그 날을 거룩하게 하였느니라"입니다.

출 20:8-11

제58문 : 넷째 계명에서 요구하는 것은 무엇입니까?

답 : 넷째 계명에서 요구하는 것은 하나님께서 그의 말씀으로 지정하신 바와 같은 그러한 일정한 때들을 하나님 앞에서 거룩하게 지키고 특별히 이레 중 한 날을 온전히 하나님의 거룩한 안식일로 삼으라는 것입니다.

창 2:3; 출 16:25-29; 신 5:12; 사 56:2

제59문 : 이레 중 어느 날을 하나님께서 정하셔서 매주간에 안식일을 삼으셨습니까?

답 : 세상 처음부터 그리스도의 부활까지 하나님께서 한주간의 일곱째 날을 정하여 매주간의 안식일을 삼으셨으며 그 후부터 세상 마지막까지는 한 주간의 첫날을 안식일로 삼으셨습니다. 이 날은 그리스도인의 안식일입니다.

창 2:3; 눅 23:56; 고전 16:1-2; 마 12:8; 행 20:7; 요 20:19-26

제60문 : 안식일을 거룩하게 하는 방법이 무엇입니까?
답 : 안식일을 거룩하게 하려면 다른 날에 할 수 있는 모든 세상의 업무와 오락까지도 끊고, 그 날을 종일 거룩하게 쉬며, 공적으로나 사적으로 하나님께 예배를 드리는 일로 그 모든 시간을 보내야 합니다. 다만 부득이한 일이나 자비를 베푸는 일에 들여야 할 시간만큼은 예외입니다.

렘 17:21-22; 사 58:13-14; 마 12:1-14; 출 20:8-10; 31:12-17

제61문 : 넷째 계명에서 금하는 것은 무엇입니까?
답 : 넷째 계명에서 금하는 것은 필요로 하는 의무들을 생략하거나 소홀히 이행하는 일과 게으름으로써, 또는 본질적으로 죄가 되는 일을 행하거나 우리의 세상 업무나 오락에 관하여 필요치 않은 생각이나 말이나 일을 함으로써 그날을 더럽히는 일입니다.

겔 22:26; 겔 23:38; 말 1:13; 사 58:13

제62문 : 넷째 계명에 첨부된 이유들은 무엇입니까?
답 : 넷째 계명에 첨부된 이유들은 하나님께서 우리자신의 업무를 위하여 한 주간 중 엿새를 우리에게 허락하신 일과 그가 일곱째 날에 대한 특별한 소유권을 요구하시는 일과 자기 자신이 보이신 본보기와 그가 안식일을 축복하신 일입니다.

출 30:9-17; 출 20:11; 레 23:3

I. 안식일의 성경적인 의미

　현대를 살아가는 그리스도인들은 도대체 주일을 어떻게 지켜야 하는가? 우리는 종종 주일을 거룩하게 지키기 위하여 무엇을 해야 하며, 또 무엇을 하지 말아야 하는가 등의 문제와 관련하여 심각한 질문을 가진다. 그러나 우리가 주일을 올바로 지키기 위해서는 먼저 그 원형이 되는 안식일에 대하여 성경이 제시하는 본질적인 원리와 목적, 그리고 그 의미를 분명하게 이해해야만 한다. 그렇지 않을 경우, 안식일 규례와 관련하여 수없이 다양하고도 복잡한 규칙을 세밀하게 정하여 놓고서는 정작 그 본질과 원리를 훼손시킨 유대인들처럼, 주일성수 문제와 관련하여 신약의 성도들인 우리들 역시 자칫 비본질적인 문제로 고민하게 될 것이기 때문이다.

　먼저 구약성경은 안식일 규례에 대하여 '창조사건의 기원'(출 20:8-11)과 '출애굽사건 기원'(신 5:12-15)이라는 두 가지 이유를 제시하고 있다. 살아계신 참 하나님이신 여호와께서는 우리의 창조자이시며, 또한 구원자이시기 때문에 영원토록 경배와 찬양을 받으시는 것이 합당하다. 따라서 안식일은 이러한 하나님의 창조의 은혜와 구원의 은혜를 동시에 기억하며 감사의 예배를 드리는 날로 지키게 되었다.[1] 그러나 우리가 제4계명에 대하여 생각할 때 반드시 기억해야 할 것은, 먼저 안식일이 하나님께서 거룩하게 구별하여 축복하신 '여호와 하나님의 날' 임과 동시에 또한 우리 스스로의 유익을 위한 날이기도 하다는 사실이다.

　　출 20:8-11 : 안식일을 기억하여 거룩하게 지키라 엿새 동안은 힘써 네 모든 일을 행할 것이나 일곱째 날은 네 하나님 여호와의 안식일인즉 너나 네 아들이나 네 딸이나 네 남종이나 네 여종이나 네 가축이

나 네 문안에 머무는 객이라도 아무 일도 하지 말라 이는 엿새 동
안에 나 여호와가 하늘과 땅과 바다와 그 가운데 모든 것을 만들
고 일곱째 날에 쉬었음이라 그러므로 나 여호와가 안식일을 복되
게 하여 그 날을 거룩하게 하였느니라

신 5:12-15 : 네 하나님 여호와가 네게 명령한 대로 안식일을 지켜 거룩하
게 하라 엿새 동안은 힘써 네 모든 일을 행할 것이나 일곱째 날은
네 하나님 여호와의 안식일인즉 너나 네 아들이나 네 딸이나 네 남
종이나 네 여종이나 네 소나 네 나귀나 네 모든 가축이나 네 문 안
에 유하는 객이라도 아무 일도 하지 못하게 하고 … 너는 기억하라
네가 애굽 땅에서 종이 되었더니 네 하나님 여호와가 강한 손과 편
팔로 거기서 너를 인도하여 내었나니 그러므로 네 하나님 여호와가
네게 명령하여 안식일을 지키라 하느니라

1. 안식일은 하나님의 날이다

안식일의 의미와 관련하여 가장 먼저 우리가 기억해야 할 것은 바로 안
식일이 '여호와 하나님의 날' 로서 구별되었다는 사실이다. 성경은 분명하
게 "일곱째 날은 네 하나님 여호와의 안식일"(출 20:10; 신 5:14)이라고 규정하
고 있으며, "이 날은 여호와께서 정하신 것이라 이 날에 우리가 즐거워하
고 기뻐하리로다"(시 118:24)라고 하였다. 그러므로 안식일의 주인은 하나님
이시다(cf. 출 20:10; 막 2:28). 왜 그러한가?

먼저 안식일의 창조기원(창 2:1-3; 출 20:8-11)에 따르면, 하나님께서는 만물
의 창조 사역을 마치시고, 일곱째 날에 안식하시며 그날을 특별히 구별하
여 축복하시고 거룩하게 하셨다. 여기에서 '거룩하게 하셨다' (카도쉬, qadosh)
는 것은 다른 날과 '구별하였다' 는 의미이다. 뿐만 아니라, 안식일의 출애
굽기원(신 5:12-15)에 따르면, 하나님께서는 오직 은혜로 애굽 땅에서 종되었

던 이스라엘 백성들을 그의 능력의 강한 손과 편 팔로 구원하셨음을 "너는 기억하라"고 강조하시며, 바로 그렇기 때문에 "안식일을 기억하여 거룩하게 지키라"(신 5:12-15)고 명령하셨다.

우리가 잘 아는 바와 같이, 이스라엘 백성의 출애굽 사건은 영적으로는 죄와 죽음, 그리고 사탄의 속박에서 우리를 해방하여 구원하셨음을 예표하는 것이기 때문에, 이 안식일 규례가 그 본질에 있어 단순히 구약의 이스라엘 백성에게만 해당되고 신약의 언약백성들과는 관계가 없는 것이 아님을 잘 알 수 있다. 참으로 구약의 안식일은 예수 그리스도 안에서 우리에게 주어질 영원한 안식의 예표이자 그림자이다. 그러므로 우리가 주일을 지킴에 있어 가장 본질적인 것은 바로 그러한 삼위일체 하나님의 창조사역과 구원사역으로 말미암아 우리에게 참된 안식이 주어졌다는 놀라운 사실과 그 큰 은혜를 결코 잊어버리지 말고 반드시 '기억'하라는 것이다.

그러므로 구약의 안식일 규례가 말하는 것은 이 두 가지 사실, 즉 여호와 하나님께서 우리의 창조자이심과 동시에 구원자이시기 때문에 영원토록 감사와 찬양의 예배를 받으시기에 합당한 분이시라는 것이다. 이와 같은 이유로 하여 여호와 하나님께서는 이 안식일의 규례를 이스라엘이 하나님의 언약백성이 되는 '영원한 언약'임과 동시에 '영원한 표징'으로 삼으셨으며, 나아가 심지어 안식일을 범하는 자들을 '반드시 죽일지니라' 고 강력하게 명령하시고 있는 것이다(출 31:13-17). 그 이유는 우리에게 생명을 주신 창조자이시며 구원자이신 하나님을 잊어버리는 것은 곧 우리 자신의 존재의 근원 자체를 부정하는 것이 되기 때문이다. 그리하여 이스라엘 백성들은 이 날에 하나님께 예배를 드리기 위하여 거룩한 성회로 모였고(cf. 레 23:8), 또한 이 날을 하나님께 별도의 상번제와 소제를 드림으로 특별히 하나님과 교제하는 날로 지켰으며(cf. 민 28:9-10), 하나님의 성소를 섬기며 경

외하는 날로 지켜야만 했다(cf. 레 19:30; 26:2).[2]

창 2:1-3 : 천지와 만물이 다 이루어지니라 하나님이 그가 하시던 일을 일곱째 날에 마치시니 그가 하시던 모든 일을 그치고 일곱째 날에 안식하시니라 하나님이 그 일곱째 날을 복되게 하사 거룩하게 하셨으니 이는 하나님이 그 창조하시며 만드시던 모든 일을 마치시고 그 날에 안식하셨음이니라

출 19:4-6 : 내가 애굽 사람에게 어떻게 행하였음과 내가 어떻게 독수리 날개로 너희를 업어 내게로 인도하였음을 너희가 보았느니라 세계가 다 내게 속하였나니 너희가 내 말을 잘 듣고 내 언약을 지키면 너희는 모든 민족 중에서 내 소유가 되겠고 너희가 내게 대하여 제사장 나라가 되며 거룩한 백성이 되리라 너는 이 말을 이스라엘 자손에게 전할지니라

레 19:30 : 내 안식일을 지키고 내 성소를 귀히 여기라 나는 여호와이니라

막 2:28 : 이러므로 인자는 안식일에도 주인이니라

출 31:13-17 : 너는 이스라엘 자손에게 말하여 이르기를 너희는 나의 안식일을 지키라 이는 나와 너희 사이에 너희 대대의 표징이니 나는 너희를 거룩하게 하는 여호와인 줄 너희가 알게 함이라 너희는 안식일을 지킬지니 이는 너희에게 거룩한 날이 됨이니라 그 날을 더럽히는 자는 모두 죽일지며 그 날에 일하는 자는 모두 그 백성 중에서 그 생명이 끊어지리라 엿새 동안은 일할 것이나 일곱째 날은 큰 안식일이니 여호와께 거룩한 것이라 안식일에 일하는 자는 누구든지 반드시 죽일지니라 이같이 이스라엘 자손이 안식일을 지켜서 그것으로 대대로 영원한 언약을 삼을 것이니 이는 나와 이스라엘 자손 사이에 영원한 표징이며 나 여호와가 엿새 동안에 천지를 창조하고 일곱째 날에 일을 마치고 쉬었음이니라 하라

사 56:6-7 : 또 여호와와 연합하여 그를 섬기며 여호와의 이름을 사랑하며 그의 종이 되며 안식일을 지켜 더럽히지 아니하며 … 이는 내 집은 만민이 기도하는 집이라 일컬음이 될 것임이라

2. 안식일은 우리 자신의 유익을 위한 날이다

이와 같이 안식일은 본질적으로 하나님께서 스스로의 영광을 위하여 구별하신 '하나님 여호와의 날'이지만, 동시에 그것은 또 다른 의미에서 우리 인간을 위한 날이기도 하다. 왜냐하면 이날은 우리의 영육간의 충족과 쉼을 위하여 주어진 날이기도 하기 때문이다. 즉, 인간은 에덴동산에서 타락 후에 스스로의 먹을 것을 얻기 위하여 평생 수고하고 이마에 땀을 흘려 일을 해야만 했다. 그러나 은혜로우신 하나님께서는 긍휼을 베푸시어 참된 쉼이 없는 저주받은 인간을 위하여 일주일 가운데 특별히 하루를 구별하여 '숨을 돌릴 수 있게' 하셨고, 그럼으로 해서 이 안식일이 우리를 위한 축복의 근원이 되게 하셨다. 그러므로 실로 안식일이 한 주간의 중심이라 할 수 있다. 즉, 안식일이 다른 엿새 동안의 날들을 위해 있는 것이 아니라, 오히려 엿새 동안의 날들이 안식일을 위하여 존재하는 것이다.

이와 같이 인간으로 하여금 정기적으로 일을 중단하고 쉬도록 하는 것은 억압적인 굴레나 속박이 아니라, 오히려 쉼과 안식을 통하여 우리의 생명을 보존케 하시기 위해 영육 간에 필요한 재충전과 새 힘을 얻도록 하시는 창조주 하나님의 인간을 위한 배려요 은혜인 것이다. 우리는 주일성수와 관련하여 안식일 규례에 담겨있는 우리를 향한 이러한 하나님의 은혜로운 뜻을 망각하지 않아야 한다.[3] 이것은 "너는 엿새 동안에 네 일을 하고 일곱째 날에는 쉬라 네 소와 나귀가 쉴 것이며 네 여종의 자식과 나그네가 숨을 돌리리라"(출 23:12)는 말씀에서 분명히 드러난다. 그리고 이러한 쉼은 자기 자신뿐만 아니라 함께하는 식솔들과 가축들, 그리고 집안에 머무는 나그네들까지도 포함하는 것이다. 바로 이러한 이유 때문에 예수님께서도 자신 스스로가 '안식일의 주인'이시지만, 사람이 안식일을 위하여 있는 것이 아니라 "안식일이 사람을 위하여 있는 것"이라고 말씀하시는 것이다(막 2:27-28). 오직 하나님 안에서만이 우리에게 참된 쉼과 안식이 있다.

창 3:17-19 : 아담에게 이르시되 네가 네 아내의 말을 듣고 내가 네게 먹지 말라 한 나무의 열매를 먹었은즉 땅은 너로 말미암아 저주를 받고 너는 네 평생에 수고하여야 그 소산을 먹으리라 땅이 네게 가시덤불과 엉겅퀴를 낼 것이라 네가 먹을 것은 밭의 채소인즉 네가 흙으로 돌아갈 때까지 얼굴에 땀을 흘려야 먹을 것을 먹으리니 네가 그것에서 취함을 입었음이라 너는 흙이니 흙으로 돌아갈 것이니라 하시니라

시 104:23 : 사람은 나와서 일하며 저녁까지 수고하는도다

출 20:10 : 일곱째 날은 네 하나님 여호와의 안식일인즉 너나 네 아들이나 네 딸이나 네 남종이나 네 여종이나 네 가축이나 네 문안에 머무는 객이라도 아무 일도 하지 말라

시 84:1-7 : 만군의 여호와여 주의 장막이 어찌 그리 사랑스러운지요 내 영혼이 여호와의 궁정을 사모하여 쇠약함이여 내 마음과 육체가 살아 계시는 하나님께 부르짖나이다 … 주의 집에 사는 자들은 복이 있나니 그들이 항상 주를 찬송하리이다(셀라) 주께 힘을 얻고 그 마음에 시온의 대로가 있는 자는 복이 있나이다 그들이 눈물 골짜기로 지나갈 때에 그 곳에 많은 샘이 있을 것이며 이른 비가 복을 채워 주나이다 그들은 힘을 얻고 더 얻어 나아가 시온에서 하나님 앞에 각기 나타나리이다

막 2:27-28 : 또 이르시되 안식일이 사람을 위하여 있는 것이요 사람이 안식일을 위하여 있는 것이 아니니 이러므로 인자는 안식일에도 주인이니라

II. 안식일과 주일의 관계

1. 주일(the Lord's day)의 의미

신약의 교회는 더 이상 구약의 '안식일'(the Sabbath Day)을 지키지 않고 '주일'(the Lord's Day)을 지킨다. 구약의 안식일은 일주일의 마지막 날이지만, 신약의 주일은 그 첫째 날이다. 왜 이러한 변화가 일어났는가?[4] 이미 살펴본 바와 같이, 하나님께 예배를 드리고 또한 우리에게 안식을 주시기 위한 구약의 의식법으로서의 안식일 규례는 신약에서 예수 그리스도에 의하여 완성되었다.[5] 따라서 우리는 이미 안식일의 주인이신 예수 그리스도 안에서 약속된 '영원한 안식', 곧 하나님께서 주시는 참된 '샬롬의 축복'을 미리 맛보며 누리고 있는 것이다. 그러므로 신약의 교회는 초대교회로부터 더 이상 구약의 의식법으로서의 '안식일'이 아니라 주님께서 부활하신 날임과 동시에 또한 오순절 성령께서 강림하신 날인 '주일'(안식 후 첫날, cf. 마 28:1; 막 16:2; 눅 24:1; 요 20:1; 행 20:7; 고전 16:2)을 기념하여 지키는 것이다.

이와 같이 하나님께서 안식일 규례를 통하여 우리에게 주시고자 하는 영원한 생명과 안식의 축복은 예수 그리스도의 구속사역과 부활로 말미암아 완성되었고, 또한 성령 하나님을 통하여 그를 믿는 자들에게 이미 주어졌다. 참으로 오직 우리 주 예수 그리스도 안에만, 그리고 생명의 삼위일체 하나님에게만 참된 쉼과 안식이 있다. 그러므로 주님께서는 "수고하고 무거운 짐 진 자들아 다 내게로 오라 내가 너희를 쉬게 하리라"고 말씀하셨다(마 11:28). 그리고 이러한 안식은 우리 자신들과 모든 피조물이 바라는 바, 삼위일체 하나님의 구속의 완성과 만물을 새롭게 하시는 영원한 종말론적인 안식을 지향하고 있다(cf. 히 4:1-11; 계 21:3-4). 우리가 예수 그리스도 안에서 현재 지상에서 맛보고 있는 이러한 잠정적인 안식은 장차 우리가 소망하는 영원한 천국에서의 충만한 안식 가운데서 영원토록 온전하게 누리게 될 것이다. 이것이 하나님께서 우리에게 주신 생명의 약속이요, 우리의 복된 소망인 것이다.

- **마 12:8** : 인자는 안식일의 주인이니라 하시니라
- **요 20:19** : 이 날 곧 안식 후 첫날 저녁 때에 제자들이 유대인들을 두려워하여 모인 곳의 문들을 닫았더니 예수께서 오사 가운데 서서 이르시되 너희에게 평강이 있을지어다
- **행 20:7** : 그 주간의 첫날에 우리가 떡을 떼려 하여 모였더니 바울이 이튿날 떠나고자 하여 그들에게 강론할새 말을 밤중까지 계속하매
- **고전 16:2** : 매주 첫날에 너희 각 사람이 수입에 따라 모아 두어서 내가 갈 때에 연보를 하지 않게 하라
- **히 4: 3, 10** : 이미 믿는 우리들은 저 안식에 들어가는도다 … 이미 그의 안식에 들어간 자는 하나님이 자기의 일을 쉬심과 같이 그도 자기의 일을 쉬느니라
- **계 21:3-4** : 내가 들으니 보좌에서 큰 음성이 나서 이르되 보라 하나님의 장막이 사람들과 함께 있으매 하나님이 그들과 함께 계시리니 그들은 하나님의 백성이 되고 하나님은 친히 그들과 함께 계셔서 모든 눈물을 그 눈에서 닦아 주시니 다시는 사망이 없고 애통하는 것이나 곡하는 것이나 아픈 것이 다시 있지 아니하리니 처음 것들이 다 지나갔음이러라

2. 성경적인 '주일성수' 어떻게 할 것인가?

(1) 주일을 거룩하게 지키기 위하여 육일동안에 힘써 우리에게 맡겨진 일을 해야만 한다

우리가 주일을 거룩하게 구별하여 지키기 위해서는 반드시 선행되어야 할 전제조건이 있다. 그것은 우리에게 주어진 엿새 동안 하나님께서 그의 창조세계를 아름답게 가꾸고 돌보는 청지기의 사명으로 주신 '문화대명령'(창 1:28)과 더불어, 또한 우리 각자의 삶 가운데 주어진 구체적인 모든 사명을 온전히 이루기 위하여 맡겨주신 모든 일을 땀 흘리며 힘써 행하는 것이다. 이것이 주일을 거룩하게 구별하여 지키기 위해, 그리고 하나님 앞에 기쁨과 즐거움으로 나아가기 위해 우리가 먼저 준비해야 할 조건이다. 그리고 특별히 기억해야 할 것은 제4계명과 관련하여 한 가정의 가장이나 사회의 각급 단체의 책임 있는 위치에 있는 사람들의 의무가 더욱 막중하다는 사실이다. 즉, 자신이 주일을 거룩하게 지키기 위하여 그 일들을 다른 사람들에게 시킬 수 없다는 것이다. 가족 구성원 모두나 피고용자들을 비롯하여 자신의 책임 하에 있는 모든 사람들, 심지어 손님들까지도 다 함께 주일을 거룩하게 지키며 하나님께서 주시는 안식의 축복을 누릴 수 있도록 적극 배려해야 할 분명한 책임이 있다.

> 출 20:9-10 : 엿새 동안은 힘써 네 모든 일을 행할 것이나 일곱째 날은 네 하나님 여호와의 안식일인즉 너나 네 아들이나 네 딸이나 네 남종이나 네 여종이나 네 가축이나 네 문안에 머무는 객이라도 아무 일도 하지 말라

(2) 주일에는 세상일들과 오락을 멈추어야 한다

'안식'을 의미하는 '샤바트'(Sabbath)라는 단어는 '그만두다', '멈추다'라는 의미를 가지며, 진정한 안식은 노동의 중단, 쉼, 평안, 고요함, 평화, 곧 이 모든 것이 충만한 '샬롬'의 상태를 말한다.[6] 그러므로 우리는 주일을 구

별하여 하나님 앞에 거룩하게 지키기 위하여 먼저 세속적 일이나 오락들을 멈추어야 한다. 그러나 우리는 주일이 아무런 일을 하지 아니하고 그냥 단순히 게으름을 피우며 '노는 날'이 아니라는 사실을 분명히 해야만 한다. 우리가 주일에 모든 세상의 번잡스러운 일들과 오락들을 멈추는 것은 오히려 이 날에 우리가 적극적으로 해야만 할 것이 있기 때문이다.

뿐만 아니라 주일을 거룩하게 지키기 위하여 우리는 특별히 악한 일을 행하지 않아야 하는데, 왜냐하면 그러한 모든 것들이 주일을 더럽히는 것이기 때문이다. 이와 같이 세상일이나 오락 때문에 하나님께 예배드리는 시간을 범하는 것은 신성모독일 뿐만 아니라, 하나님께서 우리에게 주시는 참된 안식과 축복을 누리지 못하게 되는 결과를 초래한다.

느 13: 15-18 : 그 때에 내가 본즉 유다에서 어떤 사람이 안식일에 술틀을 밟고 곡식단을 나귀에 실어 운반하며 포도주와 포도와 무화과와 여러 가지 짐을 지고 안식일에 예루살렘에 들어와서 음식물을 팔기로 그 날에 내가 경계하였고 또 두로 사람이 예루살렘에 살며 물고기와 각양 물건을 가져다가 안식일에 예루살렘에서도 유다 자손에게 팔기로 내가 유다의 모든 귀인들을 꾸짖어 그들에게 이르기를 너희가 어찌 이 악을 행하여 안식일을 범하느냐 너희 조상들이 이같이 행하지 아니하였느냐 그래서 우리 하나님이 이 모든 재앙을 우리와 이 성읍에 내리신 것이 아니냐 그럼에도 불구하고 너희가 안식일을 범하여 진노가 이스라엘에게 더욱 심하게 임하도록 하는도다

사 58:13-14 : 만일 안식일에 네 발을 금하여 내 성일에 오락을 행하지 아니하고 안식일을 일컬어 즐거운 날이라, 여호와의 성일을 존귀한 날이라 하여 이를 존귀하게 여기고 네 길로 행하지 아니하며 네 오락을 구하지 아니하며 사사로운 말을 하지 아니하면 네가 여호와 안에서 즐거움을 얻을 것이라 내가 너를 땅의 높은 곳에 올리고 네

조상 야곱의 기업으로 기르리라

사 56:2 : 안식일을 지켜 더럽히지 아니하며 그의 손을 금하여 모든 악을 행하지 아니하여야 하나니 이와 같이 하는 사람, 이와 같이 굳게 잡는 사람은 복이 있느니라

(3) 하나님께서 우리에게 베푸신 창조와 구속의 은혜를 기억하며 예배를 드려야 한다

이미 언급한 바와 같이, 주일성수는 단순히 아무런 일을 하지 않고 쉬는 것을 의미하는 것이 아니다. 오히려 세상적인 일들과 노동을 멈추어야 하는 이유는 우리가 적극적으로 해야만 할 일들이 있기 때문인데, 그러한 일들 가운데서 가장 우선되는 일은 우리의 마음을 다하고 정성을 다해 하나님께 온전한 감사의 예배와 찬양의 경배를 드리는 일이다. 왜냐하면 하나님께서는 예배를 통하여 그의 백성들을 만나시며, 그리고 예배를 통하여 이루어지는 살아계신 하나님과의 생명의 교제야말로 우리에게 주어지는 참된 축복이요 안식이기 때문이다. 안식일 규례에 분명하게 나타나 있는 것과 같이, 우리에게 생명을 주신 창조의 은혜와 또한 영생을 주신 구속의 그 놀랍고 크신 은혜를 기억하고 묵상하는 것은 참된 예배를 위한 기초가 될 것이다.

따라서 '영과 진리로 참된 예배' (요 4:23-24)를 드리기 위하여 우리는 몸과 마음을 정결하게 하고, 주일을 거룩하게 그리고 온전하게 지켜야 할 것이다. 이것을 위하여 모든 성도들이 함께 모이기를 힘쓰며, 무엇보다 하나님의 말씀을 묵상하고, 기도하는 일에 힘써야 할 것이다.

출 31:13 : 너는 이스라엘 자손에게 이르기를 너희는 나의 안식일을 지키라 이는 나와 너희 사이에 너희 대대의 표징이니 나는 너희를 거룩하

게 하는 여호와인 줄 너희가 알게함이라

시 118:24 : 이 날은 여호와께서 정하신 것이라 이 날에 우리가 즐거워하고 기뻐하리로다

히 10:25 : 모이기를 폐하는 어떤 사람들의 습관과 같이 하지 말고 오직 권하여 그 날이 가까움을 볼수록 더욱 그리하자

(4) 주님의 몸된 교회를 섬기는 거룩한 일들과 이웃을 위한 봉사의 선한 일에 힘써야 한다

우리는 주일을 거룩하게 지킴에 있어 하나님께 예배를 드리는 가운데 그가 주시는 참된 쉼과 안식의 축복을 한량없는 기쁨과 즐거움으로 마음껏 누릴 뿐만 아니라, 또한 성도들 간에 서로 함께 떡을 떼는 아름다운 교제를 풍성하게 나누어야 한다. 초대교회는 모일 때마다 예배와 더불어 성도의 아름다운 교제를 풍성하게 나누었음을 알 수 있다. 그리고 주의 영화로운 이름을 선포하고 복음을 증거하며 전도하는 일에 힘써야 할 뿐만 아니라, 주의 몸된 교회를 아름답게 세워가기 위해 섬기는 여러 가지 일들(*opera pietatis*; 경건의 일들)에 열심을 내어야 한다. 또한 여러 가지 어려움에 처한 성도들이나 이웃들을 돌아보고 살피며 구제하고 봉사하는 일 등, 모든 선한 일들을 통하여 이웃을 섬기는 일들(*opera charitatis*; 사랑의 일들)에도 특별히 힘써야 한다.[7]

시 22:22 : 내가 주의 이름을 형제에게 선포하고 회중 가운데에서 주를 찬송하리이다

행 20:7 : 그 주간의 첫날에 우리가 떡을 떼려 하여 모였더니 바울이 이튿날 떠나고자 하여 그들에게 강론할새 말을 밤중까지 계속하매

신 5:14 : 일곱째 날은 네 하나님 여호와의 안식일인즉 너나 네 아들이나 네 딸이나 네 남종이나 네 여종이나 네 소나 네 나귀나 네 모든 가축

> 이나 네 문 안에 유하는 객이라도 아무 일도 하지 못하게 하고 네 남종이나 네 여종에게 너같이 안식하게 할지니라
>
> **고전 16:2** : 매주 첫날에 너희 각 사람이 수입에 따라 모아 두어서 내가 갈 때에 연보를 하지 않게 하라
>
> **느 8:10** : 너희는 가서 살진 것을 먹고 단 것을 마시되 준비하지 못한 자에게는 나누어 주라 이 날은 우리 주의 성일이니 근심하지 말라 여호와로 인하여 기뻐하는 것이 너희의 힘이니라

(5) 생명을 구하거나 부득이하게 해야만 하는 일들은 계속될 수 있다

주일을 거룩하게 지키기 위하여 우리는 영리를 목적으로 하는 세상의 여러 가지 일들과 육체의 쾌락을 위한 오락을 멈추어야 하지만, 그렇다고 하여 모든 일을 반드시 그만 두어야 하는 것은 아니다. 사람의 생명을 구하는 일과 같은 긴급을 요하거나, 또 부득이하게 수행되어야 할 일들(*opera necessitatis*; 필수급박한 일)은 지속될 수 있다. 그러므로 주일성수의 본질은 단순히 어떤 일을 하느냐 안하느냐의 문제가 아니다. 그것은 창조자이시며 구원자이신 하나님의 놀라우신 은혜를 기억하고 묵상하며 감사와 기쁨으로 예배를 드림과 동시에, 영원한 천국의 안식을 바라보며 하나님께서 우리를 축복하시고 우리의 생명을 건강하게 유지할 수 있도록 쉼을 주시기 위하여 칠일 가운데 하루를 특별히 구별하여 주셨다는 안식일 규례의 본래적인 목적을 훼손하지 않고 온전하게 하는 것이다.

> **마 12:10-12** : 한쪽 손 마른 사람이 있는지라 사람들이 예수를 고발하려 하여 물어 이르되 안식일에 병 고치는 것이 옳으니이까 예수께서 이르시되 너희 중에 어떤 사람이 양 한 마리가 있어 안식일에 구덩이에 빠졌으면 끌어내지 않겠느냐 사람이 양보다 얼마나 더 귀하냐 그러므로 안식일에 선을 행하는 것이 옳으니라

3. 주일성수에 대한 신조의 가르침

⟨웨스트민스터 신앙고백서⟩ 제21조 7, 8항

7. 일반적으로 하나님께 예배하기 위하여 일정한 시간을 정하는 것은 자연의 법칙에 합당한 것이다. 그래서 하나님은 그의 말씀을 통하여 적극적이고 도덕적이며 영구적인 명령으로써, 모든 시대의 모든 사람들에게, 특별히 칠일(七日) 중 하루를 안식일로 택정하여 하나님께 거룩하게 지키도록 명하셨다. 그 날은 창세로부터 그리스도의 부활까지는 한 주간의 마지막 날이었으나, 그리스도의 부활 이후로는, 한 주간의 첫째 날로 바뀌어졌다. 성경에는 이 날이 주의 날(土日)로 불려졌다. 이 날은 세상 끝 날까지 그리스도교의 안식일로 지켜져야 하는 것이다.

8. 그러므로 안식일은 주님께 거룩하게 지켜야 한다. 이를 위해서 사람들은 그들의 마음을 합당하게 준비하고, 그들의 일상적인 일들을 미리 정돈한 연후에, 그날에 하루 종일 그들 자신의 일과, 그들의 세상적인 일에 대한 말이나 생각, 그리고 오락을 중단하고 거룩하게 안식할 뿐만 아니라, 모든 시간을 바쳐서 공적으로 개인적으로 하나님께 예배하는 일과 부득이 해야 할 필요가 있는 일과 자비를 베푸는 일을 해야 한다.

> 또 이르시되 안식일이 사람을 위하여 있는 것이요
> 사람이 안식일을 위하여 있는 것이 아니니
> 이러므로 인자는 안식일에도 주인이니라
> (막 2:27-28)

제 45 과
제5계명
: "네 부모를 공경하라"

제63문 : 다섯째 계명은 무엇입니까?

답 : 다섯째 계명은 "네 부모를 공경하라 그리하면 네 하나님 여호와가 네게 준 땅에서 네 생명이 길리라" 하는 것입니다.

출 20:12

제64문 : 다섯째 계명에서 요구하는 것은 무엇입니까?

답 : 다섯째 계명에서 요구하는 것은 윗사람에게나 아랫사람에게나 동등한 사람에게 여러 가지 위치와 관계에 있는 각 사람에게 마땅히 드릴 존경을 드리고 의무를 수행하는 것입니다.

엡 6:5

제65문 : 다섯째 계명에서 금하는 것은 무엇입니까?

답 : 다섯째 계명에서 금하는 것은 여러 가지 지위와 관계에 있는 각 사람에게 마땅히 드릴 존경과 의무를 소홀히 하거나 그것에 배치되는 일을 하는 것입니다.

마 15:4-6

제66문 : 다섯째 계명에 첨부된 이유들은 무엇입니까?

답 : 다섯째 계명에 첨부된 이유는 이 계명을 지키는 모든 사람들에게 장수와 번영이 있으리라는 (이 약속이 하나님께는 영광이 되고 그들 자신에게는 선이 되는 한에서) 약속입니다.

신 5:16; 엡 6:3

I. 네 "부모"를 공경하라

1. '하나님의 대리자' 로서의 부모

제5계명은 이 땅 위에서 마땅히 공경 받아야 할 '참된 권위'의 문제를 다루고 있다. 먼저, 신약성경에서 예수님께서는 우리에게 구약의 십계명을 다음과 같이 간단명료하게 요약해 주시고 있다.

> **막 12:29-31 :** 예수께서 대답하시되 첫째는 이것이니 이스라엘아 들으라 주 곧 우리 하나님은 유일한 주시라 네 마음을 다하고 목숨을 다하고 뜻을 다하고 힘을 다하여 주 너의 하나님을 사랑하라 하신 것이요 둘째는 이것이니 네 이웃을 네 자신과 같이 사랑하라 하신 것이라 이보다 더 큰 계명이 없느니라(cf. 마 22:37-40)

이러한 예수님의 십계명 요약에 의하면, 제1-4계명은 "하나님을 사랑하라"는 명령이고, 제5-10계명은 "이웃을 사랑하라"는 명령이다. 그런데 하나님께서는 사람과 사람과의 관계를 규정하는 사회적 계명들 가운데 가장 먼저 제5계명, "네 부모를 공경하라 그리하면 네 하나님 여호와가 네게 준 땅에서 네 생명이 길리라"(출 20:12)를 명령하신다. 그렇다면 도대체 왜 하나님께서는 가장 먼저 '부모'를 공경하라고 하시는걸까? 그것은 무엇보다도 이 땅위에서 부모는 '하나님의 대리자'의 역할을 하며, 그 자녀에게 있어 모든 권위를 대표하기 때문이다.[1] 먼저 궁극적으로는 하나님께서 우리에게 생명을 주시는 것이지만, 육적으로 그것은 부모를 통하여 주어진다(cf. 시 22:9-10). 뿐만 아니라 자녀에 대한 양육과 보호의 책임이 부모에게 주어진다(cf. 잠 22:6; 엡 6:4; 딤후 3:15; 고후 12:14). 그러므로 하나님을 경외하고 사랑해야 하는 하나님의 백성들은 또한 그 부모를 마땅히 공경해야만 한다.

하나님께서 에덴동산에서 인간을 창조하시고 직접 제정하신 사회적 기초 단위가 바로 가정이다. 실로 모든 사회질서의 기초는 하나의 가족단위로부터 시작하며, 가정은 모든 인간관계의 기초를 이루는 것이다. 따라서 가정의 질서가 무너지면 사회전체의 질서가 무너지게 되는 것이다. 참으로 우리가 살아가는 이 시대는 가정이 해체되고, 그럼으로써 사회전체가 해체되고 있는 안타까운 시대이다. 오늘날 우리 사회가 직면하고 있는 많은 사회병리적인 현상들의 중심에는 바로 가정의 해체라는 심각한 문제가 자리하고 있다.

> 신 6:6-9 : 오늘 내가 네게 명하는 이 말씀을 너는 마음에 새기고 네 자녀에게 부지런히 가르치며 집에 앉았을 때에든지 길을 갈 때에든지 누워 있을 때에든지 일어날 때에든지 이 말씀을 강론할 것이며 너는 또 그것을 네 손목에 매어 기호를 삼으며 네 미간에 붙여 표로 삼고 또 네 집 문설주와 바깥 문에 기록할지니라
>
> 엡 6:4 : 아비들아 너희 자녀를 노엽게 하지 말고 오직 주의 교훈과 훈계로 양육하라

2. 하나님께서 부여하신 사회적 '권위'의 문제

조금 시야를 넓혀서 생각하면, 사회적 계명의 시작으로서의 제5계명은 하나의 가정에만 해당되는 것이 아니라 전체 사회에 있어 하나님께서 부여하신 총체적인 '참된 권위'의 문제를 다루는 것이다.[2] 그러므로 개혁주의 장로교 신앙에서는 성경의 가르침에 따라 제5계명의 '부모'의 개념을 단순히 육친의 부모로만 한정하는 것이 아니라, 다음과 같이 다양한 사회적 의미로 확대하여 해석하기도 한다. 그러므로 이 계명은 하나님께서 세우신 창조질서에 따라 부여하신 마땅히 존중되어야 할 권위를 존귀하게 여기라는 것이다.

① 영적인 부모 - 목사와 같은 성직자들과 교회 지도자들(행 20:28; 고전 4:15; 고후 5:20; 살전 5:12-13; 히 13:17)

② 교육적인 부모 - 가르침을 맡은 교사와 교육자들(잠언 5:13; 요 13:14; 막 12:14; 히 5:12)

③ 사회적인 부모 - 연륜이 높은 사회적 연장자들(전 12:5; 레 19:3; 잠 16:31)

④ 정치적인 부모 - 행정적인 관료와 권위자들(욥 29:16; 사 49:23; 롬 13:1-2; 벧전 2:17)

⑤ 경제적인 부모 - 고용관계에 있는 사용자들(왕하 5:13; 마 8:6; 엡 6:9; 벧전 2:18; 골 3:22-24)

우리는 이 시대를 일컬어 흔히 권위가 땅에 떨어진 시대라 말한다. 참으로 후기산업화 시대를 말하는 현대의 포스트모더니즘(post-modernism)을 나타내는 다양한 특징들 가운데 가장 중요한 요소 중 하나가 곧 '전통적인 권위'를 총체적으로 부정하는 것이다. 이것을 전문적인 철학적 용어로 '권위의 해체'(the deconstruction of authority)라고 하는데, 아주 다양하게 해석·적용되고 있다. 현대는 참된 권위가 부재하는 시대이며, 혼란한 시대를 꾸짖고 올바르게 계도할 수 있는 살아있는 어른과 참된 스승이 사라진 시대이다. 이렇게 참된 권위를 부정하는 패역한 문화는 결과적으로 마침내 하나님의 절대적인 권위까지 부정하는 것으로 나아가게 된다. 그러므로 우리 사회의 모든 분야에서 참된 권위가 무너진 시대적 혼란 속에서 그리스도인들은 하나님께서 주신 제5계명에 근거하여 참된 권위를 다시 세움으로써, 그 부모와 모든 참된 권위까지 부정하는 이 패역한 시대의 사회와 문화를 성경적으로 개혁해 가야 할 책임과 의무가 있다.

고전 4:15 : 그리스도 안에서 일만 스승이 있으되 아버지는 많지 아니하니 그리스도 예수 안에서 내가 복음으로써 너희를 낳았음이라

눅 20:21 : 그들이 물어 이르되 선생님이여 우리가 아노니 당신은 바로 말씀하시고 가르치시며 사람을 외모로 취하지 아니하시고 오직 진리로써 하나님의 도를 가르치시나이다

레 19:32 : 너는 센 머리 앞에서 일어서고 노인의 얼굴을 공경하며 네 하나님을 경외하라 나는 여호와이니라

사 49:23 : 왕들은 네 양부가 되며 왕비들은 네 유모가 될 것이며

롬 13:1-2 : 각 사람은 위에 있는 권세들에게 복종하라 권세는 하나님으로부터 나지 않음이 없나니 모든 권세는 다 하나님께서 정하신 바라 그러므로 권세를 거스르는 자는 하나님의 명을 거스름이니 거스르는 자들은 심판을 자취하리라

벧전 2:18 : 사환들아 범사에 두려워함으로 주인들에게 순종하되 선하고 관용하는 자들에게만 아니라 또한 까다로운 자들에게도 그리하라

3. 부모의 책임과 의무

하나님께서는 부모에게 자녀를 다스리는 권위를 주실 때에 그 자녀들을 주안에서 잘 보호하고 양육하라는 책임을 더불어 주셨다. 그러므로 부모에게는 자신의 자녀들에게 참된 진리의 말씀, 곧 주의 교훈과 훈계로 양육하며 거룩한 덕과 행실을 가르치고, 그들을 위하여 기도해야 할 책임이 있다(cf. 신 6:7; 엡 6:4). 또한 자녀들이 패역하지 않도록 어릴 때부터 그 잘못을 꾸짖고 징계로 가르쳐야 할 책임과 의무가 있다. 성경은 "매를 아끼는 자는 그의 자식을 미워함이라 자식을 사랑하는 자는 근실히 징계하느니라"(잠 13:24)고 했으며, 또한 "네 자식을 징계하라 그리하면 그가 너를 평안하게 하겠고 또 네 마음에 기쁨을 주리라"(잠 29:17)고 했다. 그러나 동시에 "네가 네 아들에게 희망이 있은즉 그를 징계하되 죽일 마음은 두지 말지니라"(잠 19:18)고 했다. 이것은 자녀들을 사랑으로 훈육하되, 미워하며 학대하지 말라는 것이다.

가정과 각 사회적 단위들에 있어 '부모'의 권위를 가진 자들의 무분별한 폭력적 권력의 행사는 오히려 가정과 그 사회를 병들게 하고, 마침내 파괴적인 결과를 초래한다. 부모는 자녀를 가르침에 있어 오직 사랑으로 오래 참음과 인내로 그리해야 한다. 자녀들은 부모가 마음대로 할 수 있는 소유물이 아니요, 하나님께서 잘 보호하며 양육하라고 맡겨주신 고귀한 인격적인 존재로서, 그것은 곧 부모에게 주신 섬김의 청지기적 사명이다.[3]

엡 6:4 : 또 아비들아 너희 자녀를 노엽게 하지 말고 오직 주의 교훈과 훈계로 양육하라

잠 22:6 : 마땅히 행할 길을 아이에게 가르치라 그리하면 늙어도 그것을 떠

나지 아니하리라

히 12:5-6, 12 : 일렀으되 내 아들아 주의 징계하심을 경히 여기지 말며 그에게 꾸지람을 받을 때에 낙심하지 말라 주께서 그 사랑하시는 자를 징계하시고 그가 받아들이시는 아들마다 채찍질하심이라 하였으니… 무릇 징계가 당시에는 즐거워 보이지 않고 슬퍼 보이나 후에 그로 말미암아 연단 받은 자들은 의와 평강의 열매를 맺느니라 (cf. 잠 3:11-12)

엡 6:9 : 상전들아 너희도 그들에게 이와 같이 하고 위협을 그치라 이는 그들과 너희의 상전이 하늘에 계시고 그에게는 사람을 외모로 취하는 일이 없는 줄 너희가 앎이라

II. "공경하라"는 의미 - 순종과 섬김

1. 마음으로 존경하고, 그 말에 청종하며, 행위로 순종하라는 것이다

'공경'(카베드)이라는 말은 '무겁게 여기다', '중요하게 생각하다', '존중히 여기다' 라는 뜻이다. 그것은 부모를 영예롭게 하며, 마음으로 존경하고, 또한 그 말에 청종하는 것이다. 즉, 이것은 마땅히 존경받아야 할 부모의 권위를 인정하는 것이요, 나아가 그 자신에게도 영예로운 것이다. 그러므로 "내 아들아 네 아비의 훈계를 들으며 네 어미의 법을 떠나지 말라 이는 네 머리의 아름다운 관이요 네 목의 금사슬이니라"(잠 1:8-9)고 했다. 또한 모든 일에 있어 부모에게 순종하라고 하며, 이것이 하나님을 기쁘게 하는 것이라고 성경은 가르친다. "자녀들아 모든 일에 부모에게 순종하라 이는 주 안에서 기쁘게 하는 것이니라"(골 3:20). 심지어 "그의 부모를 경홀히 여

기는 자는 저주를 받을 것이라 할 것이요"(신 27:16)라고 말씀하고 있다.

이와 같이 하나님께서는 부모를 통하여 그 자녀들을 돌보시며 다스리신다. 그러나 우리는 어디까지 부모에게 순종해야 하는가? 우리 모두가 부모를 존귀하게 여기고 순종해야 하지만, 그것은 무조건적인 것이 아니라 분명한 한계가 있다. 성경은 우리에게 언제나 '주 안에서' 그리해야 한다고 가르치고 있다(cf. 엡 6:1-3). 부모에 대한 순종은 하나님의 뜻과 진리가 허용하는 범위 안에서 그리하라는 것이다. 부모의 잘못된 가르침과 악한 말에 순종하는 것은 오히려 하나님 앞에서 부모뿐만 아니라 자기 스스로를 욕되게 하는 것이다.

> **잠 23:22** : 너를 낳은 아비에게 청종하고 네 늙은 어미를 경히 여기지 말지니라
> **골 3:20** : 자녀들아 모든 일에 부모에게 순종하라 이는 주 안에서 기쁘게 하는 것이니라
> **엡 6:1** : 자녀들아 주 안에서 너희 부모에게 순종하라 이것이 옳으니라
> **신 21:18-21** : 사람에게 완악하고 패역한 아들이 있어 그의 아버지의 말이나 그 어머니의 말을 순종하지 아니하고 부모가 징계하여도 순종하지 아니하거든 그의 부모가 그를 끌고 성문에 이르러 그 성읍 장로들에게 나아가서 … 그 성읍의 모든 사람들이 그를 돌로 쳐죽일지니 이같이 네가 너희 중에서 악을 제하라 그리하면 온 이스라엘이 듣고 두려워하리라

2. 진정으로 부모를 경외하고 사랑으로 섬기라는 것이다

하나님께서는 우리에게 마음을 다하고, 뜻을 다하며, 목숨을 다하여 진정으로 여호와 하나님을 경외하고 사랑할 것을 요구하신다. 성경은 "여호

와를 경외하는 것이 지혜의 근본이요 거룩하신 자를 아는 것이 명철이니라"(잠 1:9)이라고 했다. 그러나 이 명령은 다시 부모를 '경외'(공경)하라는 명령으로 나아간다. 우리가 눈에 보이는 부모를 사랑하지 않으면서 눈에 보이지 않는 하나님을 사랑한다고 할 수 없는 것이다(cf. 요일 4:20). 나아가 부모를 공경하는 것은 노년의 부모를 경제적으로 돌보며 부양하는 것을 포함한다(cf. 마 15:5; 요 19:26-27). 경제적 생산성을 상실한 연로하신 부모를 요양원이나 어떤 사회기관에 방치해 놓고 자주 찾아보면서 살피지 않는 것은 아주 무책임하며 사랑으로 섬기며 돌보지 않는 것이다.

예수님께서 이 문제와 관련하여, "모세는 네 부모를 공경하라 하고 또 아버지나 어머니를 모욕하는 자는 죽임을 당하리라 하였거늘 너희는 이르되 사람이 아버지에게나 어머니에게나 말하기를 내가 드려 유익하게 할 것이 고르반 곧 하나님께 드림이 되었다고 하기만 하면 그만이라 하고 자기 아버지나 어머니에게 다시 아무 것도 하여 드리기를 허락하지 아니하여 너희가 전한 전통으로 하나님의 말씀을 폐하며 또 이같은 일을 많이 행하느니라"(마 7:10-12)고 말씀하셨다. 이것은 부모에게 마땅히 드려 유익하게 해야 할 것을 하나님께 드렸다고 하면서 부모 부양의 책임을 방기하는 것은 아주 잘못되었음을 질책하시는 것이다.[4] 성경은 "부모의 물건을 도둑질하고서도 죄가 아니라 하는 자는 멸망 받게 하는 자의 동류니라"(잠 28:24)고 했다. 따라서 결과적으로 부모에게 마땅히 드려야 할 것을 자기 마음대로 취하는 것은 부모의 것을 도둑질하는 것이라 할 수 있다. 우리는 부모에게 하는 모든 것을 우리 주님을 섬기듯 감사와 즐거움으로 성심을 다해 섬겨야 할 것이다(cf. 엡 6:4-7).

그러나 현재 한국사회도 급격하게 노령화 사회로 진입하고 있는 이 때에, 이들에 대한 부양과 전체적인 복지문제를 이미 핵가족화한 우리사회에서 단순히 각 가정에만 맡겨 놓기에는 문제가 너무 심각하다고 하겠다. 물론 국가나 공공의 사회단체가 이러한 문제들에 대하여 심각한 인식을 가지고 다양한 복지 프로그램과 근본적인 대책을 마련해야 할 것이지만, 한국 교회도 지속적인 관심을 가지고 교회 안팎으로 노령화 시대를 대비하여 사회적 약자들에 대한 관련 프로그램들을 준비하고 수행해야 할 것이다. 참으로 그리스도의 몸인 교회는 주 안에서 하나된 신앙공동체요 확대된 가족공동체라고 할 것이다.

레 19:3 : 너희 각 사람은 부모를 경외하고 나의 안식일을 지키라 나는 너희의 하나님 여호와라

요일 4:20-21 : 누구든지 하나님을 사랑하노라 하고 그 형제를 미워하면 이는 거짓말하는 자니 보는 바 그 형제를 사랑하지 아니하는 자는 보지 못하는 바 하나님을 사랑할 수 없느니라 우리가 이 계명을 주께 받았나니 하나님을 사랑하는 자는 또한 그 형제를 사랑할지니라

엡 6:5-7 : 종들아 두려워하고 떨며 성실한 마음으로 육체의 상전에게 순종하기를 그리스도께 하듯 하라 눈가림만 하여 사람을 기쁘게 하는 자처럼 하지 말고 그리스도의 종들처럼 마음으로 하나님의 뜻을 행하고 기쁜 마음으로 섬기기를 주께 하듯 하고 사람들에게 하듯 하지 말라

잠 30:17 : 아비를 조롱하며 어미 순종하기를 싫어하는 자의 눈은 골짜기의 까마귀에게 쪼이고 독수리 새끼에게 먹히리라

잠 19:26 : 아비를 구박하고 어미를 쫓아내는 자는 부끄러움을 끼치며 능욕을 부르는 자식이니라

출 21:15 : 자기 아버지나 어머니를 치는 자는 반드시 죽일지니라

출 21:17 : 자기의 아버지나 어머니를 저주하는 자는 반드시 죽일지니라

신 21:18-21 : 사람에게 완악하고 패역한 아들이 있어 그의 아버지의 말이나 그 어머니의 말을 순종하지 아니하고 부모가 징계하여도 순종

하지 아니하거든 그의 부모가 그를 끌고 성문에 이르러 … 그 성읍의 모든 사람들이 그를 돌로 쳐죽일지니 이같이 네가 너희 중에서 악을 제하라 그리하면 온 이스라엘이 듣고 두려워하리라

3. 이 계명은 하나님의 약속이 있는 첫 계명이다

신약성경에서는 특별히 제5계명을 '약속이 있는 첫 계명'이라고 한다. "자녀들아 주 안에서 너희 부모에게 순종하라 이것이 옳으니라 네 아버지와 어머니를 공경하라 이것은 약속이 있는 첫 계명이니 이로써 네가 잘되고 땅에서 장수하리라"(엡 6:1-3)고 했다. 성경에는 부모공경에 대하여 하나님께서 주시는 축복이 아주 구체적으로 명시되어 있는데, 그것은 곧 이 땅위에서 장수와 복을 누리는 것이다. 참으로 부모가 그 자녀들을 선하고 참된 가르침으로 훈육하는 것과 사랑으로 보호하고 돌보는 양육은 이 땅에서 자녀들이 그 삶을 살아가는 동안 실제적으로 온갖 악한 것과 죽음의 위협으로부터 그들의 생명을 보존하고 건강한 삶을 살아가며 하나님의 축복을 누리는 기초가 된다.[5] 이와 같이 자녀된 우리 모두가 마땅히 해야만 하는 것임에도 불구하고 하나님께서 특별히 구체적인 축복의 약속으로 보장하고 있다는 사실은, 이 계명이 얼마나 중요한가를 웅변적으로 말해주고 있는 것이라 하겠다.

  출 20:12 : 네 부모를 공경하라 그리하면 네 하나님 여호와가 네게 준 땅에서 네 생명이 길리라
  신 5:16 : 너는 네 하나님 여호와께서 명령한 대로 네 부모를 공경하라 그리하면 네 하나님 여호와가 네게 준 땅에서 네 생명이 길고 복을 누리리라

내 아들아 네 아비의 훈계를 들으며

네 어미의 법을 떠나지 말라

이는 네 머리의 아름다운 관이요

네 목의 금 사슬이니라

(잠 1:8-9)

제 46 과

제6계명
: "살인하지 말라"

제67문 : 여섯째 계명은 무엇입니까?

답 : 여섯째 계명은 "살인하지 말라" 하는 것입니다.

출 20:13

제68문 : 여섯째 계명에서 요구하는 것은 무엇입니까?

답 : 여섯째 계명에서 요구하는 것은 우리가 정당한 노력을 다하여 우리 자신의 생명과 다른 사람들의 생명을 보존하는 일입니다.

엡 5:29; 마 5:21

제69문 : 여섯째 계명에서 금하는 것은 무엇입니까?

답 : 여섯째 계명에서 금하는 것은 우리 자신의 생명이나 우리 이웃의 생명을 부당하게 끊거나, 또는 그러한 결과로 이끄는 모든 일입니다.

행 1:8; 왕상 21:9-10

I. 생명의 보호와 보존 – "네 이웃을 네 자신 같이 사랑하라"

1. 살인금지, 생명의 주권은 하나님께 있다

'살인금지!' 제6계명에서 타인의 생명을 해치지 말라는 명령의 본질적인 의미는 자신의 생명뿐만 아니라 타인의 생명까지도 자신의 생명처럼 사랑하고 보호하라는 것이다. 이것이 바로 "네 이웃을 네 자신 같이 사랑하라"(마 22:39)는 말씀의 본질적인 한 측면이다. 그렇다면 왜 하나님께서는 '살인금지'를 단호하게 명령하시는가? 그것은 먼저 사람이 '하나님의 형상'(Imago Dei)으로 창조함을 받았기 때문이며, 오직 하나님만이 그 생명의 주권자이시기 때문이다. 성경은 "하나님이 이르시되 우리의 형상을 따라 우리의 모양대로 우리가 사람을 만들고 … 하나님이 자기 형상 곧 하나님의 형상대로 사람을 창조하시되 남자와 여자를 창조하시고"(창 1:26-27)라고 가르치고 있다. 그러므로 성경은 "모든 생물의 생명과 모든 사람의 육신의 목숨이 다 그의 손에 있느니라"(욥 12:10)고 했다.

나아가 인간 생명의 고귀함과 존엄성의 궁극적인 기초는 삼위일체론적으로 정립된다. 먼저, 인간이 하나님의 형상으로 창조함을 받았다는 사실은 참으로 인간 존엄성의 기초가 되며, 생명의 존귀성을 말하는 것이다. 따라서 성경은 이르기를 오직 여호와 하나님께서 "만민에게 생명과 호흡과 만물을 친히 주시는 이심이라"(행 17:25)고 했다. 뿐만 아니라, 예수 그리스도께서는 우리에게 영원한 생명을 주시기 위하여 자신의 생명을 내어주셨으며, 우리를 자신의 피로 값 주고 사셨으니 우리는 오직 그의 소유이다(cf. 고전 6:20; 7:23). 나아가 성도들은 하나님의 성령이 거하는 거룩한 성전이다. "너희는 너희가 하나님의 성전인 것과 하나님의 성령이 너희 안에 계시는 것을 알지 못하느냐"(고전 3:16)라고 했다. 그러므로 인간의 육체적인 생명, 곧 몸을 죽이는 것은 하나님의 성전을 파괴하는 것과 같은 것이다. 심지어 주님께서는 이웃이나 형제에 대하여 분노의 마음을 품거나 미워하면 이미 살인한 것이라고 하였다(cf. 마 5:22; 요일 3:15). 왜냐하면 타인에 대한 미움과 분노는 이미 마음으로 사람을 죽이는 행위이기 때문이다. 그러므로 주님께서는 "네 원수를 사랑하라"(마 5:43)고 명령하셨다. 따라서 제6계명은 그 적극적인 의미에 있어, 오히려 하나님께서 주신 자신의 생명뿐만 아니라 하나님께서 창조하신 모든 생명을 사랑하고 보존하기 위하여 할 수 있는바 최선을 다하라는 명령이다.[1]

먼저 제6계명에서의 '살인하다'(라짜)라는 말은 일차적으로 '보복적인 살인행위'를 말한다. 그러나 이것은 불법적으로 행하는 '고의적인 살인', '충동적인 살인' 및 '과실치사'에 해당하는 행위까지도 포함한다.[2] 여기서 '고의적 살인'이란 사전에 미리 계획하고 죽이는 것을 말하며, 이것은 자신의 손으로 직접 행하지 않고 다른 사람의 손을 빌려서 하는 모든 계획적인 청부살인까지도 포함한다. '충동적인 살인'에는 비록 치밀하게 계획된 것은 아니지만, 순간적으로 화가 치밀거나 하여 우발적인 행위로 말미암아 사람을 죽이는 모든 행위가 포함된다. 또한 '과실치사'는 우리가 마땅히 주의하고 경계해야 할 모든 행위를 등한히 함으로서 결과적으로 사람을 죽게 만드는 것이다. 예를 들어 운전을 하는 동안에 신호위반이나 음주운전 등으로 다른 사람의 생명을 상하게 하는 경우가 바로 여기에 해당할 것이다. 그러므로 하나님께서는 심지어 "네가 새 집을 지을 때에 지붕에 난간을 만들어 사람이 떨어지지 않게 하라 그 피가 네 집에 돌아갈까 하노라"(신 22:8)고 말씀하셨다. 뿐만 아니라 질병이나 사고로 인하여 생명이 절박한 위기에 처한 사람을 적극적으로 구호하지 아니하고 방치함으로

써 결과적으로 죽음에 이르게 하는 경우에 있어서도 그 책임이 없다고 하지 못할 것이다.[3]

> 창 9:5-6 : 내가 반드시 너희의 피 곧 너희의 생명의 피를 찾으리니 짐승이면 그 짐승에게서, 사람이나 사람의 형제면 그에게서 그의 생명을 찾으리라 다른 사람의 피를 흘리면 그 사람의 피도 흘릴 것이니 이는 하나님이 자기 형상대로 사람을 지으셨음이니라
> 시 24:1 : 땅과 거기에 충만한 것과 세계와 그 가운데에 사는 자들은 다 여호와의 것이로다
> 마 5:22 : 나는 너희에게 이르노니 형제에게 노하는 자마다 심판을 받게 되고 형제를 대하여 라가라 하는 자는 공회에 잡혀가게 되고 미련한 놈이라 하는 자는 지옥 불에 들어가게 되리라
> 요일 3:15 : 그 형제를 미워하는 자마다 살인하는 자니 살인하는 자마다 영생이 그 속에 거하지 아니하는 것을 너희가 아는 바라
> 레 19:18 : 네 이웃 사랑하기를 네 자신과 같이 사랑하라 나는 여호와이니라

2. 제6계명의 예외 규정들

(1) 정당방위에 의한 살인

어떤 사람의 생명이나 재산을 부당하게 침해하는 행위에 맞서 자신이나 타인의 생명을 보호하고 행악자의 그러한 행위를 중단시키기 위하여 자위적인 행위를 취하는 가운데 그 행악자에게 상해를 입히거나 살인을 하는 경우, 이것은 대체로 정당방위로 인정되어 무죄가 된다. 왜냐하면 이것은 또 다른 생명을 살리고 보존하기 위하여 취하는 불가피한 행위이기 때문이다. 그러나 이러한 경우에도 사람의 생명을 빼앗는 행위는 최선을 다하여 피하도록 해야 할 것이다.

출 22:2-3 : 도둑이 뚫고 들어오는 것을 보고 그를 쳐죽이면 피 흘린 죄가 없으나 해 돋은 후에는 피 흘린 죄가 있으리라

(2) 비과실치사 행위

어떤 사람이 원한 등의 관계로 인하여 계획적으로 살인을 한 경우가 아니라 우연히 부지중의 행위로 인하여 사람을 죽인 경우를 비과실치사 행위라고 할 수 있다. 하나님께서는 이러한 경우를 고의적인 살인행위와 구별하여, 그 행위자를 '도피성'으로 피하게 함으로써 생명을 보존할 수 있게 하였다. 구약의 도피성의 의미는 궁극적으로 우리의 피난처가 되시는 예수 그리스도이시다. 예수 그리스도 안에서는 더 이상 정죄함이 없으며, 영원한 생명이 주어지고 보장된다. "그러므로 이제 그리스도 예수 안에 있는 자에게는 결코 정죄함이 없나니 이는 그리스도 예수 안에 있는 생명의 성령의 법이 죄와 사망의 법에서 너를 해방하였음이라"(롬 8:1-2).

출 21:13 : 만일 사람이 고의적으로 한 것이 아니라 나 하나님이 사람을 그의 손에 넘긴 것이면 내가 그를 위하여 한 곳을 정하리니 그 사람이 그리로 도망할 것이며

신 19:4-6 : 살인자가 그리로 도피하여 살 만한 경우는 이러하니 곧 누구든지 본래 원한이 없이 부지중에 그의 이웃을 죽인 일, 가령 사람이 그 이웃과 함께 벌목하러 삼림에 들어가서 손에 도끼를 들고 벌목하려고 찍을 때에 도끼가 자루에서 빠져 그의 이웃을 맞춰 그를 죽게 함과 같은 것이라 이런 사람은 그 성읍 중 하나로 도피하여 생명을 보존할 것이니라

민 35:22-25 : 악의가 없이 우연히 사람을 밀치거나 기회를 엿봄이 없이 무엇을 던지거나 보지 못하고 사람을 죽일 만한 돌을 던져서 죽였을 때에 이는 악의도 없고 해하려 한 것도 아닌즉 회중이 친 자와

피를 보복하는 자 간에 이 규례대로 판결하여 피를 보복하는 자의 손에서 살인자를 건져내어 그가 피하였던 도피성으로 돌려보낼 것이요 그는 거룩한 기름 부음을 받은 대제사장이 죽기까지 거기 거주할 것이니라

(3) 정당한 국방의 의무(정의로운 전쟁)

어느 나라가 다른 나라에 의해 부당하게 침략을 당함으로써 자국민의 생명과 영토를 보호하고 평화를 지키기 위하여 자위적 수단을 발동하고 대적하는 가운데 불가피하게 적군의 생명을 살해하는 전투행위는 국가에 의해 주어진 국방의 의무를 이행하는 것이요 일종의 정당방위 행위에 해당한다고 볼 수 있으므로, 이것은 제6계명을 어기는 것이라고 볼 수 없다. 그러나 전쟁 중이라 할지라도 이미 전투 능력을 상실한 부상병 혹은 전쟁 포로를 살해하거나, 또는 상대국의 민간인을 살상하는 것은 중대한 전쟁 범죄 행위에 해당한다고 할 것이다.

> 롬 13:4 : 그는 하나님의 사역자가 되어 네게 선을 베푸는 자니라 그러나 네가 악을 행하거든 두려워하라 그가 공연히 칼을 가지지 아니하였으니 곧 하나님의 사역자가 되어 악을 행하는 자에게 진노하심을 따라 보응하는 자니라

(4) 정당한 사형제도의 집행

사람의 생명을 해치거나 여러 가지 극악한 악행을 멈추게 하기 위하여, 공적으로 범행 사실이 인정되어 합법적으로 행악자를 영구히 사회로부터 차단시키는 사형제도는 성경이 허락하고 있다. 그러나 개인적인 보복살인은 금지되며, 또한 국가에 의하여 공적인 법적절차에 의해 집행되는 경우

라 할지라도 이러한 사형제도가 결코 남용되어서는 안될 것이다. 그래서 오늘날에는 사형제도의 존폐 여부에 대한 많은 논란이 있다.[4]

> **창 9:6** : 다른 사람의 피를 흘리면 그 사람의 피도 흘릴 것이니 이는 하나님
> 이 자기 형상대로 사람을 지으셨음이니라
> **출 21:14** : 사람이 그 이웃을 고의로 죽였으면 너는 그를 내 제단에서라도
> 잡아내려 죽일지니라

II. 더 깊이 생각해 보아야 할 경계선상에 있는 문제들[5]

1. 자살 문제

비록 자살문제는 인류역사에 있어 어제 오늘의 문제는 아니지만, 어느 때부터인가 자살율이 급증하여 우리 사회를 강타하고 있다. 여러 가지 문제로 인하여 스스로 생명을 내던지거나, 또한 집단 자살을 공모하는 인터넷 사이트가 활동할 정도로 이미 자살문제는 우리 사회의 심각한 문제로 대두되었다. 인간의 생명은 하나님의 창조물이자 그의 소유이기 때문에 비록 자기 자신의 생명이라 할지라도 마음대로 할 수 없다. 하나님의 형상으로 지음을 받은 인간의 생명은 하나님을 섬기고 영화롭게 하는 존귀한 목적을 위한 도구로 쓰임 받아야 한다. 따라서 스스로의 의지와 결단으로 자신의 생명을 끊는 자살의 경우도 분명하게 제6계명을 어기는 것이다. 우리 모두는 기나긴 인생길을 걸어가는 동안 때때로 혹독한 시련을 당하기도 하고, 감당하기 어려운 역경에 처하여 더 이상 생존할 이유가 없다고 절규할 수밖에 없는 순간이나, 또는 악한 원수들이 나의 생명을 취하려고

위협하는 절박한 순간들에 직면할 수도 있을 것이다.

그러나 비록 그러한 때라도 우리에게 존귀한 생명을 주셨고, 언제나 구원의 손길을 베푸시기를 원하시는 전능하신 하나님의 은혜와 사랑의 손길을 바라보며 끝까지 생명의 소망의 끈을 놓지 않아야 할 것이다. 뿐만 아니라 우리 모두에게는 그러한 삶의 한계선상에 서서 고통당하는 이들을 잘 살피고 도와야 할 참된 이웃, 곧 '선한 사마리아인'이 되어야 할 책임이 있다(cf. 눅 10:29-37). 그렇다면 심각한 우울증과 같은 정신적인 질환에 따른 자해행위나 순교와 같은 자기희생적인 행위는 어떻게 보아야 할 것인가? 나아가 종교적 신념이나 정의를 표방하는 자살 테러행위는 과연 정당화될 수 있는 것인가? 우리는 모든 생명의 주권을 가지신 하나님을 모독하는 자살행위와 정신적 질병, 그리고 복음과 하나님의 뜻을 이루기 위한 순교나 또 자신의 생명을 던져 타인의 생명을 구하기 위한 거룩한 희생을 조심스럽게 구분해야 할 것이다.

삼상 31:3-5 : 사울이 패전하매 활 쏘는 자가 따라잡으니 사울이 그 활 쏘는 자에게 중상을 입은지라 그가 무기를 든 자에게 이르되 네 칼을 빼어 그것으로 나를 찌르라 할례 받지 않은 자들이 와서 나를 찌르고 모욕할까 두려워하노라 하나 무기를 든 자가 심히 두려워하여 감히 행하지 아니하는지라 이에 사울이 자기의 칼을 뽑아서 그 위에 엎드러지매 무기를 든 자가 사울이 죽음을 보고 자기도 자기 칼 위에 엎드러져 그와 함께 죽으니라

마 27:5 : 유다가 은을 성소에 던져 넣고 물러가서 스스로 목매어 죽은지라

삿 16:30 : 삼손이 이르되 블레셋 사람과 함께 죽기를 원하노라 하고 힘을 다하여 몸을 굽히매 그 집이 곧 무너져 그 안에 있는 모든 방백들과 온 백성에게 덮이니 삼손이 죽을 때에 죽인 자가 살았을 때에 죽인 자보다 더욱 많았더라

요 15:13 : 사람이 친구를 위하여 자기 목숨을 버리면 이보다 더 큰 사랑이 없나니

시 31:13-15 : 내가 무리의 비방을 들었으므로 사방이 두려움으로 감싸였나이다 그들이 나를 치려고 함께 의논할 때에 내 생명을 빼앗기로 꾀하였나이다 여호와여 그러하여도 나는 주께 의지하고 말하기를 주는 내 하나님이시라 하였나이다 나의 앞날이 주의 손에 있사오니 내 원수들과 나를 핍박하는 자들의 손에서 나를 건져 주소서

2. 낙태 문제

낙태는 태중의 생명을 의도적으로 제거하는 모든 행위를 말한다. 의학적으로 태중의 생명체를 언제부터 독립된 하나의 인격체로 볼 것인가 하는 문제와 관련하여 많은 논란이 있다. 이것은 근래에 시험관 아기나 생명복제 문제와 관련하여 우리 사회에 아주 중요한 문제로 대두되었다. 그러나 성경은 태중의 아이도 분명히 독립된 인격을 가진 생명체로 보기 때문에, 낙태는 분명하게 제6계명을 어기는 것이다. 그러나 태아로 말미암아 산모의 생명이 위급한 경우, 혹은 초음파 검사 결과 태아가 심각한 장애를 가졌거나, 또는 아직 나이어린 미성년자가 성폭행을 당하여 임신을 한 경우에는 또한 어떻게 해야만 하는가? 성경은 하나님께서 복중의 생명을 창조하셨고, 태아를 감찰하시며 보호하신다고 말한다. 그러므로 여하한 경우에도 모든 것에 우선하여 태아의 생명을 살리고자 최선을 다하는 것이 제6계명과 성경의 전체적인 가르침에 부합하는 것이라 볼 수 있을 것이다.

시 139:13, 16 : 주께서 내 내장을 지으시며 나의 모태에서 나를 만드셨나이다 … 내 형질이 이루어지기 전에 주의 눈이 보셨으며 나를 위하여 정한 날이 하루도 되기 전에 주의 책에 다 기록이 되었나이다

3. 안락사(존엄사) 문제

안락사는 심각한 질병으로 말미암아 생명의 회복이 더 이상 불가능하다고 판단되고, 또 그것으로 인하여 생명을 유지하는 행위 자체가 극도의 고통을 유발할 때 인위적으로 생명활동을 중단시키는 행위이다. 즉, 자살이 스스로의 의지에 따라 자신의 손으로 생명을 끊는 것이라면, 안락사는 자신의 의사에 따라 타인의 손을 빌려 자신의 생명을 끊는 경우이다. 물론 본인의 의사불명 상태에서 타인의 의사결정에 따라 이루어지는 경우도 있다. 이미 오늘날에는 세계 여러 국가들이 안락사를 합법화 하는 추세에 있다. 그러나 그 어느 경우이든 인간의 생명은 끝까지 존중되어야만 할 것이다. 그 이유는 생명의 주권자는 하나님이시며, 또한 하나님께서 하시고자 한다면 죽음에서도 생명을 다시 살리실 수 있기 때문이다. 실제로 수십 년의 의식불명과 식물인간의 상태를 지속하다가도 어느 날 갑자기 의식을 회복하고 일어나는 경우가 많이 있고, 또한 의사가 모든 치료 활동을 포기한 말기 암환자도 건강하게 회복되는 경우를 주위에서 많이 경험하게 되는데, 이러한 사실들은 우리로 하여금 안락사 문제에 대해 많은 경각심을 가지게 한다. 그러므로 안락사는 허용될 수 없고, 비록 고통스럽다 할지라도 생명의 보존과 치유를 위하여 최선의 노력이 경주되어야 할 것이다.

겔 16:5-6 : 아무도 너를 돌보아 이 중에 한 가지라도 네게 행하여 너를 불쌍히 여긴 자가 없었으므로 네가 나던 날에 네 몸이 천하게 여겨져 네가 들에 버려졌느니라 내가 네 곁으로 지나갈 때에 네가 피투성이가 되어 발짓하는 것을 보고 네게 이르기를 너는 피투성이라도 살아 있으라 다시 이르기를 너는 피투성이라도 살아 있으라 하고

삿 9:53-54 : 한 여인이 맷돌 위짝을 아비멜렉의 머리 위에 내려 던져 그

의 두개골을 깨뜨리니 아비멜렉이 자기의 무기를 든 청년을 급히 불러 그에게 이르되 너는 칼을 빼어 나를 죽이라 사람들이 나를 가리켜 이르기를 여자가 그를 죽였다 할까 하노라 하니 그 청년이 그를 찌르매 그가 죽은지라

4. 여러 가지 형태의 '간접살인' 문제

직접적으로 사람을 살해하는 경우는 아니지만 불특정 다수의 사람들의 생명을 심각하게 위협하거나, 간접적으로 죽음에 이르게 하는 많은 경우들이 있다. 예를 들어, 비위생적이거나 사람이 식용할 수 없는 이물질들이 첨가된 식품들을 생산하고 유통시킴으로 많은 사람들의 건강에 치명적인 영향을 초래하게 하거나, 강이나 하천에 오폐수를 무단으로 방류하여 생태계를 심각하게 오염시키는 행위, 경제적인 약자들에게 감당할 수 없는 고리의 부채를 안기고 폭력적인 수단까지 동원하여 이윤을 갈취함으로써 채무자를 죽음에 이르게 하는 악덕 고리대금업자, 인터넷에 근거가 없는 비난과 악소문을 올려 피해자들에게 심각한 정신적인 상처와 물질적 피해를 입히는 악플러들의 무절제한 인권 침해행위, 특정사건과 전혀 관련이 없는 사람들까지도 무차별 공격하는 자살폭탄테러와 대량살상무기 문제 등 현대 사회는 수많은 '간접살인' 행위들에 무방비로 노출되어 있다. 우리는 이러한 반인륜적이며 반사회적인 간접살인 행위를 '익명의 살인행위'라고도 부를 수 있을 것이다. 이러한 모든 행위들은 성경적으로 결코 허용될 수 없다. 제6계명과 전체 성경이 분명하게 가르치는 것은 "모든 생명은 하나님께서 창조하신 것이요 또한 그의 소유이기 때문에 최선을 다하여 그 모든 생명을 사랑하고 보존하라는 것이다."

내가 반드시 너희의 피

곧 너희의 생명의 피를 찾으리니

짐승이면 그 짐승에게서,

사람이나 사람의 형제면 그에게서

그의 생명을 찾으리라

다른 사람의 피를 흘리면

그 사람의 피도 흘릴 것이니

이는 하나님이 자기 형상대로

사람을 지으셨음이니라

너희는 생육하고 번성하며 땅에 가득하여

그 중에서 번성하라 하셨더라

(창 9:5-7)

제 47 과

제7계명
: "간음하지 말라"

제70문 : 일곱째 계명은 무엇입니까?

답 : 일곱째 계명은 "간음하지 말라"입니다.

출 20:14

제71문 : 일곱째 계명에서 요구하는 것은 무엇입니까?

답 : 일곱째 계명에서 요구하는 것은 마음과 말과 행위에 있어서 우리 자신과 우리 이웃의 정절을 보존하는 일입니다.

마 5:27-32

제72문 : 일곱째 계명에서 금하는 것은 무엇입니까?

답 : 일곱째 계명에서 금하는 것은 모든 정숙하지 못한 생각과 말과 행동입니다.

엡 4:29; 5:3-4

I. 결혼의 성경적 의미

1. 결혼의 의미 - 혼인언약

누군가 말했듯이, 아마도 현대 사회에서 가장 환영받지 못하며, 공공연하게 거부되고 있는 것이 제7계명이라 할 수 있다. 그러나 우리가 잘 알다시피, 특별히 현대 사회에 와서 성윤리가 갑작스럽게 더 문란해진 것은 아니다. 역사적으로 인간 문화의 타락은 항상 성적타락을 동반하는 경향이 있어 왔다. 이러한 현실을 직시하면서, 우리가 제7계명의 의미를 올바로 이해하기 위해서는 먼저 결혼에 대한 성경적인 이해가 선행되어야 한다. 성경의 가르침에 따르면, 결혼은 천지창조 때에 하나님에 의해 제정된 본래적이며 고유한 창조질서(the order of creation) 가운데 하나로서 가장 기초적인 사회제도이다. 따라서 결혼은 가톨릭에서 말하듯이, 하나의 성례(sacrament)도 아니며, 또한 기독교 교회에만 있는 것도 아니다. 하나님께서는 인류 최초의 한 쌍의 인간을 창조하시고 맺어주신 최초의 주례자이시다. 따라서 인간 창조는 근본적으로 관계 속에 있는 생명의 창조, 곧 결혼 자체라고 할 수 있을 것이다. 그러므로 '인간이 된다' 혹은 '참으로 인간적이 된다'는 말의 그 충만한 의미는 완전한 관계 속에 있는 존재로서의 인간, 즉 결혼관계 속에서 한 몸된 상태를 가리킨다(cf. 창 1:27; 2:24).

성경은 '남자와 여자'를 함께 가리켜 '사람'(인간)이라고 했다. 특별히 남자가 된다는 것은 곧 남편이 된다는 의미였고, 여자가 된다는 것은 곧 아내가 된다는 것을 의미했다. 이로써 사람은 항상 혼자서가 아니라 관계 속에 있는 인격체로서 비로소 그 완전한 정체성이 규정되는 것이다. 이러한 사실은 구약성경에서 동일한 단어가 남자란 의미와 남편이란 의미로 함께 사용되고 있고, 여자란 의미와 아내란 의미를 위해서도 동일한 단어를 사용한다는 점을 미루어 보아서도 알 수 있다. 다시 말해서, 성경에서 남자와 여자의 창조는, 곧 남편과 아내의 창조, 즉 관계 속에 있는 생명으로서의 존재(a living being)인 인간의 창조를 의미한다. 그리고 남편과 아내로서 남자와 여자를 지으신 것은 곧 결혼을 의미하였으며, 그러한 결혼의 일차적인 목적은 두 남녀 사이의 관계에 있어 '동반자 됨'(partnership, companionship)과 '자녀 출산을 통한 생명의 계속되는 존속'(procreation)을 통하여 하나님께서 주시는 참된 '축복'(divine blessing)이요, 특별한 선물인 '샬롬'(shalom)을 향유하는 데 있다.

또한 두 사람의 인격체가 연합하여 한 몸이 된 '결혼상태'는 하나님의 형상대로 지음을 받은 인간이 영원한 생명의 교제 안에서 하나이신 삼위일체 하나님을 가장 닮은 모습이며 상태이기도 하다. 그러므로 두 사람의 서로 구별된 인격체가 결혼을 통하여 한 몸됨을 말하는 결혼관계는 삼위일체 하나님의 서로 구별된 세 위격이 그 모든 동일한 신적본질에 있어 하나되심의 신비를 가장 적절하게 반영하는 유비적인 모형(analogical type)이기도 하다.[1] 나아가 성경은 하나님과 이스라엘 백성의 언약관계(cf. 호 2:16-20), 그리고 그리스도와 교회의 언약적 관계를 부부관계로 묘사한다(cf. 엡 5:22-33). 이와 같이 혼인언약으로 두 사람이 서로 연합하여 하나됨은 하나님과 그의 택한 백성간의 신성한 언약관계의 유비이기도 하다. 따라서 비록 결혼이 성례는 아니지만, 두 사람의 부부가 하나님 앞에서 체결한 언약이기 때문에 신성한 것이다. 그렇기 때문에 예수님께서도 "하나님이 짝지어 주신 것을 사람이 나누지 못할지니라"(마 19:6; 막 10:9)고 말씀하셨다.

그러므로 결혼의 참된 예표적 의미는 부부의 독특한 언약관계 속에서 상호간에 마음과 뜻과 목숨을 다하는 진실된 사랑과 또한 서로에 대한 신실하고도 거룩한 도덕적 의무를 통하여 하나님과의 신실한 언약관계를 시험하는 것이라고 볼 수 있다. 이러한 의미에서 부부가 상호간에 가장 거룩하고 순결한 사랑의 관계 속에서 서로 헌신하며 신실한 신뢰의 관계를 지속적으로 유지하는 것은, 하나님의 형상으로 지음을 받은 인간이 바로 '하나님 앞에서'(Coram Deo) 그의 존재의 존엄성과 영광을 증거하는 삶의 자리이기도 하다. 따라서 "모든 사람은 결혼을 귀히 여기고 침소를 더럽히지 않게 하라 음행하는 자들과 간음하는 자들을 하나님이 심판하시리라"(히 13:4)고 했다. 실로 우리가 날마다 서로 마주 대하며 살아가는 남편과 아내의 얼굴은 바로 항상 마음을 다하고 뜻을 다하며 목숨을 다해 사랑해야 할 '하나님의 얼굴'(브니엘)로 인식되어야 할 것이다.

왜냐하면 눈앞에 있는 아내와 남편을 사랑하지 않으면서 눈에 보이지 아니하는 하나님을 사랑한다는 것은 거짓이기 때문이다. 이것이 "누구든지 하나님을 사랑하노라 하고 그 형제를 미워하면 이는 거짓말하는 자니 보는 바 그 형제를 사랑하지 아니하는 자는 보지 못하는 바 하나님을 사랑할 수 없느니라"(요일 4:20)라고 하신 말씀의 의미이다. 이러한 의미는 우상숭배가 곧 영적간음이라고 성경이 정죄하는 것에서도 잘 드러나 있다. 이와 같이 하나님 앞에서의 혼인언약은 하나님의 창조질서인 동시에, 나아가 구속함을 받은 언약백성과 하나님과의 구속의 은혜 안에서 누리는 생명의 교제를 드러내는 파기될 수 없는 신성한 '언약관계'를 나타내는 예표적인 것이라 할 수 있다. 그렇기 때문에 종말론적인 부활 이후에는 더 이상 남녀간의 결혼이 이루어지지 않는다(cf. 눅 20:34-36). 왜냐하면 그 때에는 우리의 성화가 완성될 뿐만 아니라 육체가 신령한 몸으로 변화되기 때문이요, 또한 살아계신 삼위일체 하나님과의 완전하고도 충만한 생명의 교제 안으로 들어가기 때문이다.

창 2:18, 24 : 여호와 하나님이 이르시되 사람이 혼자 사는 것이 좋지 아니하니 내가 그를 위하여 돕는 배필을 지으리라 하시니라 … 이러므로 남자가 부모를 떠나 그의 아내와 합하여 둘이 한 몸을 이룰지로다

마 19:4-6 : 예수께서 대답하여 이르시되 사람을 지으신 이가 본래 그들을 남자와 여자로 지으시고 말씀하시기를 그러므로 사람이 그 부모를 떠나서 아내에게 합하여 그 둘이 한 몸이 될지니라 하신 것을 읽지 못하였느냐 그런즉 이제 둘이 아니요 한 몸이니 그러므로 하나님이 짝지어 주신 것을 사람이 나누지 못할지니라

호 2:16, 19-20 : 여호와께서 이르시되 그 날에 네가 나를 내 남편이라 일컫고 다시는 내 바알이라 일컫지 아니하리라 … 내가 네게 장가 들어 영원히 살되 공의와 정의와 은총과 긍휼히 여김으로 네게 장가 들며 진실함으로 네게 장가 들리니 네가 여호와를 알리라

엡 5:22, 24 : 아내들이여 자기 남편에게 복종하기를 주께 하듯 하라 … 남편들아 아내 사랑하기를 그리스도께서 교회를 사랑하시고 그 교회를 위하여 자신을 주심 같이 하라

고후 11:2 : 내가 하나님의 열심으로 너희를 위하여 열심을 내노니 내가 너희를 정결한 처녀로 한 남편인 그리스도께 드리려고 중매함이로다

엡 5:31-32 : 그러므로 사람이 부모를 떠나 그의 아내와 합하여 그 둘이 한 육체가 될지니 이 비밀이 크도다 나는 그리스도와 교회에 대하여 말하노라

눅 20:34-36 : 예수께서 이르시되 이 세상의 자녀들은 장가도 가고 시집도 가되 저 세상과 및 죽은 자 가운데서 부활함을 얻기에 합당히 여김을 받은 자들은 장가 가고 시집 가는 일이 없으며 … 이는 천사와 동등이요 부활의 자녀로서 하나님의 자녀임이라

2. 그리스도인의 결혼과 부부생활

결혼에 있어 부부관계는 육체적으로만 아니라 정신적인 관계에 있어서

도 완전하게 한 몸을 이루게 하는 가장 본질적인 요소 가운데 하나이다. 실제로 성경적인 의미에 있어 '안다'(야다)는 말의 본래적 의미는 단순한 지적인 의미만이 아니라, 친밀한 성적관계를 포함해 인격적인 관계 속에서 안다는 의미이다(cf. 눅 1:34). 그렇다면 사람에게 있어 성적인 욕구는 인간의 타락한 본성의 결과이며 죄악인가? 성경의 가르침은 그렇지 않다. 인간에게 있어 성적인 욕구는 타락이전의 창조질서에 속한 것으로 아주 자연스러운 것이다. 하나님께서는 아담이 독처하는 것이 좋지 아니하여 여자를 만드시고 둘이 연합하여 한 몸을 이루게 하셨고, 또한 부부관계를 통하여 자손을 낳아 번성하도록 축복하셨다(cf. 창 2:18-25). 이와 같이 하나님께서 사람을 남자와 여자로 성(sexuality)을 가진 존재로 창조하신 것은 그들에게 있어 성적인 욕구가 본래적인 것이며, 또한 그것을 통하여 하나님의 창조계획을 이루어 가시려는 창조목적에 속한 것임을 '문화대명령'(창 1:27-28)에서 우리는 분명히 알 수 있다. 즉, 결혼을 통하여 가정을 세우시고 하나님의 나라와 그의 택한 백성들의 신앙의 계대를 이어가며 확장하시고자 하는 창조목적이 바로 그것이다.

그러므로 인간에게 있어 성(sex)자체는 하나님께서 우리에게 주신 신성한 선물이며 감사하게 누려야 할 기쁨이요 즐거움이다.[2] 잠언에는 "네 샘으로 복되게 하라 네가 젊어서 취한 아내를 즐거워하라 그는 사랑스러운 암사슴 같고 아름다운 암노루 같으니 너는 그의 품을 항상 족하게 여기며 그의 사랑을 항상 연모하라"(잠 5:18-19)라고 기록되었다. 따라서 우리 안에 있는 정상적인 성적인 욕구 자체가 죄가 되는 것은 아니다. 문제는 다만 인간이 타락한 이후에 이 성적인 욕구를 절제하지 못하며, 축복된 부부관계 속에서 주신 본래적인 목적에 따라 올바르게 쓰지 않고, 인간의 타락한 본성에 따라 쾌락과 정욕에 의해 남용하고 오용하는 데 있다. 즉, 하나님께서 주신 신성한 성을 그 본래적인 목적과 뜻 안에서 행하지 아니하고 우리 마음대로 비정상적으로 쓸 때, 비로소 심각한 문제가 되는 것이다. 그러므로 성과 관련하여 극단적인 금욕주의는 성경의 가르침이라고 볼 수 없다. 비록 하나님께서 특별한 경우 어떤 사람에게 일정 기간 그 몸을 구별하여 금욕을 명하시기도 하고, 또 일평생 동안 독신의 은사를 주시기도 하지만(cf. 구약의 나실인; 독신의 은사 – 고전 7:7-9), 이것을 일반화하여 모든 사람에게 그대로 적용할 수는 없다.

그러나 정상적인 부부사이의 관계에 있어서도 일정한 원칙과 제한이 있음을 우리는 기억해야 할 것이다. 무엇보다 사랑과 헌신의 대상인 배우자를 일방적인 성욕해소의 도구로 삼아서는 안될 것이다. "남편은 그 아내에 대한 의무를 다하고 아내도 그 남편에게 그렇게 할지라"(고전 7:3)는 말씀에 비추어 정상적인 생활 속에서 아무런 이유없이 무한정 관계를 회피하는 것에도 그 책임의 문제가 없지 않다고 하겠지만, 또한 무리하게 억지로 관계를 강요해서도 안될 것이다. 예를 들어, "너는 여인이 월경으로 불결한 동안에 그에게 가까이 하여 그의 하체를 범하지 말지니라"(레 18:19)고 하였으며, 또한 "아내는 자기 몸을 주장하지 못하고 오직 그 남편이 하며 남편도 그와 같이 자기 몸을 주장하지 못하고 오직 그 아내가 하나니 다만 서로 기도할 틈을 얻기 위하여 합의상 얼마 동안은 분방하되 다시 합하라"(고전 7:4-5)고 하였다.

다음과 같은 사도 바울의 권면이 올바른 부부관계를 위한 하나의 원칙이 될 수 있을 것이다: "하나님의 뜻은 이것이니 너희의 거룩함이라 곧 음란을 버리고 각각 거룩함과 존귀함으로 자기의 아내 대할 줄을 알고 하나님을 모르는 이방인과 같이 색욕을 따르지 말고 이 일에 분수를 넘어서 형제를 해하지 말라"(살전 4:3-6). 또한 우리는 "남편들아 이와 같이 지식을 따라 너희 아내와 동거하고 그를 더 연약한 그릇이요 또 생명의 은혜를 함께 이어받을 자로 알아 귀히 여기라 이는 너희 기도가 막히지 아니하게 하려 함이라"(벧전 3:7)는 말씀을 기억해야 할 것이다.

- **창 1:27-28** : 하나님이 자기 형상 곧 하나님의 형상대로 사람을 창조하시되 남자와 여자를 창조하시고 하나님이 그들에게 복을 주시며 하나님이 그들에게 이르시되 생육하고 번성하여 땅에 충만하라
- **창 2:25** : 아담과 그의 아내 두 사람이 벌거벗었으나 부끄러워하지 아니하니라
- **신 24:5** : 사람이 새로이 아내를 맞이하였으면 그를 군대로 내보내지 말 것이요 아무 직무도 그에게 맡기지 말 것이며 그는 일 년 동안 한가하게 집에 있으면서 그가 맞이한 아내를 즐겁게 할지니라
- **잠 5:18-19** : 네가 젊어서 취한 아내를 즐거워하라 그는 사랑스러운 암사슴 같고 아름다운 암노루 같으니 너는 그의 품을 항상 족하게 여기며 그의 사랑을 항상 연모하라
- **고전 7:1-9** : 너희가 쓴 문제에 대하여 말하면 남자가 여자를 가까이 아니함이 좋으나 음행을 피하기 위하여 남자마다 자기 아내를 두고 여자마다 자기 남편을 두라 남편은 그 아내에 대한 의무를 다하고 아내도 그 남편에게 그렇게 할지라 … 나는 모든 사람이 나와 같기를 원하노라 그러나 각각 하나님께 받은 자기의 은사가 있으니 이 사람은 이러하고 저 사람은 저러하니라 내가 결혼하지 아니한 자들과 과부들에게 이르노니 나와 같이 그냥 지내는 것이 좋으니라 만일 절제할 수 없거든 결혼하라 정욕이 불 같이 타는 것보다 결혼하는 것이 나으니라

II. 타락한 인간의 성(性) - 무엇이 "간음"인가?

1. 성경이 말하는 '간음'의 의미

제7계명에서 말하는 '간음'의 기본적인 의미는 혼인관계 속에 있는 사람이 그의 배우자가 아닌, 즉 다른 사람과 약혼 혹은 결혼한 관계에 있는 남자나 여자와 성관계를 가지는 것을 말한다. 그러나 보다 넓은 의미에서 보자면 간음은 하나님께서 허락하신 합법적인 질서(결혼관계) 밖에서 행해지는 모든 불법적인 성행위를 가리킨다고 볼 수 있다.[3] 레위기 18, 20장; 사도행전 15:20, 29; 고린도전서 6:15-20에는 하나님께서 불법으로 정죄하는 많은 경우들을 자세하게 언급하고 있다. 대표적인 것들로서는 가족 및 모든 근친간의 성관계, 직업적인 남성/여성과의 성관계(매춘행위), 동성간의 성관계, 동물과의 수간 등이 모두 간음으로 규정되고 있다. 주님께서는 심지어 실제적인 행위뿐만 아니라 마음의 상태까지도 '간음'으로 규정하신다(cf. 마 5:28).

그러므로 제7계명의 본래적인 의미는 하나님 앞에서 언약한 결혼의 신성함을 훼손하지 말 것과 그 창조목적에 맞게 성(sex)을 사용하라는 것이요, 또한 그럼으로써 자신의 성적인 순결뿐만 아니라, 더 나아가 이웃의 가정과 정절까지도 신성하게 여기며 온전히 보호하라는 것이다.

> 신 22:22-24 : 어떤 남자가 유부녀와 동침한 것이 드러나거든 그 동침한 남자와 그 여자를 둘 다 죽여 이스라엘 중에 악을 제할지니라 처녀인 여자가 남자와 약혼한 후에 어떤 남자가 그를 성읍 중에서 만나 동침하면 너희는 그들을 둘 다 성읍 문으로 끌어내고 그들을 돌로 쳐죽일 것이니 그 처녀는 성안에 있으면서도 소리 지르지 아니하

였음이요 그 남자는 그 이웃의 아내를 욕보였음이라 너는 이같이 하여 너희 가운데에서 악을 제할지니라

레 18:22-23 : 너는 여자와 동침함 같이 남자와 동침하지 말라 이는 가증한 일이니라 너는 짐승과 교합하여 자기를 더럽히지 말며 여자는 짐승 앞에 서서 그것과 교접하지 말라 이는 문란한 일이니라

마 5:28 : 나는 너희에게 이르노니 음욕을 품고 여자를 보는 자마다 마음에 이미 간음하였느니라

2. 혼전 순결(혼전 성관계) 문제

언제부턴가 우리사회에서 혼전 순결을 말하면 케케묵은 구닥다리로 인식되는 사회 풍조가 만연되고 있다. 결혼 적령기의 청년 남성/여성들 가운데 성적순결성을 간직하고 있는 사람은 국보급이라는 항간의 우스개 소리는 음울한 우리사회의 현실을 대변하고 있다. 오늘날 대학생들이나 청년들 사이에는 경제적인 이유로 혹은 안전한 결혼을 위한다는 명분하에 실험적 혼전 동거가 공공연하게 이루어지고 있는 실정이다. 과연 서로가 진정으로 사랑하고, 또한 성인으로서 자신의 행위에 대하여 책임질 수 있다면, 그리하여 상호간에 인격적인 동의가 이루어진 상황이라면 혼전 성관계는 단순히 개인의 프라이버시에 속하는 문제로서 자유 무방한 것인가? 성경의 가르침은 결코 그렇지 않다.[4]

성경의 가르침을 종합하자면, 미래의 언약의 배우자를 위하여 성적순결은 혼인할 때까지 반드시 신성하게 지켜져야 할 것이다. 아직 결혼하지 않았다 하여 "오직 너희를 부르신 거룩한 이처럼 너희도 모든 행실에 거룩한 자가 되라 기록되었으되 내가 거룩하니 너희도 거룩할지어다 하셨느니라 외모로 보시지 않고 각 사람의 행위대로 심판하시는 이를 너희가 아버지라

부른즉 너희가 나그네로 있을 때를 두려움으로 지내라"(벧전 1:15-17)는 말씀 앞에서 스스로 방종할 수 있는 사람은 아무도 없다. 우리는 이미 그리스도께서 그의 피로 값주고 사신 바 된 자들이요, 나아가 우리의 몸은 '그리스도의 지체'이자 거룩한 하나님의 영이 거하시는 '성령의 전'이다(고전 6:15, 19).

뿐만 아니라 우리 사회 일각에서 이미 오래 전부터 문제가 되고 있는, 소위 미성년자의 성을 돈을 주고 사는 문제는 심각한 성적 타락상의 일면을 적나라하게 보여주고 있다고 하겠다. 나아가 어느 정도 성숙한 미성년자뿐만 아니라 갈수록 점증하고 있는 심약한 어린 아동들에 대한 성적인 폭력은 평생에 걸쳐 씻을 수 없는 영육 간에 심각하고도 파괴적인 인격적 상처를 주는 일이기 때문에, 사회적으로도 최상의 엄격함으로 통제되어야 할 것이다.

> **신 24:1** : 사람이 아내를 맞이하여 데려온 후에 그에게 수치되는 일이 있음을 발견하고 그를 기뻐하지 아니하면 이혼 증서를 써서 그의 손에 주고 그를 자기 집에서 내보낼 것이요
>
> **신 22:13-21** : 누구든지 아내를 맞이하여 그에게 들어간 후에 … 그 처녀에게 처녀의 표적이 없거든 그 처녀를 그의 아버지 집 문에서 끌어내고 그 성읍 사람들이 그를 돌로 쳐죽일지니 이는 그가 그의 아버지 집에서 창기의 행동을 하여 이스라엘 중에서 악을 행하였음이라 너는 이와 같이 하여 너희 가운데서 악을 제할지니라
>
> **고전 6:15-20** : 너희 몸이 그리스도의 지체인 줄을 알지 못하느냐 내가 그리스도의 지체를 가지고 창녀의 지체를 만들겠느냐 결코 그럴 수 없느니라 … 음행을 피하라 사람이 범하는 죄마다 몸 밖에 있거니와 음행하는 자는 자기 몸에 죄를 범하느니라 너희 몸은 너희가 하나님께로부터 받은 바 너희 가운데 계신 성령의 전인 줄을 알지 못하느냐 너희는 너희 자신의 것이 아니라 값으로 산 것이 되었으니 그런즉 너희 몸으로 하나님께 영광을 돌리라

3. 이혼 문제[5]

이혼문제는 더 이상 먼 나라의 이야기가 아니다. 이미 이혼문제는 한국 사회가 직면한 심각한 사회문제들 가운데 하나로 대두되었고, 이러한 급격한 이혼율의 증가로 말미암은 가정의 해체는 결손 아동의 양육문제를 비롯해 수많은 부수적인 사회문제들을 동반한다는 측면에서 단순히 한 가정의 일로 치부할 수 없게 된 실정이다. 이는 그리스도인들이라고 하여 쉽게 비껴갈 수 있는 문제가 아니다. 그렇다면 그리스도인들에게 있어 이혼은 가능한가? 이 문제와 관련하여 바리새인들이 예수님을 시험하여 "사람이 어떤 이유가 있으면 그 아내를 버리는 것이 옳으니이까?"하고 물었을 때, 예수님께서는 "그런즉 이제 둘이 아니요 한 몸이니 그러므로 하나님이 짝지어 주신 것을 사람이 나누지 못할지니라"고 대답하셨다(마 19:6).

비록 인간의 완악함으로 말미암아 모세가 이혼증서를 주어 이혼을 허용한 사실과 관련하여 "그러면 어찌하여 모세는 이혼 증서를 주어서 버리라 명하였나이까?"하고 물었을 때, 예수님께서는 "모세가 너희 마음의 완악함 때문에 아내 버림을 허락하였거니와 본래는 그렇지 아니하니라"고 대답하셨다(마 19:7-8). 이것은 본래 하나님의 창조질서에 따라서는 이혼이 불가함을 강조하여 말씀하신 것이다. 그렇다면 그리스도인에게 있어 이혼은 전혀 허용될 수 없는 일인가? 이 문제에 대하여 여러 가지 입장들이 있을 수 있으나, 성경은 다음의 경우에 한하여 이혼을 허용하고 있다.

(1) 배우자의 음행이 문제될 경우

이혼이 허용되는 첫 번째 경우는 배우자의 음행이 문제가 될 경우이다. "사람이 어떤 이유가 있으면 그 아내를 버리는 것이 옳으니이까?"라는 물음에 대하여 예수님께서는 "누구든지 음행한 이유 외에 아내를 버리고 다른 데 장가드는 자는 간음함이니라"(마 5:32; 19:9)고 말씀하심으로써, 결과적으로 배우자의 '음행'을 정당한 이혼의 사유로 인정하신 것이라 볼 수 있다. 이것은 한 쪽 배우자의 간음 행위로 말미암아 이미 한 몸된 부부의 신성한 결혼언약이 깨어진 것으로 볼 수 있기 때문이다. 그러나, 비록 패역한 이스라엘을 용서하시는 하나님의 무한한 사랑을 계시하기 위한 특별한 경우일 수 있지만, 하나님께서는 선지자 호세아에게 음행한 그의 아내를 용서하고 거듭 다시 데려오라고 하신 것에서 볼 때, 이 경우에라도 아주 고통스럽겠지만 상대방이 용서를 구한다면 다시 용서하고 결혼관계를 유지하는 것이 옳다고 볼 수 있다.

> **마 19:7-8** : 그런즉 이제 둘이 아니요 한 몸이니 그러므로 하나님이 짝지어 주신 것을 사람이 나누지 못할지니라 하시니 여짜오되 그러면 어찌하여 모세는 이혼 증서를 주어서 버리라 명하였나이까 예수께서 이르시되 모세가 너희 마음의 완악함 때문에 아내 버림을 허락하였거니와 본래는 그렇지 아니하니라 내가 너희에게 말하노니 누구든지 음행한 이유 외에 아내를 버리고 다른 데 장가 드는 자는 간음함이니라
>
> **마 5:31-32** : 또 일렀으되 누구든지 아내를 버리려거든 이혼 증서를 줄 것이라 하였으나 나는 너희에게 이르노니 누구든지 음행한 이유 없이 아내를 버리면 이는 그로 간음하게 함이요 또 누구든지 버림받은 여자에게 장가드는 자도 간음함이니라
>
> **고전 6:16** : 창녀와 합하는 자는 그와 한 몸인 줄을 알지 못하느냐

(2) 배우자의 신앙이 문제가 될 경우

이혼이 허용된 두 번째의 경우는 신앙이 문제가 되는 경우이다. 즉, 불

신 배우자가 신앙의 문제로 인하여 심히 핍박하며 함께 살기를 거부하고 이혼을 요구하는 경우인데, 사도 바울은 이러한 경우 비록 주님의 직접적인 명령은 아니지만, "혹 믿지 아니하는 자가 갈리거든 갈리게 하라"(고전 7:15)고 권면하고 있다. 그러나 이러한 때에도 믿음을 가진 성도가 먼저 불신 배우자에게 이혼을 요구해서는 안 된다고 하였다. 왜냐하면 먼저 믿은 사람을 통하여 믿지 아니하는 배우자를 하나님께서 구원하실지 우리가 알 수 없기 때문이다(cf. 고전 7:10-16; 벧전 3:1-2).

> **고전 7:10-16** : 결혼한 자들에게 내가 명하노니 (명하는 자는 내가 아니요 주시라) 여자는 남편에게서 갈라서지 말고 (만일 갈라섰으면 그대로 지내든지 다시 그 남편과 화합하든지 하라) 남편도 아내를 버리지 말라 그 나머지 사람들에게 내가 말하노니 (이는 주의 명령이 아니라) 만일 어떤 형제에게 믿지 아니하는 아내가 있어 남편과 함께 살기를 좋아하거든 그를 버리지 말며 어떤 여자에게 믿지 아니하는 남편이 있어 아내와 함께 살기를 좋아하거든 그 남편을 버리지 말라 믿지 아니하는 남편이 아내로 말미암아 거룩하게 되고 믿지 아니하는 아내가 남편으로 말미암아 거룩하게 되나니 그렇지 아니하면 너희 자녀도 깨끗하지 못하니라 그러나 이제 거룩하니라 혹 믿지 아니하는 자가 갈리거든 갈리게 하라 형제나 자매나 이런 일에 구애될 것이 없느니라 그러나 하나님은 화평 중에서 너희를 부르셨느니라 아내 된 자여 네가 남편을 구원할는지 어찌 알 수 있으며 남편 된 자여 네가 네 아내를 구원할는지 어찌 알 수 있으리요
>
> **벧전 3:1-2** : 아내들아 이와 같이 자기 남편에게 순종하라 이는 혹 말씀을 순종하지 않는 자라도 말로 말미암지 않고 그 아내의 행실로 말미암아 구원을 받게 하려 함이니 너희의 두려워하며 정결한 행실을 봄이라

(3) 배우자의 폭력과 학대가 문제가 될 경우

마지막으로, 이미 언급한 두 가지 경우 외에 보다 실제적인 경우로서 배우자로부터 감당할 수 없을 정도로 심각하고도 지속적인 육체적인 폭력이나 정신적인 학대로 말미암아 더 이상 정상적인 결혼관계를 유지하기가 힘든 경우에는 어떻게 해야 할 것인가? 여기에는 배우자의 심각한 자녀학대나 무책임한 경제적인 유기행위도 포함될 수 있을 것이다. 그러한 심각한 상황 속에서 그것을 개선하기 위한 모든 최선의 노력에도 불구하고 전혀 희망을 찾아 볼 수 없고, 오히려 삶을 포기해야 할 정도로 부부관계가 악화되어 마지막으로 선택할 수 있는 유일한 탈출구가 이혼이라고 생각될 경우에는 과연 어떻게 해야 하는가?

이러한 경우 선뜻 결론을 내리기가 참으로 어렵지만, 기독교 윤리학자들은 이러한 때에 보다 '더 큰 악(惡)'(폭력, 학대)을 제거하기 위하여 '작은 악(惡)'(이혼)을 선택할 수 있다고 제안하고 있다. 그러나 그렇다고 해서 이것이 언제나 최선의 방안이라고 할 수도 없거니와, 나아가 섣부르고 무분별한 이혼선택의 빌미로 작용해서는 더욱 안될 것이다. 따라서 어떠한 경우에 있어서도 결혼은 하나님 앞에서 이루진 신성한 언약이기 때문에 사람이 마음대로 나눌 수 없다는 것이 성경의 가르침이며, 혹 성경이 허용하는 경우라고 할지라도 할 수만 있다면 용서와 화해를 통하여 결혼언약을 깨지 않도록 최선의 노력을 다해야 할 것이다.

골 3:18-19 : 아내들아 남편에게 복종하라 이는 주 안에서 마땅하니라 남편들아 아내를 사랑하며 괴롭게 하지 말라

엡 5:24-33 : 그러므로 교회가 그리스도에게 하듯 아내들도 범사에 자기 남편에게 복종할지니라 남편들아 아내 사랑하기를 그리스도께서 교회를 사랑하시고 그 교회를 위하여 자신을 주심 같이 하라 …

> 이와 같이 남편들도 자기 아내 사랑하기를 자기 자신과 같이 할지니 자기 아내를 사랑하는 자는 자기를 사랑하는 것이라 … 그러므로 사람이 부모를 떠나 그의 아내와 합하여 그 둘이 한 육체가 될지니 이 비밀이 크도다 나는 그리스도와 교회에 대하여 말하노라 그러나 너희도 각각 자기의 아내 사랑하기를 자신 같이 하고 아내도 자기 남편을 존경하라

4. 동성애(Homosexuality) 문제

동성애는 성경이 분명하게 금지하고 있고, 또한 하나님의 창조질서에 반하는 행위이기 때문에 그러한 동성애적 행위는 교회 안에서 결코 용납될 수 없다. 우리는 이미 창세기에서 동성애자들이 나타나고 있음을 알고 있다(cf. 소돔과 고모라 멸망사건, 창 19:1-11; 삿 19:20-24; 롬 :26-27; 고전 6:9-11; 딤전 1:9-10; 유 1:7). 그리고 역사적으로 우리가 잘 알고 있는 유명인사들 가운데서도 많은 사람들이 동성애자로 알려져 있다. 자료에 의하면, "현재 한국의 동성애자는 약 70만 명이고 이중 약 40만 명이 커밍아웃을 한 상황이다. 동성애자들은 현재 50여개의 동성애자 공식적인 모임을 결성하여 활동 중이며 비공식적으로는 200여개에 달한다"고 한다. 그러나 우리사회 속에는 자신의 의지와는 상관없이 유전적으로 타고났거나 혹은 여러 가지 환경적인 요인에 의한 '성적인 소수자' 들이 분명히 존재한다는 사실을 부인할 수는 없다. 이러한 사람들의 인권문제와 더불어 또한 이들을 교회 안에 과연 받아들일 수 있는가 없는가 하는 문제가 현재 많은 논란이 되고 있다.

이 문제와 관련하여 우리는 어쩔 수 없이 유전적으로 '동성애적 성향을 가진 사람들' 과 '실제적으로 그러한 행위를 의도적으로 하는 사람들' 을 유의하여 구별할 필요가 있다고 하겠다. 예를 들어 미국의 기독교개혁교

회(Christian Reformed Church)는 이 문제와 관련하여 오랫동안의 연구와 논의를 거쳐 "동성애 성향 자체는 죄가 아니지만 동성애 행위는 죄"라는 입장을 견지하고 있다.[6]

성경이 가르치는 바대로 택함 받은 모든 사람이 하나님의 사랑과 긍휼의 대상이며, 또한 인간의 부패한 본성은 성령의 도우심에 의하여 변화될 수 있다. 그러므로 어쩔 수 없이 유전적으로 '동성애적 성향'을 가졌다고 해서 교회가 무조건 정죄하고 배척할 것이 아니라, 만일 그들이 참된 신앙을 고백하고 성경의 가르침대로 그러한 악을 행하지 않고 믿음으로 거룩한 삶을 살고자 한다면, 정상적인 이성애자들이 자신의 삶속에서 성적순결과 부부간의 성적정절을 지키기 위하여 끊임없이 믿음의 선한 싸움을 싸워야 하는 것과 마찬가지로 그들도 그러한 믿음의 선한 싸움을 싸우며 성적순결을 지키며 거룩한 성도의 삶을 살아갈 수 있도록 적극적으로 도와줄 수 있는 방법을 모색해야 할 것이다. 이러한 문제들은 앞으로 더 깊은 연구와 논의를 필요로 한다.[7]

레 18:22 : 너는 여자와 동침함 같이 남자와 동침하지 말라 이는 가증한 일이니라

레 20:13 : 누구든지 여인과 동침하듯 남자와 동침하면 둘 다 가증한 일을 행함인즉 반드시 죽일지니 자기의 피가 자기에게로 돌아가리라

롬 1:26-27 : 이 때문에 하나님께서 그들을 부끄러운 욕심에 내버려 두셨으니 곧 그들의 여자들도 순리대로 쓸 것을 바꾸어 역리로 쓰며 그와 같이 남자들도 순리대로 여자 쓰기를 버리고 서로 향하여 음욕이 불 일듯 하매 남자가 남자와 더불어 부끄러운 일을 행하여 그들의 그릇됨에 상당한 보응을 그들 자신이 받았느니라

고전 6:9-10 : 불의한 자가 하나님의 나라를 유업으로 받지 못할 줄을 알지 못하느냐 미혹을 받지 말라 음행하는 자나 우상 숭배하는 자나 간

음하는 자나 탐색하는 자나 남색하는 자나 도적이나 탐욕을 부리는 자나 술 취하는 자나 모욕하는 자나 속여 빼앗는 자들은 하나님의 나라를 유업으로 받지 못하리라

그러므로 사람이 부모를 떠나

그의 아내와 합하여

그 둘이 한 육체가 될지니

이 비밀이 크도다

나는 그리스도와 교회에 대하여 말하노라

그러나 너희도 각각 자기의 아내 사랑하기를 자신 같이 하고

아내도 자기 남편을 존경하라

(엡 5:31-33)

제 48 과
제8계명
: "도둑질하지 말라"

제73문 : 여덟째 계명은 무엇입니까?

답 : 여덟째 계명은 "도둑질하지 말라" 하는 것입니다.

출 20:15

제74문 : 여덟째 계명에서 요구하는 것은 무엇입니까?

답 : 여덟째 계명에서 요구하는 것은 우리 자신과 남들의 재산과 신분을 정당하게 얻고 또 증진시키는 일입니다.

잠 10:4; 12:27; 23:21; 레 6:4-6; 살후 3:10-12

제75문 : 여덟째 계명에서 금하는 것은 무엇입니까?

답 : 여덟째 계명에서 금하는 것은 우리 자신이나, 우리 이웃의 재산이나, 신분을 부당하게 방해하는 일이나, 또는 방해할지도 모르는 일들입니다.

엡 4:28; 겔 22:29; 렘 52:17; 말 3:9; 살후 3:7-10

I. "도둑질하지 말라" – 이웃의 사유재산권 보호

일반적인 의미에 있어 "도둑질하지 말라"(출 20:15; 신 5:19)는 제8계명의 말씀은 이웃의 소유를 탐하여 몰래 절취하거나 강탈하는 행위뿐만 아니라, 또 다른 여러 가지 부당한 방법으로 남의 것을 자신의 것으로 취하는 행위들, 곧 부정한 이득이나 횡령, 사기 등을 모두 포함한다. 이미 우리가 배운 바대로, 제6계명이 이웃의 생명을 보호하라는 것이며(살인금지), 제7계명이 이웃의 성적순결을 보호하는 것이라면(간음금지), 제8계명은 총체적인 의미에 있어 이웃의 물질적인 사유재산권(소유권)을 보호하기 위해 주어진 사회적 명령이다. 이 재산권에는 단순히 물건이나 권리 등 유·무형의 재산에 손해를 입히는 행위만 포함되는 것이 아니다. 본래적인 용법에 있어서 이 계명은 특별히 사람을 훔쳐(유괴나 납치) 인신매매를 하거나 노예로 삼는 것을 엄격하게 금하는 것에 적용되었다.[1] 그러므로 성경은 "사람을 납치한 자가 그 사람을 팔았든지 자기 수하에 두었든지 그를 반드시 죽일지니라"(출 21:16)고 했다.

나아가 보다 현대적 의미를 더한다면, 여러 가지 지적재산권이나 특허권, 상표권 등 무형의 소유재산권에 대한 문제들 또한 여기에 포함되어야 할 것이다. 구약의 이스라엘 백성들은 하나의 가족공동체부터 발전되어 확대된 민족공동체 사회였기 때문에 이웃의 재산과 생명을 지키는 것은 곧 그들의 공동체 전체를 보호하는 것으로 인식되었으며, 도둑질은 그러한 공동체의 사회적 질서를 근본적으로 파괴하는 것을 의미하였다.

출 20:15 : 도둑질하지 말라
레 19:11 : 너희는 도둑질하지 말며 속이지 말며 서로 거짓말하지 말며

II. 제8계명을 범하는 여러 가지 실제적인 경우들

1. 절도행위와 강도행위[2]

제8계명의 가장 직접적인 의미에서 절도는 타인의 물건이나 재산을 그 주인이 모르게 훔치거나 절취하는 것을 말하며, 강도는 사람을 위협하여 강제로 빼앗거나 탈취하는 행위를 말한다. 이러한 행위들은 직접적으로 제8계명을 범하는 것일 뿐만 아니라, 현대 사회에서도 모두 실정법을 어기는 중요한 범죄행위에 해당한다. 그러므로 하나님께서는 "도둑은 반드시 배상할 것이나 배상할 것이 없으면 그 몸을 팔아 그 도둑질한 것을 배상할 것이요"(출 22:3)라고 하시며, 반드시 도둑질한 것을 배상하도록 하셨다. 그러므로 신약성경에서 삭개오도 예수님을 만난 후 "주여 보시옵소서 내 소유의 절반을 가난한 자들에게 주겠사오며 만일 누구의 것을 속여 빼앗은 일이 있으면 네 갑절이나 갚겠나이다"(눅 19:5)라고 했다.

> **출 22:1-5** : 사람이 소나 양을 도둑질하여 잡거나 팔면 그는 소 한 마리에 소 다섯 마리로 갚고 양 한 마리에 양 네 마리로 갚을지니라 … 도둑은 반드시 배상할 것이나 배상할 것이 없으면 그 몸을 팔아 그 도둑질한 것을 배상할 것이요 … 사람이 밭에서나 포도원에서 짐승을 먹이다가 자기의 짐승을 놓아 남의 밭에서 먹게 하면 자기 밭의 가장 좋은 것과 자기 포도원의 가장 좋은 것으로 배상할지니라

2. 사람을 훔치는 것: 유괴, 납치, 그리고 인신매매 행위[3]

이미 언급하였듯이, 구약에서 제8계명은 단순히 소유 물건이나 사유재

산 등에만 해당되는 것이 아니고, 특별히 사람을 훔치는 행위, 즉 사람을 납치하거나 유괴하지 말라는 것에도 적용되었다. 대체로 사람을 납치하거나 유괴하는 것은 노예로 팔던지 그 생명을 담보로 부당하게 돈을 요구하는 것으로 나아가게 된다. 노예제도가 있던 구약시대뿐만 아니라 현대 사회에서도 어린아이를 유괴하여 돈을 요구하거나, 노약자나 부녀자를 납치하여 부당하게 노동을 강요하거나 인신매매하는 경우가 종종 일어나고 있는데, 구약에서는 이러한 행위를 사형에 해당하는 무서운 범죄행위로 취급했다. 물론 합법적으로 노예제도가 있던 구약시대에는 빌린 돈을 갚지 못하거나 도둑질한 것을 변상하지 못했을 경우, 그리고 외국인 전쟁포로나 나그네들의 경우에는 노예로 삼을 수가 있었다. 그러나 이러한 경우에도 너무 가혹하게 일을 시키지 못하도록 하였고, 또한 안식년이나 희년이 되면 반드시 자유하게 하여 돌려보내도록 하였다(cf. 신 15:12-15; 레 25:39-43; 출 21:2-6; 신 23:15-16).

> **출 21:16** : 사람을 납치한 자가 그 사람을 팔았든지 자기 수하에 두었든지 그를 반드시 죽일지니라
>
> **신 24:7** : 사람이 자기 형제 곧 이스라엘 자손 중 한 사람을 유인하여 종으로 삼거나 판 것이 발견되면 그 유인한 자를 죽일지니 이같이 하여 너희 중에서 악을 제할지니라

3. 불공정하고 부정직한 상거래[4)]

물건을 사고파는 상거래에 있어 저울의 추나 되의 용량 등 거짓된 도량형을 사용하여 남의 눈을 속인다든지, 포도주에 물을 섞는 등 이물질을 넣어 부풀린다든지, 또는 하자가 있는 물품을 감언이설로 속여서 고객에게

판다면, 이것도 결과적으로 남의 것을 도둑질한 것이 된다. 뿐만 아니라 과대광고나 과대포장으로 그 가격에 상응하는 가치를 가지지 않은 상품을 판매하는 것도 남을 속이고 도둑질하는 것이며, 반대로 값을 너무 심하게 후려쳐서 정당한 값을 치루지 아니하고 물품을 사는 행위도 남의 것을 도둑질하는 것이다. 그러므로 하나님께서는 "네 이웃에게 팔든지 네 이웃의 손에서 사거든 너희 각 사람은 그의 형제를 속이지 말라"(레 25:14)고 말씀하셨다.

레 19:35-36 : 너희는 재판할 때나 길이나 무게나 양을 잴 때 불의를 행하지 말고 공평한 저울과 공평한 추와 공평한 에바(cf. 곡식 등의 양을 재는 되)와 공평한 힌(cf. 액체의 용량을 재는 단위)을 사용하라

신 25:13-15 : 너는 네 주머니에 두 종류의 저울추 곧 큰 것과 작은 것을 넣지 말 것이며 네 집에 두 종류의 되 곧 큰 것과 작은 것을 두지 말 것이요 오직 온전하고 공정한 저울추를 두며 온전하고 공정한 되를 둘 것이라 그리하면 네 하나님 여호와께서 네게 주시는 땅에서 네 날이 길리라(cf. 잠 11:1; 미 6:11)

잠 20:14 : 물건을 사는 자가 좋지 못하다 좋지 못하다 하다가 돌아간 후에는 자랑하느니라

4. 사용자와 피고용인의 관계[5]

만일 사용자가 피고용인의 적정한 임금을 제대로 지급하지 않거나, 또는 제때에 지급하지 않음으로써 경제적으로 불이익을 주는 것도 남의 것을 도둑질하는 것이다. 또한 반면에 피고용인이 고용인의 원자재나 비품을 낭비하거나, 또 게으름을 피우거나 하여 자신에게 맡겨진 일을 제대로

하지 않음으로써 자신을 고용한 회사나 사용자에게 경제적으로 손해를 입히는 것도 명백하게 도둑질하는 행위이다. 그리고 불의한 대리인이나 변호사가 의뢰인을 위하여 최선을 다하지 않음으로써 정신적으로 혹은 물질적으로 손해를 입히거나, 또는 사기로 의뢰인의 재산을 절취하는 것도 도둑질하는 것이다.

> 레 19:13 : 너는 네 이웃을 억압하지 말며 착취하지 말며 품꾼의 삯을 아침까지 밤새도록 네게 두지 말며
>
> 신 24:14-15 : 곤궁하고 빈한한 품꾼은 너희 형제든지 네 땅 성문 안에 우거하는 객이든지 그를 학대하지 말며 그 품삯을 당일에 주고 해 진 후까지 미루지 말라 이는 그가 가난하므로 그 품삯을 간절히 바람이라 그가 너를 여호와께 호소하지 않게 하라 그렇지 않으면 그것이 네게 죄가 될 것임이라
>
> 딛 2:9-10 : 종들은 자기 상전들에게 범사에 순종하여 기쁘게 하고 거슬러 말하지 말며 훔치지 말고 오히려 모든 참된 신실성을 나타내게 하라 이는 범사에 우리 구주 하나님의 교훈을 빛나게 하려 함이라

5. 고리대금과 채무의 불이행[6]

가난한 사람에게 높은 이자로 돈을 빌려주고 채무를 과다하게 변제하게 함으로서 경제적으로 핍박하는 것은 성경이 금하고 있는 행위였다. 이것은 사회적인 약자를 보호하려는 하나님의 특별한 관심이요, 여러 가지 보호정책 가운데 하나였다. 종교개혁자 존 칼빈(John Calvin) 역시 성경의 이러한 정신을 살려 비록 상업이나 투자를 목적으로 이윤을 남기려고 할 때는 5%정도의 적정 이자를 받을 수 있도록 하였으나, 특별히 가난한 이웃이

그의 생존을 유지하기 위하여 돈을 빌리는 경우에는 이자를 받지 못하게 하였다.

성경은 "네 하나님 여호와께서 네게 주신 땅 어느 성읍에서든지 가난한 형제가 너와 함께 거주하거든 그 가난한 형제에게 네 마음을 완악하게 하지 말며 네 손을 움켜쥐지 말고 반드시 네 손을 그에게 펴서 그에게 필요한 대로 쓸 것을 넉넉히 꾸어주라 … 너는 반드시 그에게 줄 것이요, 줄 때에는 아끼는 마음을 품지 말 것이니라 이로 말미암아 네 하나님 여호와께서 네가 하는 모든 일과 네 손이 닿는 모든 일에 네게 복을 주시리라 땅에는 언제든지 가난한 자가 그치지 아니하겠으므로 내가 네게 명령하여 이르노니 너는 반드시 네 땅 안에 네 형제 중 곤란한 자와 궁핍한 자에게 네 손을 펼지니라"(신 15:7-11)고 했다. 그러나 돈을 빌린 채무자가 충분히 그 빌린 것에 대하여 변제할 능력이 있음에도 갚지 아니하는 경우에도 남의 것을 도둑질하는 것이다.

출 22:25 : 네가 만일 너와 함께 한 내 백성 중에서 가난한 자에게 돈을 꾸어 주면 너는 그에게 채권자 같이 하지 말며 이자를 받지 말 것이며

신 23:19 : 네가 형제에게 꾸어주거든 이자를 받지 말지니 곧 돈의 이자, 식물의 이자, 이자를 낼 만한 모든 것의 이자를 받지 말 것이라 타국인에게 네가 꾸어주면 이자를 받아도 되거니와 네 형제에게 꾸어주거든 이자를 받지 말라 그리하면 네 하나님 여호와께서 네가 들어가서 차지할 땅에서 네 손으로 하는 범사에 복을 내리시리라

6. 국가나 권력자에 의한 도둑질[7]

제8계명은 특별히 정치적 권력이나 경제적인 권력을 가진 사람들이 그

권력을 이용하여 힘이 없는 사람들의 것을 강탈하는 것을 엄격하게 금하고 있다. 평범한 개인들의 도둑질은 그 규모가 작은 것이지만, 국가나 권력자의 도둑질은 그 규모가 심대할 뿐만 아니라 미치는 피해 또한 엄청나기 때문이다. 국가 권력이 부당한 세금의 징수와 같은 방법으로 직접적으로 개인의 재산을 침탈하는 것도 문제이지만, 사리사욕을 위해 부정하거나 또는 잘못된 정책의 입안으로 말미암아, 혹은 불성실하게 경제를 운용하여 발생하는 심각한 인플레이션 등으로 국민의 재산 가치를 심각하게 떨어뜨리는 행위도 일종의 도둑질이라고 할 수 있을 것이다. 또한 국가 예산을 부정하게 잘못된 곳에 집행하는 것이나, 부정한 뇌물을 취득하는 공무원들의 부패와 공금횡령, 자신의 지위나 권력을 이용한 부당이득의 취득도 사회적인 도둑질이다. 경제적인 힘을 가진 기업이나 단체가 투자자들의 자금을 횡령하거나 탈세를 하는 경우, 또는 부정한 경영과 편법으로 심대한 부당이득을 취하는 것도 역시 남의 것을 도둑질하는 것이다.

암 5:11 : 너희가 힘없는 자를 밟고 그에게서 밀의 부당한 세를 거두었은즉 너희가 비록 다듬은 돌로 집을 건축하였으나 거기 거주하지 못할 것이요 아름다운 포도원을 가꾸었으나 그 포도주를 마시지 못하리라

왕상 21:15-19 : 이세벨이 나봇이 돌에 맞아 죽었다 함을 듣고 이세벨이 아합에게 이르되 일어나 그 이스르엘 사람 나봇이 돈으로 바꾸어 주기를 싫어하던 나봇의 포도원을 차지하소서 나봇이 살아 있지 아니하고 죽었나이다 … 너는 그에게 말하여 이르기를 여호와의 말씀이 네가 죽이고 또 빼앗았느냐고 하셨다 하고 또 그에게 이르기를 여호와의 말씀이 개들이 나봇의 피를 핥은 곳에서 개들이 네 피 곧 네 몸의 피도 핥으리라 하였다 하라

7. 자기 자신의 것을 훔치는 것

도둑질은 비단 남의 것을 훔치는 것만이 아니라 자기 자신의 것을 훔치는 행위도 포함될 것이다. 방탕한 탕자처럼 자신의 재물을 헛되이 낭비하거나 게으름으로 인하여 열심히 일하지 않거나, 또한 하나님께서 주신 생명의 시간을 귀하게 사용하지 않고 헛된 일이나 악한 일을 하는 데 허비하는 것도 역시 자신의 것을 도둑질하는 것이다. 결국 이러한 행위로 말미암아 스스로 궁핍하게 될 뿐만 아니라, 나아가 이웃의 것을 탐하여 도둑질하게 되기 때문이다.

> **잠 21:25** : 게으른 자의 욕망이 자기를 죽이나니 이는 자기의 손으로 일하기를 싫어함이니라
>
> **잠 6:9-11** : 게으른 자여 네가 어느 때까지 누워 있겠느냐 네가 어느 때에 잠이 깨어 일어나겠느냐 좀더 자자, 좀더 졸자, 손을 모으고 좀더 누워 있자 하면 네 빈궁이 강도 같이 오며 네 곤핍이 군사 같이 이르리라
>
> **전 5:18-19** : 사람이 하나님께서 그에게 주신 바 그 일평생에 먹고 마시며 해 아래에서 하는 모든 수고 중에서 낙을 보는 것이 선하고 아름다움을 내가 보았나니 그것이 그의 몫이로다 또한 어떤 사람에게든지 하나님이 재물과 부요를 그에게 주사 능히 누리게 하시며 제 몫을 받아 수고함으로 즐거워하게 하신 것은 하나님의 선물이라

8. 하나님의 것을 훔치는 것 [8]

도둑질은 단순히 사람의 것을 훔치는 것에 그치지 않는다. 비록 하늘과 땅과 모든 만물이 하나님의 것이지만 (시 24:1), 하나님께서는 특별히 "그 땅

의 십분의 일 곧 그 땅의 곡식이나 나무의 열매는 그 십분의 일은 여호와의 것이니 여호와의 성물이라"(레 27:30)고 하셨다. 아브라함이 그러했던 것처럼(cf. 창 14:20), 우리는 하나님의 것을 구별하여 마땅히 감사의 예물로 하나님께 드려야 할 것이며, 이것이 우리에게 큰 복이 될 것이라고 약속하셨다. 또한 하나님께서는 거짓 선지자들이 여호와가 말씀하였다 하며 거짓으로 백성들을 미혹케 하는 것도 여호와의 말씀과 그의 거룩한 성호를 도둑질한 것이라 하여 "내가 그들을 치리라"고 하셨다. 오늘날도 자신의 허황된 꿈과 거짓 이야기, 그리고 인간의 요란스런 소리를 내면서도 그것을 하나님의 계시 혹은 하나님의 말씀이라 하고 거짓된 복음을 전하며 사람들을 미혹케 하는 종교 장사꾼과 같은 수많은 거짓 선지자들이 난무하고 있다.

신 14:27-28 : 매 삼 년 끝에 그 해 소산의 십분의 일을 다 내어 네 성읍에 저축하여 너희 중에 분깃이나 기업이 없는 레위인과 네 성중에 거류하는 객과 및 고아와 과부들이 와서 먹고 배부르게 하라 그리하면 네 하나님 여호와께서 네 손으로 하는 범사에 네게 복을 주시리라

말 3:8-10 : 사람이 어찌 하나님의 것을 도둑질하겠느냐 그러나 너희는 나의 것을 도둑질하고도 말하기를 우리가 어떻게 주의 것을 도둑질 하였나이까 하는도다 이는 곧 십일조와 봉헌물이라 … 너희의 온전한 십일조를 창고에 들여 나의 집에 양식이 있게 하고 그것으로 나를 시험하여 내가 하늘 문을 열고 너희에게 복을 쌓을 곳이 없도록 붓지 아니하나 보라

잠 3:9-10 : 네 재물과 네 소산물의 처음 익은 열매로 여호와를 공경하라 그리하면 네 창고가 가득히 차고 네 포도즙 틀에 새 포도즙이 넘치리라

렘 23: 30-32 : 여호와의 말씀이라 그러므로 보라 서로 내 말을 도둑질하

는 선지자들을 내가 치리라 여호와의 말씀이니라 보라 그들이 혀를 놀려 여호와가 말씀하셨다 하는 선지자들을 내가 치리라 여호와의 말씀이니라 보라 거짓 꿈을 예언하여 이르며 거짓과 헛된 자만으로 내 백성을 미혹하게 하는 자를 내가 치리라 내가 그들을 보내지 아니하였으며 명령하지 아니하였나니 그들은 이 백성에게 아무 유익이 없느니라 여호와의 말씀이니라

Ⅲ. 재물의 청지기 - "모든 것이 하나님의 소유이다"

우리가 제8계명을 올바로 이해하기 위해서는 하나님께서 각 사람에게 허락하시고 분배해 주신 재물의 성격을 분명하게 인식하는 것이 무엇보다 중요하다. 이웃의 소유를 도둑질하는 것은 결국은 인간의 끝없는 탐욕 때문이다. 그러나 시편 기자는 "땅과 거기에 충만한 것과 세계와 그 가운데에 사는 자들은 다 여호와의 것이로다"(시 24:1; cf. 신 10:14)라고 고백하고 있다. 그러므로 도둑질은 본질적으로 하나님의 소유 주권을 부정하는 것임과 동시에 나아가 하나님께서 각자에게 그 은혜에 따라 분깃을 나누어 주시는 주권적 행위를 부정하는 것이기도 하다. 따라서 우리는 우리가 소유한 모든 것이 하나님의 것이며, 나아가 하나님께서 우리에게 분배해 주신 것에 자족할 줄 알며, 우리는 단지 그 청지기임을 분명하게 인식하는 것이 중요하다.

뿐만 아니라, 성경에서 "맡은 자들에게 구할 것은 충성"(고전 4:2)이라고 하였으니, 우리는 모두 자기에게 맡겨 주신 것에 만족하며 열심을 다하여 일함으로서 주신 몫과 분깃에 최선을 다해야 할 것이다(cf. 신 12:7). 나아가 그것으로 인하여 하나님께서 넘치도록 베풀어 주신 모든 것으로 선한 일

에 힘쓰는 것이야말로 주인되신 하나님을 온전히 기쁘시게 하는 것이며, 또한 그것이 우리 자신을 위해서도 유익한 것이다. 다음과 같은 바울의 가르침은 바로 이러한 원리에 대해 우리에게 분명하게 말해 준다: "네가 이 세대에서 부한 자들을 명하여 마음을 높이지 말고 정함이 없는 재물에 소망을 두지 말고 오직 우리에게 모든 것을 후히 주사 누리게 하시는 하나님께 두며 선을 행하고 선한 사업을 많이 하고 나누어 주기를 좋아하며 너그러운 자가 되게 하라 이것이 장래에 자기를 위하여 좋은 터를 쌓아 참된 생명을 취하는 것이니라"(딤전 6:17-19).

엡 4:28 : 도둑질하는 자는 다시 도둑질하지 말고 돌이켜 가난한 자에게 구제할 수 있도록 자기 손으로 수고하여 선한 일을 하라

딤전 6:6-10 : 그러나 자족하는 마음이 있으면 경건은 큰 이익이 되느니라 우리가 세상에 아무 것도 가지고 온 것이 없으매 또한 아무 것도 가지고 가지 못하리니 우리가 먹을 것과 입을 것이 있은즉 족한 줄로 알 것이니라 부하려 하는 자들은 시험과 올무와 여러 가지 어리석고 해로운 욕심에 떨어지나니 곧 사람으로 파멸과 멸망에 빠지게 하는 것이라 돈을 사랑함이 일만 악의 뿌리가 되나니 이것을 탐내는 자들은 미혹을 받아 믿음에서 떠나 많은 근심으로써 자기를 찔렀도다

빌 4:11-13 : 내가 궁핍하므로 말하는 것이 아니니라 어떠한 형편에든지 나는 자족하기를 배웠노니 나는 비천에 처할 줄도 알고 풍부에 처할 줄도 알아 모든 일 곧 배부름과 배고픔과 풍부와 궁핍에도 처할 줄 아는 일체의 비결을 배웠노라 내게 능력 주시는 자 안에서 내가 모든 것을 할 수 있느니라

네가 이 세대에서 부한 자들을 명하여

마음을 높이지 말고

정함이 없는 재물에 소망을 두지 말고

오직 우리에게 모든 것을 후히 주사 누리게 하시는 하나님께 두며

선을 행하고 선한 사업을 많이 하고

나누어 주기를 좋아하며 너그러운 자가 되게 하라

이것이 장래에 자기를 위하여

좋은 터를 쌓아 참된 생명을 취하는 것이니라

(딤전 6:17-19)

제 49 과

제9계명
: "네 이웃에 대하여 거짓증거하지 말라"

제76문: 아홉째 계명은 무엇입니까?
답: 아홉째 계명은 "네 이웃에 대하여 거짓 증거하지 말라" 하는 것입니다.
출 20:16

제77문: 아홉째 계명에서 요구하는 것은 무엇입니까?
답: 아홉째 계명에서 요구하는 것은 사람과 사람 사이의 진실과 우리 자신과 우리 이웃간의 좋은 평판을 유지하고 증진시키는 일입니다. 특히 증언하는 일에 있어서 그렇게 하라는 것입니다.
엡 4:25; 롬 1:8; 고전 13:4-5; 잠 22:1; 빌 4:8; 슥 8:16; 벧전 3:16; 행 25:10

제78문: 아홉째 계명에서 금하는 것은 무엇입니까?
답: 아홉째 계명에서 금하는 것은 진실에 어긋나는 일이나 우리 자신이나 우리 이웃의 좋은 평판을 해치는 모든 일입니다.
레 19:15; 벧후 2:2; 빌 3:18-19; 잠 19:5

I. 네 이웃에 대하여 거짓증거하지 말라

1. 구약 이스라엘의 재판제도

　제9계명에서 "네 이웃에 대하여 거짓 증거하지 말라"고 하는 것은 결국 이웃의 명예와 관련된 것이며, 말에 대한 우리의 책임과 언어의 성화를 요구하는 명령이라고 할 수 있다. 그러나 이 계명은 단순히 '거짓말'의 문제를 다루는 것이 아니며, 일차적으로 법정에서 '거짓증거' 하는 것을 금하는 것이다. 따라서 이 계명의 본질적인 의미를 알기 위해서는 구약의 재판제도에 대하여 알아야 한다.[1] 구약의 재판은 일반적으로 사람들의 왕래가 많은 성문에서 실시되었는데(cf. 룻 4:1), 이것은 밀실재판의 폐해를 피하고 재판의 공적인 성격을 담보하기 위한 조치일 것이다.

　그리고 재판은 주로 해당지역의 권위 있는 장로들이 담당하였다. 그리하여 사무엘은 각 도시를 돌며 성문에 배설된 재판정에서 재판을 집행하기도 했고(cf. 삼상 7:15-17), 왕정이 시작된 후에는 왕이 재판장의 역할을 수행하기도 하였다.[2] 이러한 사실은 다윗의 아들 압살롬이 스스로 왕이 되기 위하여 반역을 꾀하고는, 먼저 왕이 재판할 송사를 가로채 백성들의 마음을 훔쳤다는 일화에서 확인할 수 있다.

> **삼하 2:2-6** : 압살롬이 일찍이 일어나 성문 길 곁에 서서 어떤 사람이든지 송사가 있어 왕에게 재판을 청하러 올 때에 그 사람을 불러 이르되 너는 어느 성읍 사람이냐 하니 그 사람의 대답이 종은 이스라엘 아무 지파에 속하였나이다 하면 압살롬이 그에게 이르기를 보라 네 일이 옳고 바르다마는 네 송사를 들을 사람을 왕께서 세우지 아니하셨다 하고 또 압살롬이 이르기를 내가 이 땅에서 재판관이 되고

> 누구든지 송사나 재판할 일이 있어 내게로 오는 자에게 내가 정의 베풀기를 원하노라 하고 사람이 가까이 와서 그에게 절하려 하면 압살롬이 손을 펴서 그 사람을 붙들고 그에게 입을 맞추니 이스라엘 무리 중에 왕께 재판을 청하러 오는 자들마다 압살롬의 행함이 이와 같아서 이스라엘 사람의 마음을 압살롬이 훔치니라

뿐만 아니라 구약에서의 재판은 오늘날과 같이 수사관이 있어 사건에 대하여 치밀한 수사가 이루어지는 것이 아니라 사건에 관련된 증언자의 증언에 기초하여 대부분 이루어졌다. 이처럼 법정에서의 증언이 너무나 중요하기 때문에 재판에 신중을 기하기 위하여 반드시 두 사람 이상의 증거가 있어야 했으며, 한 사람만의 증거로는 재판이 성립하지 않도록 하였다(신 19:15; cf. 신약의 경우 - 마 18:16; 고후 13:1; 딤전 5:19; 히 10:28). 이러한 재판절차에 따라 나봇의 포도원 사건에서 이세벨은 불량자 두 사람으로 하여금 거짓 증거를 하게 하고, 그것을 근거로 하여 나봇를 죽이고 그의 포도원을 빼앗았다(cf. 왕상 21:1-16). 신약에서는 진리이신 예수님께서도 오히려 거짓 증거자들의 증언에 근거하여 사형판결을 받으셨으며(마 26:59-68, 참고로 예수님의 재판에 있어서는 증거자들의 증언이 서로 일치하지 않았음에도 불구하고 강행되었는데, 이것은 심지어 그 형식에 있어서도 위법한 것임을 잘 드러내 주고 있다; cf. 막 14:55-59), 또한 스데반도 거짓증인들에 의해 희생이 되었다(행 7:57-58).

이와 같이 거짓증거자들에 의해 재판이 왜곡되는 경우가 많았기 때문에, 이러한 문제점에 대한 해결책으로 어떤 사람에 대한 형을 집행함에 있어 그 증거자가 먼저 '손을 대도록' 함으로써 증언에 대한 양심의 책임이 가중되도록 하였고, 뿐만 아니라 만일 그것이 위증임이 드러나면, 그가 참소하고자 했던 형벌에 상당하는 벌을 거짓증거자 자신이 받도록 하였다.[3]

신 17:6-7 : 죽일 자를 두 사람이나 세 사람의 증언으로 죽일 것이요 한 사람의 증언으로는 죽이지 말 것이며 이런 자를 죽이기 위하여는 증인이 먼저 그에게 손을 댄 후에 뭇 백성이 손을 댈지니라 너는 이와 같이 하여 너희 중에서 악을 제할지니라

신 19:15-21 : 사람의 모든 악에 관하여 또한 모든 죄에 관하여는 한 증인으로만 정할 것이 아니요 두 증인의 입으로나 또는 세 증인의 입으로 그 사건을 확정할 것이며 만일 위증하는 자가 있어 어떤 사람이 악을 행하였다고 말하면 그 논쟁하는 쌍방이 같이 하나님 앞에 나아가 그 당시의 제사장과 재판장 앞에 설 것이요 재판장은 자세히 조사하여 그 증인이 거짓 증거하여 그 형제를 거짓으로 모함한 것이 판명되면 그가 그의 형제에게 행하려고 꾀한 그대로 그에게 행하여 너희 중에서 악을 제하라 그리하면 그 남은 자들이 듣고 두려워하여 다시는 그런 악을 너희 중에서 행하지 아니하리라 네 눈이 긍휼히 여기지 말라 생명에는 생명으로, 눈에는 눈으로, 이에는 이로, 손에는 손으로, 발에는 발로이니라

마 18:15-17 : 네 형제가 죄를 범하거든 가서 너와 그 사람과만 상대하여 권고하라 만일 들으면 네가 네 형제를 얻은 것이요 만일 듣지 않거든 한두 사람을 데리고 가서 두세 증인의 입으로 말마다 확증하게 하라 만일 그들의 말도 듣지 않거든 교회에 말하고 교회의 말도 듣지 않거든 이방인과 세리와 같이 여기라

2. 제9계명의 본질적 의미 – "오직 진실을 말하라"

이미 살펴본 바와 같이, 제9계명은 법정에서 증인이 진실을 말하지 않고 거짓증거함으로써 심지어 사람을 죽음에까지 이르게 하는 중대한 범죄행위를 금하는 것이었다. 그러나 이 명령은 보다 일반적으로 이웃을 고의적인 거짓말로 비방하거나 중상 모략함으로써 그의 명예를 해치는 모든

행위를 금하는 것이다. 그러므로 성경은 "서로 거짓말하지 말라"(레 19:11)고 하며, "너는 까닭 없이 네 이웃을 쳐서 증인이 되지 말며 네 입술로 속이지 말지니라"(잠 24:28)고 하였다. 제6계명이 직접적으로 사람을 죽이는 것을 금하는 것이라면, 제9계명은 혀의 거짓말로 사람을 해치는 것을 금하는 것이다. 따라서 "신실한 증인은 거짓말을 아니하여도 거짓 증인은 거짓말을 뱉느니라"(잠 14:5), "자기의 이웃을 쳐서 거짓 증거하는 사람은 방망이요 칼이요 뾰족한 화살이니라"(잠 25:18)고 했다.

이와 같이 거짓증언의 폐해가 막심하여 거짓말하는 것은 상호간의 믿음과 신뢰 위에 존립해야 할 사회공동체를 그 기초부터 무너뜨리는 것이기 때문에 "거짓 증인은 벌을 면하지 못할 것이요 거짓말을 하는 자도 피하지 못하고 망하리라"(잠 19:5, 9)고 하였다. 뿐만 아니라, 성경은 이웃에 대하여 진실을 증언할 책임이 있음에도 불구하고 침묵하여 증언하지 않는 것도 죄가 된다고 규정한다.[4] 그러므로 "만일 누구든지 저주하는 소리를 듣고서도 증인이 되어 그가 본 것이나 알고 있는 것을 알리지 아니하면 그는 자기의 죄를 져야 할 것이요 그 허물이 그에게로 돌아갈 것"(레 5:1)이라고 했다. 모든 경우에 침묵이 곧 최선이 아님을 말하는 것이다. 우리는 거짓을 말하지 말아야 할 뿐만 아니라 적극적으로 진리를 선포하고 증거해야 할 책임이 있다. 구약의 참 선지자들이나 신약의 세례요한이나 스데반도 죽음을 무릅쓰고 권력자의 불의를 증거하며 진리를 선포하였다.

스스로 참된 진리이시며 정의로우신 하나님께서는 거짓과 불의를 결코 용납하지 않으신다. 참으로 거짓말하는 것은 타락한 인간의 본성으로부터 나오는 것이다. 때문에 사탄을 '거짓의 영'이며 본래부터 '속이는 자'라 했다(cf. 창 3:4-5). 또한 입술의 거짓으로 악을 행하는 악인을 일컬어 "그의 입에는 저주와 거짓과 포악이 충만하며 그의 혀 밑에는 잔해와 죄악이 있나이다"(시 10:7)라고 했다. 그러므로 예수님께서는 "오직 너희 말은 옳다 옳다, 아니라 아니라 하라 이에서 지나는 것은 악으로부터 나느니라"(마 5:37)고 말씀하셨다. 사도 바울도 "진리가 예수 안에 있는 것 같이 너희가 참으로 그에게서 듣고 또한 그 안에서 가르침을 받았을진대 너희는 유혹의 욕심을 따라 썩어져 가는 구습을 따르는 옛 사람을 벗어 버리고 오직 너희의 심령이 새롭게 되어 하나님을 따라 의와 진리의 거룩함으로 지으심을 받은 새 사람을 입으라 그런즉 거짓을 버리고 각각 그 이웃과 더불어 참된 것을 말하라 이는 우리가 서로 지체가 됨이라"(엡 4:21-25)고 권면하고 있다.

성경에 이름같이 참으로 "만일 말에 실수가 없는 자라면 곧 온전한 사람이라"(약 3:2)고 했으니, 우리는 언제나 "내 사랑하는 형제들아 너희가 알지니 사람마다 듣기는 속히 하고 말하기는 더디 하며 성내기도 더디하라"(약 1:19)는 말씀을 기억해야 할 것이다. 나아가 "우리는 진리를 거슬러 아무 것도 할 수 없고 오직 진리를 위할 뿐이니"(고후 13:8), 오직 참된 것을 말하고 진리와 함께 기뻐하며 진리 안에서 행하여야 할 것이다. "거짓 입술은 여호와께 미움을 받아도 진실하게 행하는 자는 그의 기뻐하심을 받느니라"(잠 12:22)고 했고, 또한 "진실한 증인은 사람의 생명을 구원하여도 거짓말을 뱉는 사람은 속이느니라"(잠 14:25)고 말씀하셨다.

요 8:44 : 너희는 너희 아비 마귀에게서 났으니 너희 아비의 욕심대로 너희도 행하고자 하느니라 그는 처음부터 살인한 자요 진리가 그 속에 없으므로 진리에 서지 못하고 거짓을 말할 때마다 제 것으로 말하나니 이는 그가 거짓말쟁이요 거짓의 아비가 되었음이라

계 12:9 : 큰 용이 내쫓기니 옛 뱀 곧 마귀라고도 하고 사탄이라고도 하며 온 천하를 꾀는 자라 그가 땅으로 내쫓기니 그의 사자들도 그와 함께 내쫓기니라

잠 12:17 : 진리를 말하는 자는 의를 나타내어도 거짓 증인은 속이는 말을 하느니라

약 3:6-14 : 혀는 곧 불이요 불의의 세계라 혀는 우리 지체 중에서 온 몸을 더럽히고 삶의 수레바퀴를 불사르나니 그 사르는 것이 지옥 불에서 나느니라 … 혀는 능히 길들일 사람이 없나니 쉬지 아니하는 악이요 죽이는 독이 가득한 것이라 이것으로 우리가 주 아버지를 찬송하고 또 이것으로 하나님의 형상대로 지음을 받은 사람을 저주하나니 한 입에서 찬송과 저주가 나오는도다 내 형제들아 이것이 마땅하지 아니하니라 … 그러나 너희 마음 속에 독한 시기와 다툼이 있으면 자랑하지 말라 진리를 거슬러 거짓말하지 말라

마 12:36-37 : 내가 너희에게 이르노니 사람이 무슨 무익한 말을 하든지 심판 날에 이에 대하여 심문을 받으리니 네 말로 의롭다 함을 받고 네 말로 정죄함을 받으리라

계 21:8 : 그러나 두려워하는 자들과 믿지 아니하는 자들과 흉악한 자들과 살인자들과 음행하는 자들과 점술가들과 우상 숭배자들과 거짓말 하는 모든 자들은 불과 유황으로 타는 못에 던져지리니 이것이 둘째 사망이라

II. 선의의 거짓말은 가능한가?

1. 악의의 거짓말

이미 살본 바와 같이, 성경은 우리에게 거짓말하지 말라고 하면서, "오직 참된 것을 말하라"고 명령하고 있다. 또한 우리가 입술로 말한 그 모든 말로 말미암아 심판을 받을 것이며, 거짓말하는 모든 자들은 불과 유황으로 불타는 영원한 지옥의 형벌을 당할 것이라는 무서운 경고의 말씀도 주

고 있다(cf. 마 12:36-17; 계 21:8). 그렇다면, 일상의 삶 속에서 우리는 어떠한 거짓말도 할 수 없는 것인가? 이 질문에 답하기 위해서는 제9계명과 관련하여 거짓말의 종류를 좀 더 세분하여 살펴볼 필요가 있다. 먼저, 우리가 생각할 것은 다른 사람에게 손해를 가하기 위해 의도적으로 하는 '악의의 거짓말'(mendacium perniciosum)의 경우이다. 이것은 남을 해치기 위하여 거짓으로 비방하고 중상 모략하는 경우로서, 명백하게 제9계명을 어기는 것이 된다.[5]

하나님께서는 첫 사람 아담에게 "선악을 알게 하는 나무의 열매는 먹지 말라 네가 먹는 날에는 반드시 죽으리라"(창 2:17)고 말씀하셨다. 그러나 사탄은 그들을 다음과 같은 거짓말로 속였다. "너희가 결코 죽지 아니하리라 너희가 그것을 먹는 날에는 너희 눈이 밝아져 하나님과 같이 되어 선악을 알 줄 하나님이 아심이니라"(창 3:4-5). 이러한 거짓말로 사탄은 첫 사람 아담과 하와를 속였으며, 그 결과는 죽음이요 완전한 파멸이었다. 이와 같이 악의에 찬 거짓말은 사람의 인격을 파괴하고, 나아가 모든 관계를 파괴한다. 뿐만 아니라 아무리 귀에 듣기 좋아도 아첨하는 거짓말은 결국 우리의 영혼을 파괴하고 만다.

잠 6:16-19 : 여호와께서 미워하시는 것 곧 그의 마음에 싫어하시는 것이 예닐곱 가지이니 곧 교만한 눈과 거짓된 혀와 무죄한 자의 피를 흘리는 손과 악한 계교를 꾀하는 마음과 빨리 악으로 달려가는 발과 거짓을 말하는 망령된 증인과 및 형제 사이를 이간하는 자이니라

마 7:15 : 거짓 선지자들을 삼가라 양의 옷을 입고 너희에게 나아오나 속에는 노략질하는 이리라

2. 선의의 거짓말[6]

우리는 때때로 다른 사람을 해하려는 악의에서가 아니라 오히려 지극한 배려로 인해 거짓말을 하는 경우가 있다. 예를 들어 손님으로 초대받아 간 경우, 대접받은 주인의 음식이 맛이 없고 전혀 마음에 들지 않았을 경우, "맛있게 드셨습니까?"라는 주인의 물음에 "아니, 별로 맛이 없었습니다"라고 정직하게 대답한다면, 이것이 오히려 상대방을 모욕하고 상처를 주는 것이 된다. 그러므로 우리는 예의상 "맛있게 잘 먹었습니다"라고 대답하게 된다. 그런데 이러한 거짓말은 과연 문제가 없는 것인가? 또는 의사가 절망으로 삶을 포기하려는 환자에게 삶의 희망을 주기 위해 "많이 좋아지고 있다"고 거짓말을 하는 경우는 어떠한가? 이와 같이 우리는 살아가면서 때로는 오히려 다른 사람을 배려하기 위해 선의의 거짓말을 해야 하는 경우가 종종 있는데, 이러한 거짓말을 '예의의 거짓말'(mendiacium humilitatis)이라고 한다. 하지만 비록 이러한 경우라 하더라도 우리는 경우를 잘 살펴서 할 수만 있다면, 상대방의 마음에 상처를 주지 않으면서 진실을 말하는 지혜로운 방법을 찾는 것이 좋을 것이다.

그러나 어떤 경우에는 사람의 생명을 구하기 위하여 '불가피한 거짓말' (mendacium officiosum)을 해야만 하는 경우도 있다. 예를 들어, 일제하에서 독립군이 자기 집에 들어와 숨어 있는데, 헌병이 와서 독립군이 이 집에 숨어 있지 않느냐고 묻는다면 어떻게 해야만 하는가? 우리는 성경에서 이러한 경우와 유사한 예들을 찾아 볼 수 있다. 먼저, 유대인이 남자아이를 출산하면 죽이라는 애굽의 바로 왕의 명령을 받은 히브리 산파 십브라 부아는 하나님을 두려워하여 남자아이들을 살린 후, "히브리 여인은 애굽 여인과 같지 아니하고 건장하여 산파가 그들에게 이르기 전에 해산하였더이다"(출 1:19)라고 거짓말을 하였다. 이에 대하여 "하나님이 그 산파들에게 은혜를 베푸시니 그 백성은 번성하고 매우 강해지니라 그 산파들은 하나님을 경외하였으므로 하나님이 그들의 집안을 흥왕하게 하신지라"(출 1:20-21)고 하였다. 이와 같이 산파들은 하나님을 경외하였기 때문에 제6계명을 어기지 않았으며, 그 결과 하나님의 은혜와 축복이 주어졌다.

그리고 여리고 성이 멸망당할 때, 기생 라합도 정탐꾼을 숨겨 준 후, 왕의 사람들이 그들을 잡으러 왔을 때, "그 여인이 그 두 사람을 이미 숨긴지라 이르되 과연 그 사람들이 내게 왔었으나 그들이 어디에서 왔는지 나는 알지 못하였고 그 사람들이 어두워 성문을 닫을 때쯤 되어 나갔으니 어디로 갔는지 내가 알지 못하나 급히 따라가라 그리하면 그들을 따라잡으리라"고 거짓말을 하였으나, 사실은 "그가 이미 그들을 이끌고 지붕에 올라가서 그 지붕에 벌여 놓은 삼대에 숨겼더라"(수 2:4-6)고 했다. 이러한 기생 라합의 행위에 대하여 성경은 "믿음으로 기생 라합은 정탐꾼을 평안히 영접하였으므로 순종하지 아니한 자와 함께 멸망하지 아니하였도다"(히 11:31)라고 하였으며, "이와 같이 기생 라합이 사자들을 접대하여 다른 길로 나가게 할 때에 행함으로 의롭다 하심을 받은 것이 아니냐"(약 2:25)라고 오히려 칭찬을 하고 있다. 결과적으로 여리고 성이 무너질 때, 라합은 구원을 받았을 뿐만 아니라, 심지어 메시아의 족보에까지 오르는 명예와 축복을 받았다.

이와 같이 하나님을 경외하고 다른 사람의 생명을 구하기 위해 불가피하게 선의의 거짓말을 하는 경우, 성경은 이것을 정죄하지 않을뿐더러 오히려 하나님께서는 그들을 축복하셨음을 알 수 있다. 이것은 제6계명의 예외적인 경우, 즉 전쟁에 나가 다른 사람의 생명을 지키고 보호하기 위해 전투행위에서 적군을 죽이더라도 정당방위로 인정되는 것과 동일한 원리라고 하겠다. 즉, 제9계명에 있어서도 하나님을 경외함으로 말미암아 이웃의 안위와 생명을 보호하기 위하여 불가피하게 선의의 거짓말을 해야만 되는 예외적인 상황이 있을 수 있다는 것이다. 이러한 경우에 거짓말을 하는 것은 사람을 죽이며 더 큰 악을 행하고자 하는 의도를 무위화시킨다는 의미가 있을 것이다. 그러나 우리는 언제나 이웃을 해하기 위하여 거짓말하지 말며, 오직 진리 안에서 행하고 참된 것을 말하라는 하나님의 보편적인 명령을 결코 잊어서는 안 될 것이다. "여호와여 내 입에 파수꾼을 세우시고 내 입술의 문을 지키소서!"(시 141:3).

여호와여 내 입에 파수꾼을 세우시고
내 입술의 문을 지키소서
내 마음이 악한 일에 기울어
죄악을 행하는 자들과 함께 악을 행하지 말게 하시며
그들의 진수성찬을 먹지 말게 하소서
의인이 나를 칠지라도 은혜로 여기며
책망할지라도 머리의 기름 같이 여겨서
내 머리가 이를 거절하지 아니할지라
그들의 재난 중에도 내가 항상 기도하리로다

(시 141:3-5)

제 50 과
제10계명
: "네 이웃의 모든 소유를 탐내지 말라"

제79문 : 열째 계명은 무엇입니까?

답 : 열째 계명은 "네 이웃의 집을 탐내지 말라 네 이웃의 아내나 그의 남종이나 그의 여종이나 그의 소나 그의 나귀나 무릇 네 이웃의 소유를 탐내지 말라" 하는 것입니다.

출 20:17; 신 5:21

제80문 : 열째 계명에서 요구하는 것은 무엇입니까?

답 : 열째 계명에서 요구하는 것은 우리 이웃과 그에게 속한 모든 것에 대하여 옳고 사랑하는 마음을 가지면서 우리자신의 처지에 대하여는 완전히 만족을 느끼는 일입니다.

히 13:5; 딤전 6:6; 빌 2:4; 딤전 1:5

제81문 : 열째 계명에서 금하는 것은 무엇입니까?

답 : 열째 계명에서 금하는 것은 우리 이웃의 잘되는 것을 시기하고 싫어하면서 우리자신의 처지에 불만을 가지는 일과 이웃의 소유에 대하여 부당한 행동을 하거나 탐욕을 가지는 모든 것입니다.

고전 10:10; 갈 5:26; 약 3:14-16; 롬 7:7; 골 3:5

I. 인간의 이기적인 탐욕은 모든 죄의 근원이다

1. 탐욕이란 무엇을 의미하는가?

그 동안 우리가 함께 기독교 신앙의 진리를 배우며 익히고자 애쓰며 달려온 먼 길, 힘든 노정의 발걸음이 이제 드디어 그 믿음의 대장정이 끝나는 마지막 한 걸음인 제10계명에 도달하였다. 그런데 특별히 이 마지막 계명과 관련하여 우리는 십계명이 주어지고 있는 출애굽기와 신명기에서 조금씩 다른 두 가지 본문을 만나게 된다. 즉, 다른 계명들과는 달리 제10계명에서는 그 어순이나 사용된 단어가 조금씩 다르다. 먼저 본문을 살펴보면 다음과 같다.

> **출 20:17 :** 네 이웃의 집을 탐내지 말라 네 이웃의 아내나 그의 남종이나 그의 여종이나 그의 소나 그의 나귀나 무릇 네 이웃의 소유를 탐내지 말라
> **신 5:21 :** 네 이웃의 아내를 탐내지 말지니라 네 이웃의 집이나 그의 밭이나 그의 남종이나 그의 여종이나 그의 소나 그의 나귀나 네 이웃의 모든 소유를 탐내지 말지니라

이 두 가지 본문의 몇 가지 차이점을 살펴보면 출애굽기 본문에서는 7가지(1+6), 신명기는 8가지(1+7)를 말하며, 제일 먼저 언급하고 있는 것도 '이웃의 집'과 '이웃의 아내'로 그 순서가 바뀌어져 있다. 출애굽기 본문에서는 '집'이 그 다음에 오는 모든 권속과 재산을 포괄하는 개념으로 쓰인 반면, 신명기에서는 시대가 변함에 따라 '아내'가 단지 하나의 소유의 대상이 아니라 다른 소유재산들과 분리되어 하나의 인격체로서 가장 존귀

하고 중요한 보호의 대상으로 인식하게 되었다고 볼 수 있다. 또한 신명기 본문에서는 이제 언약백성들이 가나안 땅에 대한 입성을 앞두고 있는 시점이기 때문에 분배받을 토지(밭)가 첨가된 것이라고 생각할 수 있다.[1] 그러므로 두 본문의 강조점과 순서가 조금 바뀌긴 했지만, 두 본문에서 주어진 제10계명의 핵심 요점은 모두 인간의 이기적인 '탐욕'을 금하고 있다는 점에서 동일하다.

그렇다면 제10계명이 금하는 탐욕의 본질과 특징은 무엇인가? 제10계명에서 사용하고 있는 '탐하다'는 히브리어 단어로 '하마드'와 '아와' 이다. 전자는 '어떤 것에 대한 강한 욕망 혹은 탐심'(covet)을 의미하며, 후자는 주로 '욕정'(desire), '음욕'(lust)을 의미하는데, 이것은 종종 그에 따른 행위까지도 수반하는 개념이다. 그리고 신약에서 '에피투메테스'는 '음란한 탐욕'(cf. 고전 10:6)이나 '소유에 대한 불법적인 탐욕'(cf. 롬 7:7-8)을 의미하며, '플레오넥시아'는 "더 많은 것을 손에 움켜쥐려고 하는 결코 만족함이 없는 탐욕"(cf. 막 7:22; 롬 1:29; 엡 5:3; 살전 2:5)을 나타낸다. 그리고 '필라르구로스'는 "세상의 것에 대한 과도하며 헛된 욕망"(cf. 히 13:5)을 의미한다.[2] 그러므로 어거스틴은 탐욕을 "필요 이상의 것을 갈망하는 것"(plus velle quam sat est)이라고 규정하였다.[3]

이와 같이 성경이 말하는 이기적인 탐욕은 "자신의 것 외에 다른 사람이나 소유에 대한 불법적인 탐욕이나 혹은 결코 만족함을 모르는 과도하고도 헛된 탐심"을 의미한다고 볼 수 있다. 그리고 다른 계명들이 특정한 행위를 명령하거나 금하는 것이라면, 제10계명의 특징은 그러한 모든 행위의 근원이 되는 인간의 부패한 본성, 즉 우리의 마음속 깊은 곳에 자리하고 있어 보이지 아니하는 모든 죄악의 근원인 탐욕을 금하고 있는 것이다.[4] 그러므로 "만물보다 거짓되고 심히 부패한 것은 마음이라"(렘 17:9)고

하였다. 그러나 그렇게 은밀하게 숨겨진 탐욕은 언제나 인간을 사로잡아 불타오르게 하고 결국에는 모든 구체적인 행위로 드러나게 된다.

잠 30:15-16 : 거머리에게는 두 딸이 있어 다오 다오 하느니라 족한 줄을 알지 못하여 족하다 하지 아니하는 것 서넛이 있나니 곧 스올과 아이 배지 못하는 태와 물로 채울 수 없는 땅과 족하다 하지 아니하는 불이니라

창 6:5 : 여호와께서 사람의 죄악이 세상에 가득함과 그의 마음으로 생각하는 모든 계획이 항상 악할 뿐임을 보시고

미 2:1-2 : 그들이 침상에서 죄를 꾀하며 악을 꾸미고 날이 밝으면 그 손에 힘이 있으므로 그것을 행하는 자는 화 있을진저 밭들을 탐하여 빼앗고 집들을 탐하여 차지하니 그들이 남자와 그의 집과 사람과 그의 산업을 강탈하도다

삼상 16:7 : 그의 용모와 키를 보지 말라 내가 이미 그를 버렸노라 내가 보는 것은 사람과 같지 아니하니 사람은 외모를 보거니와 나 여호와는 중심을 보느니라 하시더라

마 23:25 : 화 있을진저 외식하는 서기관들과 바리새인들이여 잔과 대접의 겉은 깨끗이 하되 그 안에는 탐욕과 방탕으로 가득하게 하는도다

막 7:20-23 : 또 이르시되 사람에게서 나오는 그것이 사람을 더럽게 하느니라 속에서 곧 사람의 마음에서 나오는 것은 악한 생각 곧 음란과 도둑질과 살인과 간음과 탐욕과 악독과 속임과 음탕과 질투와 비방과 교만과 우매함이니 이 모든 악한 것이 다 속에서 나와서 사람을 더럽게 하느니라

2. 왜 탐욕이 무서운 죄인가?

이미 언급한 바와 같이, 그 내용으로 볼 때 제10계명은 그에 앞선 모든

계명들을 종합하는 것이요 그 최종적인 결론으로서, 모든 것의 근원적 문제인 인간의 부패한 본성으로부터 나오는 '이기적인 탐욕'을 금하고 있는 것이다.[5] 그렇기 때문에 성경은 "오직 각 사람이 시험을 받는 것은 자기 욕심에 끌려 미혹됨이니 욕심이 잉태한즉 죄를 낳고 죄가 장성한즉 사망을 낳느니라"(약 1:14-15)라고 말씀하고 있다. 즉, 이웃의 아내나 여종을 탐내는 자는 제7계명이 금하고 있는 '간음'의 범죄로 나아가게 되는데, "음욕을 품고 여자를 보는 자마다 마음에 이미 간음하였느니라"(마 5:28)고 했다. 또한 이웃의 집과 밭, 종, 소나 나귀, 그리고 그의 모든 소유를 탐내는 것은 제8계명이 금하는 '도둑질' 하는 것으로 나타날 것이다. 더불어 이웃의 존귀한 지위나 명예를 질시하여 탐하게 되면, 제9계명이 금하고 있는 악의에 찬 거짓으로 비방하고 중상 모략하는 범죄로 이어질 것이다. 그리고 이러한 모든 탐욕이 그 도가 지나치게 되면 불법적인 강탈이 이루어지게 되고, 마침내 제6계명이 금하고 있는 '살인행위'로도 이어질 것이다. 오늘 이 시간에도 한 푼의 돈 때문에 도처에서 수없이 행해지는 직·간접적인 살인행위들이 뉴스기사를 채우고 있다. 뿐만 아니라, 이기적인 탐욕으로 말미암아 심지어 부모의 것까지도 도둑질하며 그 부모에게까지 패역하게 될 것이므로 결국 제5계명을 범하게 된다(cf. 마 7:10-12; 잠 28:24). 이미 부모로부터 상속받을 재산 때문에 자신의 부모를 죽였다는 경악할 만한 뉴스를 심심찮게 듣게 되는 패역한 세상이 되었다.

그러나 이러한 인간의 이기적인 탐욕은 비단 사람과 사람 사이의 문제에 그치지 않고, 마침내 하나님까지도 부정하게 될 것이므로, 제1계명으로부터 제4계명까지도 온전히 무시하고 부정하게 된다. 즉, 첫 인간 아담의 원초적 범죄의 밑바닥에는 피조물인 인간이 창조자인 '하나님과 같이' 되고자 했던 교만한 인간중심적인 탐욕이 그를 유혹한 뱀처럼 또아리를 틀고 있다. 이렇게 탐욕에 사로잡힌 사람은 돈이 된다면 우상이라도 만들어 팔 것이며(제2계명 위반), 하나님의 거룩한 이름을 망령되이 부르며 자신의 배를 채우기 위한 종교적인 장사행위도 마다하지 않을 것이고(제3계명 위반), 또한 그러한 사람이 돈버는 일을 쉬면서 안식일(주일)을 거룩하게 지킨다는 것은 이미 어불성설이다(제4계명 위반). 더 나아가 그에게는 이미 맘몬이라는 돈과 재물의 우상이 그의 신이 될 뿐이며, 또한 그 마음이 심히 교만하여 스스로 하나님의 자리에 앉게 된다(제1계명 위반). 그러므로 성경은 "네 마음이 교만하여 말하기를 나는 신이라 내가 하나님의 자리 곧 바다 가운데에 앉아 있다 하도다 네 마음이 하나님의 마음 같은 체할지라도 너는 사람이요 신이 아니거늘 … 네 지혜와 총명으로 재물을 얻었으며 금과 은을 곳간에 저축하였으며 네 큰 지혜와 네 무역으로 재물을 더하고 그 재물로 말미암아 네 마음이 교만하였도다"(겔 28:2-5)라고 하였다.

이러한 이유로 해서 바울은 "탐심은 우상 숭배"(골 3:5)라고 말하고, "탐하는 자는 곧 우상 숭배자"(엡 5:5)라고 했다. 예수님께서도 "한 사람이 두 주인을 섬기지 못할 것이니 혹 이를 미워하고 저를 사랑하거나 혹 이를 중히 여기고 저를 경히 여김이라 너희가 하나님과 재물을 겸하여 섬기지 못하느니라"(마 6:24)고 말씀하셨다. 무릇 "악인은 그의 마음의 욕심을 자랑하며 탐욕을 부리는 자는 여호와를 배반하여 멸시하나이다"(시 10:4). 이와 같이 인간의 이기적인 탐욕은 이웃뿐만 아니라 자신까지도 파멸시키며, 나아가 심지어 하나님까지도 부인하고 스스로 신이 되고자 하는 이 모든 패역한 죄의 근원 또는 시발점이 되기 때문에 무서운 범죄가 되는 것이다. 그러므로 "부하려 하는 자들은 시험과 올무와 여러 가지 어리석고 해로운 욕심에 떨어지나니 곧 사람으로 파멸과 멸망에 빠지게 하는 것이라 돈을 사랑함이 일만 악의 뿌리가 되나니 이것을 탐내는 자들은 미혹을 받아 믿음에서 떠나 많은 근심으로써 자기를 찔렀도다"(딤전 6:9-10)라고 했다. 러시아의 대문호인 톨스토이는 『인간은 얼마만큼의 땅을 필요로 하는가?』[6]라는 그의 단편소설에서 인간의 탐욕이 어떻게 그 자신을 파멸시키는지 잘 보여주고 있다.

엡 2:3 : 전에는 우리도 다 그 가운데서 우리 육체의 욕심을 따라 지내며 육체와 마음의 원하는 것을 하여 다른 이들과 같이 본질상 진노의 자녀이었더니

벧후 2:14 : 음심이 가득한 눈을 가지고 범죄하기를 그치지 아니하고 굳세지 못한 영혼들을 유혹하며 탐욕에 연단된 마음을 가진 자들이니 저주의 자식이라

약 4:1-2 : 너희 중에 싸움이 어디로부터 다툼이 어디로부터 나느냐 너희 지체 중에서 싸우는 정욕으로부터 나는 것이 아니냐 너희는 욕심을 내어도 얻지 못하여 살인하며 시기하여도 능히 취하지 못하므로 다투고 싸우는도다

잠 28:24-25 : 부모의 물건을 도둑질하고서도 죄가 아니라 하는 자는 멸망받게 하는 자의 동류니라 욕심이 많은 자는 다툼을 일으키나 여호와를 의지하는 자는 풍족하게 되느니라

엡 5:3-5 : 음행과 온갖 더러운 것과 탐욕은 너희 중에서 그 이름조차도 부르지 말라 이는 성도에게 마땅한 바니라 … 너희도 정녕 이것을 알 거니와 음행하는 자나 더러운 자나 탐하는 자 곧 우상 숭배자는 다 그리스도와 하나님의 나라에서 기업을 얻지 못하리니

미 3:11-12 : 그들의 우두머리들은 뇌물을 위하여 재판하며 그들의 제사장은 삯을 위하여 교훈하며 그들의 선지자는 돈을 위하여 점을 치면서도 여호와를 의뢰하여 이르기를 여호와께서 우리 중에 계시지 아니하냐 재앙이 우리에게 임하지 아니하리라 하는도다 이러므로 너희로 말미암아 시온은 갈아엎은 밭이 되고 예루살렘은 무더기가 되고 성전의 산은 수풀의 높은 곳이 되리라

II. 탐욕으로부터 자유하고 스스로 자족하라

1. 탐욕으로부터 자유하라

전도자는 말하기를 "내가 해 아래에서 큰 폐단 되는 일이 있는 것을 보았나니 곧 소유주가 재물을 자기에게 해가 되도록 소유하는 것이라"(전 5:13)고 하였다. 지나친 탐욕과 그로 인하여 손에 움켜진 넘쳐나는 재물은 오히려 모든 근심의 시작이 되며, 자신에게 해가 되는 경우가 많다. "노동자는 먹는 것이 많든지 적든지 잠을 달게 자거니와 부자는 그 부요함 때문에 자지 못하느니라 일평생을 어두운 데에서 먹으며 많은 근심과 질병과 분노가 그에게 있느니라"(전 5:12, 17)고 했다. 그러므로 예수님께서도 "삼가 모든 탐심을 물리치라 사람의 생명이 그 소유의 넉넉한 데 있지 아니하니라"(눅 12:15)고 말씀하셨다. 우리를 파멸로 이끌어 가는 탐욕을 치유하는 길은 우리의 끝없는 탐욕을 절제하고 헛된 욕망을 내다 버리는 것이며, 나아가 그것으로부터 자유하는 것이다. 이에 대해 성경은 "이익을 탐하는 자는 자기 집을 해롭게 하나 뇌물을 싫어하는 자는 살게 되느니라"(잠 15:27)고 했다.

또한 탐욕으로부터 진정으로 자유함을 얻기 위한 첫 번째 방법은 이 땅에서의 우리의 삶이 유한하며 분토와 같다는 사실을 항상 잊지 않고 기억하는 것이다. 성경은 "우리의 모든 날이 주의 분노 중에 지나가며 우리의 평생이 순식간에 다하였나이다 우리의 연수가 칠십이요 강건하면 팔십이라도 그 연수의 자랑은 수고와 슬픔뿐이요 신속히 가니 우리가 날아가나이다"(시 90:9-10)라고 했다. 우리는 어리석은 부자와 같이 이 땅에서의 삶이 영원할 것처럼 생각하여 자신의 곳간에 넘치도록 채우며 쌓아두고자 하는 탐심이 결국 헛된 것이라는 것을 배워야 할 것이다(cf. 눅 12:16-21). 그러므로 "전도자가 이르되 헛되고 헛되며 헛되고 헛되니 모든 것이 헛되도다 해 아래에서 수고하는 모든 수고가 사람에게 무엇이 유익한가 내가 해 아래에서 행하는 모든 일을 보았노라 보라 모두 다 헛되어 바람을 잡으려는 것이로다"(전 1:2-3, 14)라고 고백하고 있음을 항상 기억해야 할 것이다. 결국 하나님께서 우리에게 분배하시지 아니한 것을 얻으려고 끝없이 탐하는 우리의 모든 허영과 탐욕은 오직 스스로를 파멸로 이끌어 가는 헛된 것일 따름이다.

- **전 5:10** : 은을 사랑하는 자는 은으로 만족하지 못하고 풍요를 사랑하는 자는 소득으로 만족하지 아니하나니 이것도 헛되도다
- **요일 2:15-17** : 이 세상이나 세상에 있는 것들을 사랑하지 말라 누구든지 세상을 사랑하면 아버지의 사랑이 그 안에 있지 아니하니 이는 세상에 있는 모든 것이 육신의 정욕과 안목의 정욕과 이생의 자랑이니 다 아버지께로부터 온 것이 아니요 세상으로부터 온 것이라 이 세상도, 그 정욕도 지나가되 오직 하나님의 뜻을 행하는 자는 영원히 거하느니라
- **시 39:4-7** : 여호와여 나의 종말과 연한이 언제까지인지 알게 하사 내가 나의 연약함을 알게 하소서 주께서 나의 날을 한 뼘 길이만큼 되게 하시매 나의 일생이 주 앞에는 없는 것 같사오니 사람은 그가 든든히 서 있을 때에도 진실로 모두가 허사뿐이니이다 (셀라) 진실로 각 사람은 그림자 같이 다니고 헛된 일로 소란하며 재물을 쌓으나 누가 거둘는지 알지 못하나이다 주여 이제 내가 무엇을 바라리요 나의 소망은 주께 있나이다

2. 스스로 자족하라

탐욕을 치유하는 두 번째 방법은 하나님께서 우리에게 분배해 주신 것

에 온전히 만족하며, 스스로 자족하는 것이다. 대체로 탐욕은 자신이 가진 것에 대하여 만족하지 못하기 때문에 생겨난다. 탐욕은 항상 자신이 가진 것보다 '더 많은'(more and more) 것을 요구하기 때문이다. 그러나 인간의 타락한 본성은 결코 만족함이 없다. 이것이 인간의 부패한 본성에 기인한 탐욕이 가지는 비참함의 본질이다. 뿐만 아니라 탐욕의 비극은 주로 자신의 것과 다른 사람이 가진 것을 비교함에서 일어난다. 자신이 가진 것이 적다는 사실이 문제되는 것이 아니라 다른 사람보다 '더 적게'(less than the others) 가진 것이 항상 문제가 되는 것이다. 그리하여 탐욕은 항상 다른 사람이 가진 것보다 '더 많이'(more than the others), '더 좋은'(better than the others) 것을 요구한다. 그렇기 때문에 이웃의 모든 소유에 대하여 탐심이 일어나게 되는 것이다. 아합 왕은 자신이 필요로 하는 재물을 이미 충분히 가졌음에도 불구하고, 나봇의 아름다운 포도원을 탐하여 결국에는 살인까지 저지르게 된다(cf. 왕상 21:1-16). 다윗 왕도 자신의 아내와 많은 시녀들이 있었음에도 불구하고, 스스로 만족하지 못하고 이웃의 아름다운 아내를 탐하여 결국 사람을 죽게 하는 무서운 죄를 범하였다(cf. 삼하 11:2-27).

그러므로 우리는 아굴이 기도한 것처럼 "나를 가난하게도 마옵시고 부하게도 마옵시고 오직 필요한 양식으로 나를 먹이시옵소서 혹 내가 배불러서 하나님을 모른다 여호와가 누구냐 할까 하오며 혹 내가 가난하여 도둑질하고 내 하나님의 이름을 욕되게 할까 두려워함이니이다"(잠 30:8-9)라고 기도해야 할 것이다. 왜냐하면 "우리가 세상에 아무 것도 가지고 온 것이 없으매 또한 아무 것도 가지고 가지 못하리니 우리가 먹을 것과 입을 것이 있은즉 족한 줄로 알 것이니라"(딤전 6:6-7)고 했기 때문이다. 오직 "여호와는 나의 산업과 나의 잔의 소득이시니 나의 분깃을 지키시나이다 내게 줄로 재어 준 구역은 아름다운 곳에 있음이여 나의 기업이 실로 아름답도다"(시 16:5-6)함과 같다. 하나님께서는 이미 우리에게 필요한 모든 것을 주셨고 즐거움으로 그것을 누리게 하셨다. 그러나 부패한 탐욕의 비참함은 하나님께서 우리에게 주신 것마저도 즐거움으로 누리지 못하게 한다는 점이다. 이것이 우리를 속이는 자, 사탄의 치명적인 계략이다.

그러므로 우리가 이미 가진 것으로 만족하고 감사하면, 그것이 우리에게 참된 기쁨이 될 것이다. 참된 행복은 우리의 탐욕의 손길이 결코 미치지 못할 만큼 아주 멀리 있는 것이 아니라, 바로 자족하고 감사하며 즐거워하는 우리 자신의 마음속에 있다. 왜냐하면 "어떤 사람에게든지 하나님이 재물과 부요를 그에게 주사 능히 누리게 하시며 제 몫을 받아 수고함으로 즐거워하게 하신 것은 하나님의 선물이라"(전 5:19)고 했기 때문이다. 그리고 앞으로도 항상 "나의 하나님이 그리스도 예수 안에서 영광 가운데 그 풍성한 대로 너희 모든 쓸 것을 채우시리라"(빌 4:19)는 사도 바울의 권면을 기억하도록 하자.

- **히 13:5-6** : 돈을 사랑하지 말고 있는 바를 족한 줄로 알라 그가 친히 말씀하시기를 내가 결코 너희를 버리지 아니하고 너희를 떠나지 아니하리라 하셨느니라 그러므로 우리가 담대히 말하되 주는 나를 돕는 이시니 내가 무서워하지 아니하겠노라 사람이 내게 어찌하리요 하노라
- **딤전 6:6-12** : 그러나 자족하는 마음이 있으면 경건은 큰 이익이 되느니라 우리가 세상에 아무 것도 가지고 온 것이 없으매 또한 아무 것도 가지고 가지 못하리니 우리가 먹을 것과 입을 것이 있은즉 족한 줄로 알 것이니라 부하려 하는 자들은 시험과 올무와 여러 가지 어리석고 해로운 욕심에 떨어지나니 곧 사람으로 파멸과 멸망에 빠지게 하는 것이라 돈을 사랑함이 일만 악의 뿌리가 되나니 이것을 탐내는 자들은 미혹을 받아 믿음에서 떠나 많은 근심으로써 자기를 찔

렀도다 오직 너 하나님의 사람아 이것들을 피하고 의와 경건과 믿음과 사랑과 인내와 온유를 따르며 믿음의 선한 싸움을 싸우라 영생을 취하라 이를 위하여 네가 부르심을 받았고 많은 증인 앞에서 선한 증언을 하였도다

빌 4:11-13 : 내가 궁핍하므로 말하는 것이 아니니라 어떠한 형편에든지 나는 자족하기를 배웠노니 나는 비천에 처할 줄도 알고 풍부에 처할 줄도 알아 모든 일 곧 배부름과 배고픔과 풍부와 궁핍에도 처할 줄 아는 일체의 비결을 배웠노라 내게 능력 주시는 자 안에서 내가 모든 것을 할 수 있느니라

시 107:9 : 그가 사모하는 영혼에게 만족을 주시며 주린 영혼에게 좋은 것으로 채워주심이로다

3. 자신의 일에 최선을 다하고 선한 일에 힘쓰라

탐욕에서 자유하는 세 번째 방법은 우리에게 맡겨진 일에 최선을 다하고, 그것을 통하여 주시는 우리의 분깃을 기뻐하며 즐거이 누리는 것이다. 즉, 성경은 남의 손에 있는 것을 불법적으로 탐하며, 헛된 것에 집착하여 끝없이 욕심을 내는 이기적인 탐욕을 금하라고 하지만, 이것이 곧 자신의 소유재산을 가지거나 더하지 말라거나, 혹은 자신에게 맡겨진 일에 최선을 다하지 말라는 의미가 결코 아니다. 우리가 정당하게 땀 흘리고 수고하여 자신의 재산을 소유하는 것이나, 그렇게 하여 소유한 재물자체가 악한 것은 아니다. 왜냐하면 하나님께서는 우리에게 재물 얻을 능력도 주셨을 뿐만 아니라(신 8:18), 모든 필요한 것들 주시되 "후히 되어 누르고 흔들어 넘치도록 하여 너희에게 안겨 주리라"(눅 6:38)고 약속하셨기 때문이다.

그러나 항상 더 많은 것을 끝없이 탐하는 우리의 이기적인 탐욕이 언제나 문제인 것이다. 오히려 하나님께서는 우리에게 그 모든 좋은 은사와 달

란트를 맡겨 주시며, 그에게 맡겨진 모든 것에 최선을 다하며 충성을 다할 것을 요구하신다. 우리는 항상 하나님께서 우리에게 이 세상에서 나그네의 삶을 사는 동안에 누리라고 주신 그 재물을 가지고 선한 일을 행하며 나누어 주기에 힘쓰며, 또한 그것으로 하나님을 섬기며 그의 귀한 일에 쓰임받기를 구해야 할 것이다. 그러므로 "하나님이 능히 모든 은혜를 너희에게 넘치게 하시나니 이는 너희로 모든 일에 항상 모든 것이 넉넉하여 모든 착한 일을 넘치게 하게 하려 하심이라"(고후 9:8)고 하였다.

- 잠 10:2-4 : 불의의 재물은 무익하여도 공의는 죽음에서 건지느니라 여호와께서 의인의 영혼은 주리지 않게 하시나 악인의 소욕은 물리치시느니라 손을 게으르게 놀리는 자는 가난하게 되고 손이 부지런한 자는 부하게 되느니라
- 딤전 6:17-19 : 네가 이 세대에서 부한 자들을 명하여 마음을 높이지 말고 정함이 없는 재물에 소망을 두지 말고 오직 우리에게 모든 것을 후히 주사 누리게 하시는 하나님께 두며 선을 행하고 선한 사업을 많이 하고 나누어 주기를 좋아하며 너그러운 자가 되게 하라 이것이 장래에 자기를 위하여 좋은 터를 쌓아 참된 생명을 취하는 것이니라
- 잠 3:9-10 : 네 재물과 네 소산물의 처음 익은 열매로 여호와를 공경하라 그리하면 네 창고가 가득히 차고 네 포도즙 틀에 새 포도즙이 넘치리라

4. 하나님의 섭리의 손길을 의지하고 천국을 소망하라

우리의 불의한 탐욕을 제거하는 궁극적인 방법은 항상 우리와 함께하시며 도우시는 하나님의 섭리의 손길을 의지하고, 또한 우리의 영원한 기업

인 천국을 소망하는 것이다. 왜냐하면 우리가 항상 이 썩어 없어질 땅의 것을 찾고 어리석은 부자처럼 먼지와 같이 사라질 재물에 대하여 끝없이 탐욕을 가지는 근원에는 결국 하나님의 섭리의 손길과 '여호와 이레'(미리 준비하시는 여호와, 창 22:14)를 믿지 아니하는 불신앙이 자리하고 있기 때문이다. 그러나 하나님께서는 언제나 때에 따라 돕는 은혜를 베푸시며, 나아가 하나님 자신이 우리에게 '지극히 큰 상급'이 되어 주셨다(cf. 창 15:1).

하나님께서는 산과 들에 이름없이 피어있는 들풀 하나도 그 모든 아름다움으로 입히시며, 참새 한 마리의 생명도 그냥 내어버려 두시지 아니 하신다. "그러므로 염려하여 이르기를 무엇을 먹을까 무엇을 마실까 무엇을 입을까 하지 말라 이는 다 이방인들이 구하는 것이라 너희 하늘 아버지께서 이 모든 것이 너희에게 있어야 할 줄을 아시느니라 그런즉 너희는 먼저 그의 나라와 그의 의를 구하라 그리하면 이 모든 것을 너희에게 더하시리라 그러므로 내일 일을 위하여 염려하지 말라 내일 일은 내일이 염려할 것이요 한 날의 괴로움은 그 날로 족하니라"(마 6:31-34)고 말씀하셨다. 그리고 참으로 "하나님이 모든 것을 지으시되 때를 따라 아름답게 하셨고 또 사람들에게는 영원을 사모하는 마음을 주셨느니라 그러나 하나님이 하시는 일의 시종을 사람으로 측량할 수 없게 하셨도다"(전 3:11)라고 했다.

우리는 우리를 자녀 삼으시고 우리에게 가장 좋은 것으로 넘치도록 채워주시기를 원하시는 하나님의 신실하고도 선하신 뜻과 자비로운 은혜의 손길을 항상 의지해야 할 것이다. 그러므로 "내가 결코 너희를 버리지 아니하고 너희를 떠나지 아니하리라"(히 13:5)고 하시며, 또한 "볼지어다 내가 세상 끝날까지 너희와 항상 함께 있으리라"(마 28:20)는 주님의 약속을 믿고 의지해야만 한다. "너희를 위하여 보물을 땅에 쌓아 두지 말라 거기는 좀과 동록이 해하며 도둑이 구멍을 뚫고 도둑질하느니라 오직 너희를 위하여 보물을 하늘에 쌓아 두라 거기는 좀이나 동록이 해하지 못하며 도둑이 구멍을 뚫지도 못하고 도둑질도 못하느니라 네 보물 있는 그 곳에는 네 마음도 있느니라"(마 6:19-21)고 하였다. 뿐만 아니라 우리는 이미 예수 그리스도 안에서 영원한 생명을 얻었고 누리고 있으며, 썩지 아니하고 쇠하지 아니할 천국의 영원한 기업을 소유한 사람들이다.

이와 같이 우리에게 영원한 기업으로 주어진 천성을 향해 가는 인생 나그네 먼 길을 가는 동안, "그러므로 너희가 그리스도와 함께 다시 살리심을 받았으면 위의 것을 찾으라 거기는 그리스도께서 하나님 우편에 앉아 계시느니라 위의 것을 생각하고 땅의 것을 생각하지 말라 이는 너희가 죽었고 너희 생명이 그리스도와 함께 하나님 안에 감추어졌음이라 우리 생명이신 그리스도께서 나타나실 그 때에 너희도 그와 함께 영광 중에 나타나리라 그러므로 땅에 있는 지체를 죽이라 곧 음란과 부정과 사욕과 악한 정욕과 탐심이니 탐심은 우상 숭배니라 이것들로 말미암아 하나님의 진노가 임하느니라"(골 3:1-6)는 말씀을 언제나 기억하도록 하자. "내가 진실로 속히 오리라 하시거늘, 아멘 주 예수여 오시옵소서! 주 예수의 은혜가 모든 자들에게 있을지어다. 아멘!"(계 22:20-21).

> **전 5:18-20** : 사람이 하나님께서 그에게 주신 바 그 일평생에 먹고 마시며 해 아래에서 하는 모든 수고 중에서 낙을 보는 것이 선하고 아름다움을 내가 보았나니 그것이 그의 몫이로다 또한 어떤 사람에게든지 하나님이 재물과 부요를 그에게 주사 능히 누리게 하시며 제 몫을 받아 수고함으로 즐거워하게 하신 것은 하나님의 선물이라 그는 자기의 생명의 날을 깊이 생각하지 아니하리니 이는 하나님이 그의 마음에 기뻐하는 것으로 응답하심이니라
>
> **창 15:1** : 이 후에 여호와의 말씀이 환상 중에 아브람에게 임하여 이르시되

아브람아 두려워하지 말라 나는 네 방패요 너의 지극히 큰 상급이
니라

벧전 1:3-4 : 우리 주 예수 그리스도의 아버지 하나님을 찬송하리로다 그의 많으신 긍휼대로 예수 그리스도를 죽은 자 가운데서 부활하게 하심으로 말미암아 우리를 거듭나게 하사 산 소망이 있게 하시며 썩지 않고 더럽지 않고 쇠하지 아니하는 유업을 잇게 하시나니 곧 너희를 위하여 하늘에 간직하신 것이라

벧후 3:12-14 : 하나님의 날이 임하기를 바라보고 간절히 사모하라 그 날에 하늘이 불에 타서 풀어지고 물질이 뜨거운 불에 녹아지려니와 우리는 그의 약속대로 의가 있는 곳인 새 하늘과 새 땅을 바라보도다 그러므로 사랑하는 자들아 너희가 이것을 바라보나니 주 앞에서 점도 없고 흠도 없이 평강 가운데서 나타나기를 힘쓰라

네 보화를 티끌로 여기고

오빌의 금을 계곡의 돌로 여기라

그리하면 전능자가 네 보화가 되시며

네게 고귀한 은이 되시리니

이에 네가 전능자를 기뻐하여

하나님께로 얼굴을 들 것이라

(욥 22:24-26)

주(註)

33과

1) 주기도문을 해설한 문헌들로는 다음의 저작들을 참고하라. 김홍전,『주기도문 강해』(서울: 성약, 2008), 그리고『예수님께서 가르치신 기도』(서울: 성약, 2003); 김세윤,『주기도문 강해』(서울: 두란노아카데미, 2000); 최갑종,『예수님이 주신 기도』(서울: 이레서원, 2005); Thomas Watson, *The Lord's Prayer*, 이기양 역,『주기도문 해설』(서울: CLC, 1989), etc.

2) 칼빈은 말하기를 주기도문은 "우리의 최대의 교사이신 그리스도께서 주신 이를테면 기도의 표준이다. … 하나님께서 여기에 요약하신 것은 그에게 합당한 것, 그가 기뻐하시는 것, 우리에게 필요한 것 – 요컨대 그가 기꺼이 주시고자 하는 것이다"라고 한다. Calvin,『기독교 강요』, III. xx. 48. "따라서 주기도문은 '모든 기도 중의 기도'이며, 예수님의 인격과 사역을 바라볼 수 있는 '복음 중의 복음'이며, 우리의 전(全) 신분과 삶을 조망하여 볼 수 있는 '거울 중의 거울'이라고 할 수 있다." 최갑종,『예수님이 주신 기도』, 16.

3) Cf. 김홍전,『예수님께서 가르치신 기도』, 55-69; 김세윤,『주기도문 강해』, 64f.

4) 주기도문의 배경과 본문의 분석과 관련한 상세한 내용은 김세윤,『주기도문 강해』, 10-38; 최갑종,『예수님이 주신 기도』, 18-38을 참조하라.

5) Cf. 김세윤,『주기도문 강해』, 39-57; 최갑종,『예수님이 주신 기도』, 39-43.

6) 이 주제와 관련하여 다음 저작을 보라. Graeme Goldsworthy, *Prayer and the Knowledge of God* (Leicester, UK: InterVarsity Press, 2003), 정옥배 역,『기도와 하나님을 아는 지식』(서울:IVP, 2005); J. I. Packer and Carolyn Nystrom, *Praying: Finding Our Way through Duty to Delight* (Downers Grove, IL: InterVarsity Press, 2006), 정옥배 역,『제임스 패커의 기도』(서울: IVP, 2008).

7) Cf. 김홍전,『주기도문 강해』, 16.

8) Cf. 김세윤,『주기도문 강해』, 72f.

9) Cf. 최갑종, 『예수님이 주신 기도』, 81.

10) 왓슨은 하나님께서 우리에게 가장 '좋으신 아버지이심'의 의미를 다음과 같이 나열하고 있다: "(1) 그는 태초부터 계시다는 점에서 이다. (2) 하나님이 가장 좋으신 이신 것은 그가 완전하시기 때문이다. (3) 하나님은 지혜에 있어 가장 좋으신 아버지이시다. (4) 그는 가장 많이 사랑하시기 때문에 좋은 아버지이시다. (5) 그는 풍성함에 있어서 가장 좋으신 아버지이시다. (6) 하나님이 가장 좋은 아버지이심은 그가 그의 자녀들을 개혁할 수 있기 때문이다. (7) 하나님은 절대로 죽지 않으시기 때문에 가장 좋은 아버지이시다." Watson, 『주기도문 해설』, 9-12. 나아가 그는 우리가 "하나님을 우리의 아버지로 모시는 행복"을 다음과 같이 말하고 있다: (1) 만일 하나님이 우리 아버지시라면 그는 우리를 가르치실 것이다. (2) 그는 우리를 향하여 연모 [즉, 사랑과 애정]를 가지실 것이다. (3) 그는 결점이 많고 상처받은 우리에 대하여 공감으로 충만하실 것이다. (4) 그는 우리에게서 보시는 가장 미미한 선도 눈여겨보실 것이다. (5) 그는 우리가 하는 모든 일을 선의로 해석하실 것이다. (6) 그는 우리의 잘못을 적절하게 우리를 교정(correct) 하실 것이다. (7) 그는 우리의 모든 고생에 긍휼을 섞으실 것이다. (8) 악한 사탄이 우리를 이기지 못하실 것이다. (9) 아무런 참된 불행도 우리에게 닥치지 않을 것이다. (10) 우리는 은혜의 보좌에 즐거운 마음으로 나아갈 수 있을 것이다. (11) 그는 우리와 위험 사이에 서실 것이며, 방패가 되시어 그 위험을 막으실 것이다. (12) 우리에게 온갖 좋은 것들에 부족함이 없을 것이다. (13) 성경에서 약속하신 모든 것이 우리의 것이 될 것이다. (14) 그의 모든 자녀들을 정복자로 삼으실 것이다. (15) 그는 시시때때로 얼마간의 사랑의 증표들을 보여주실 것이다. (16) 그는 우리를 즐겁게 해 주시고 아끼실 것이다. (17) 그는 마지막 날에 우리에게 존귀와 명성으로 입히실 것이다. (18) 그는 우리에게 영원한 왕국을 상속으로 주실 것이다, etc. (pp. 30-48 참조).

11) 이점과 관련하여 골즈워디가 말하는 다음의 진술은 우리가 경청할 만한 것이다: "성령 안에서 기도하는 것은 하나님의 말씀 안에 나타난 하나님의 계시된 뜻에 따라 기도하는 것이다. 성령 안에서 기도하지 않는다면 말씀을 무시하고 하나님이 계시한 것을 무시하며 기도할 수밖에 없다. 탐욕과 권능에 대한 욕구, 이기심 혹은 어떠한 죄된 욕구가 동기가 된 기도는 성령 안에서 하는 기도가 아니다." Goldsworthy, .『기도와 하나님을 아는 지식』, 103.

34과

1) Cf. 김세윤, 『주기도문 강해』, 33f; 최갑종, 『예수님이 주신 기도』, 88f; Watson, 『주기도문 해설』, 70f.
2) 이 부분의 내용은 "제5과, 하나님의 본질과 속성"의 내용을 참조하라.
3) Cf. 김홍전, 『주기도문 강해』, 33f; 최갑종, 『예수님이 주신 기도』, 94.
4) Cf. 김세윤, 『주기도문 강해』, 33f.
5) 이점과 관련하여 왓슨은 다음과 같이 말하고 있다. "하나님의 이름을 거룩하게 한다는 것은 모든 남용으로부터 이것을 따로 구별해 놓는 것이며, 그리고 이것을 거룩하게 또 경건하게 사용하는 것이다. 특히 하나님의 이름을 거룩하게 하는 것은 그에게 최고의 존귀와 존경을 드리는 것이며, 그의 이름을 신성하게 하는 것이다. 우리는 그의 본질적인 영광에는 아무 것도 더 보탤 수 없다. 그러나 우리는 그를 세상에서 높이며 다른 사람들의 눈에 그들 보다 위대하게 보이도록 할 때에 그의 이름을 존귀케 하고 성결케 한다고 말한다." Watson, 『주기도문 해설』, 71.
6) Cf. 최갑종, 『예수님이 주신 기도』, 95ff.
7) Cf. 김홍전, 『주기도문 강해』, 39ff.
8) 보다 상세한 내용들은 Watson, 『주기도문 해설』, 71-83을 참조하라.

35과

1) Cf. 최갑종, 『예수님이 주신 기도』, 106f.

2) Cf. 김홍전, 『예수께서 가르치신 기도』, 127-29.

3) Cf. 양용의, 『하나님 나라 어떻게 이해할 것인가』 (서울: 성서유니온선교회, 2005), 20-27.

4) Cf. 김세윤, 『주기도문 강해』, 87-93.

5) 현대신학에 있어 '하나님 나라'의 개념은 아주 중요한 것이다. 이러한 '하나님 나라'의 의미에 대하여는 다음의 자료를 보라. G. R. Beasley-Murray, *Jesus and the Kingdom of God* (Grand Rapids: Eerdmans, 1986), 박문재 역, 『예수와 하나님 나라』 (서울: 크리스쳔다이제스트, 1991); Herman Ridderbos, *The Coming of the Kingdom*, trans. H. de Jongste (Philadelphia: P&R Publishing, 1962), 오광만 역, 『하나님 나라』 (서울: 엠마오, 1988); Oscar Cullmann, *Salvation in History*, trans. Sidney G. Sowers (New York ; Harper & Row, 1967), 김광식 역, 『구원의 역사』 (서울: 대한기독교출판사, 1978); George Eldon Ladd, 『하나님 나라』, 원광연 역 (고양: 크리스챤다이제스트, 1997; 이 책은 이전에 서로 독립되어 출판되었던 조지 래드의 세 가지 저작들, *The Gospel of the Kingdom* – "하나님 나라의 복음"; *Crucial Questions about the Kingdom of God* – "하나님 나라에 관한 중대한 질문들"; 그리고 *The Presence of the Future* – "미래의 현존"이 합본되어 번역 출간된 것이다); Norman Perrin, *The Kingdom of God in the Teaching of Jesus*, 이훈영/조호연 역, 『예수의 가르침 속에 나타난 하나님 나라』 (서울: 무림출판사, 1992); 정일웅 편집, 『우리 시대의 하나님 나라』 (서울: 한국로고스연구원, 1990); 양용의, 『하나님 나라 어떻게 이해할 것인가』 (서울: 성서유니온선교회, 2005), etc.

6) Cf. 최갑종, 『예수님이 주신 기도』, 107f; 김홍전, 『예수께서 가르치신 기도』, 134f.

7) 이러한 관점에서 김세윤이 말하는 "하나님의 통치가 복음이다"라는 의미가 부각된다. 보다 상세한 내용은 김세윤, 『주기도문 강해』, 118-20을 참조하라. 그는 말하기를, "왜 하나님의 통치가 복음입니까? 하나님께로의 귀환, 탕자의 비유로 말하면 거지가 된 아들이 부유한 아버지께로의 회복이 이제 가능해 졌기 때문입니다. 그것이 예수가 선포하는 복음입니다. 우리 인간의 아담적 숙명을 극복하고 창조주 하나님께로 회복되어 창조주의 신적 생명 즉 영생을 얻을 수 있는 가능성이 열렸다는 말입니다. 이것이 예수의 복음입니다. 어떻게 열렸습니까? 근본적으로는, 우리를 구원해 주시고 하나님 노릇해 주시겠다는 과거 하나님과의 언약에 기초합니다. 하나님은 우리를 사탄의 통치로부터 해방시켜서 자신의 의와 생명의 통치로 회복시키겠다고 약속하셨고, 그 약속이 이 세대 끝에 하나님의 오심으로써 이루어지게 된 것입니다"라고 한다(pp. 119f).

8) Cf. 최갑종, 『예수님이 주신 기도』, 132-63. 이 문제에 대한 보다 상세한 논의는 Ladd, 『하나님 나라』, 178-207, 425-91; Perrin, 『예수의 가르침 속에 나타난 하나님 나라』, 107-122, 258-80; 양용의, 『하나님 나라 어떻게 이해할 것인가』, 69-140을 참조하라.

9) 이점과 관련하여 최갑종은 말하기를, "예수님이 선포하신 하나님의 나라는 현재성과 미래성, 초월성과 내재성을 동시에 가진 종말론적이며 역동적인 나라로서 이 나라에 참여하는 자들의 인격과 삶을 통하여 실재하는 나라입니다. 즉, 구약에서 선포된 하나님의 나라가 그 나라의 구성 요소였던 이스라엘 백성들의 신앙과 삶과 불가분리의 관계를 가지고 있었던 것처럼, 예수님께서 선포하신 하나님의 나라는 신약교회 공동체의 신앙 및 삶과 불가분리의 관계를 가지고 있습니다." 최갑종, 『예수님이 주신 기도』, 163.

10) Cf. 김홍전, 『예수께서 가르치신 기도』, 136, 146.

11) 최갑종은 주기도문의 두 번째 간구의 의미를 다음과 같이 요약한다: "하나님의 나

라가 임하기를 간구하는 둘째 청원은, 한편으로 이 땅에 어서 속히 참다운 하나님의 나라, 사탄과 죄와 불의의 세력에 매여 있는 자들이 거기에서 자유함을 얻어 하나님의 나라의 백성이 되는 구속사적 주권이 온 누리에 미쳐져, 그들을 통하여 부활하신 그리스도의 왕권이 인간의 모든 삶의 영역, 정치, 경제, 문화, 예술 등에 나타나도록 비는 선교적 청원이요, 또 한편으로는 주님의 재림과 함께 임할 그 영원한 나라, 우리에게 유업으로 약속된 영원한 주님의 나라가 어서 속히 임하기를 비는 종말론적인 대망의 청원이다." 최갑종, 『예수님이 주신 기도』, 181.

36과

1) "어거스틴도 이 간구에 대하여 말하기를 우리는 능동적으로 하나님의 뜻에 순종하기 위하여 기도한다(*Nobis a Deo precamur obedientiam*)라고 하였다." Watson, 『주기도문 해설』, 262. 더 나아가 우리에게 있어 하나님의 뜻을 구하고 행하는 것이 왜 필수적인지 왓슨 다음과 같은 여러 가지 이유들을 들고 있다: (1) 하나님은 우리의 창조자이시오 구원자이시기에 우리에게 순종을 요구할 당연한 권리가 있으시다. (2) 세상에서 하나님의 위대한 계획은 우리를 자신의 뜻을 행하는 자로 만드는 것이다. (3) 하나님의 뜻을 행함으로써 우리는 진실성을 입증한다. (4) 하나님의 뜻을 행하는 것은 복음을 전파하는 것이다. (5) 하나님의 뜻을 행함으로써 우리는 그리스도에 대한 사랑을 나타내게 된다. (6) 하나님의 뜻을 행하는 것은 우리의 유익을 위한 것이다. (7) 하나님의 뜻을 행하는 것이 우리의 명예이다. (8) 땅 위에서 하나님의 뜻을 행하는 것은 우리를 그리스도와 같게 만들고 그에게 친족이 되게 한다. (9) 땅위에서 하나님의 뜻을 행하는 것은 살아서나 죽어서나 평화를 가져다준다. (10) 만일 우리가 하나님의 뜻을 행하는 자가 아니라면 우리는 그의 뜻을 멸시하는 자로 간주 될 것이다(pp. 263-70).

2) 골즈워디는 이점과 관련하여 말하기를, "기도는 하나님을 좇아 하나님의 생각을 생각하는 것이다"라고 정확하게 기도의 본질을 말하고 있다. Goldsworthy, 『기도와 하나님을 아는 지식』, 77. 그는 계속하여 다음과 같이 주장한다. "기도에서 하나님은 우리가 모든 창조 세계에 대한 그의 뜻이 이루어지는데 참여하게 하신다. 그래서 우리는 하나님을 아는 만큼 '하나님을 좇아 그의 생각을 생각' 하며, 우리의 기도는 하나님의 계시된 목적을 성취하시는 수단의 일부가 된다"(p. 85).

3) 실로 예수님께서는 그의 지상의 삶과 사역을 통하여 그 자신의 뜻이 아니라 아버지 하나님의 뜻을 온전히 이루심으로 성부 하나님의 영광을 드러내셨고, 마지막으로 십자가의 고난의 잔을 드심으로 완전히 성취하셨다. "내가 하늘에서 내려온 것은 내 뜻을 행하려 함이 아니요 나를 보내신 이의 뜻을 행하려 함이니라 나를 보내신 이의 뜻은 내게 주신 자 중에 내가 하나도 잃어버리지 아니하고 마지막 날에 다시 살리는 이것이니라 내 아버지의 뜻은 아들을 보고 믿는 자마다 영생을 얻는 이것이니 마지막 날에 내가 이를 다시 살리리라 하시니라"(요 6:38-40; cf. 요 4:34; 히 10:7, 9). Cf. 최갑종, 『예수님이 주신 기도』, 184f.

4) "하나님의 영원한 작정"에 대하여는 "제6과, 하나님의 작정 – 영원한 계획"의 내용을 참조하라.

5) 이 점과 관련하여 왓슨은 하나님의 뜻의 본질적인 특징들에 대하여 다음과 같이 말하고 있다: (1) 그의 뜻은 절대 주권적 의지이다. (2) 하나님의 뜻은 지혜롭다. (3) 하나님의 뜻은 공평하다. (4) 하나님의 뜻은 선하고 은혜로우시다. (5) 하나님의 뜻은 불가항력적(irresistible)이다. Cf. Watson, 『주기도문 해설』, 331-33.

37과

1) 이점과 관련하여 칼빈은 말하기를, "이 기원에서 우리가 하나님께 구하는 것은

이 세상에서 우리의 육신에 필요한 모든 것, 즉 음식과 의복뿐만 아니라, 우리에게 유익하다고 하나님께서 보시는 모든 것을 의미한다. 이것은 우리가 평안한 마음으로 일상생활을 할 수 있도록 하는 것들이다. 간단히 말하면, 이렇게 기도함으로써 우리는 우리 자신을 하나님의 보호와 섭리에 일임하여 그가 먹여 주시고 보호해 주시도록 한다"고 했다. Calvin,『기독교 강요』, III. xx. 44. Cf. 최 갑종,『예수님이 주신 기도』, 209-11; Watson,『주기도문 해설』, 356f.

2) Cf. 최갑종,『예수님이 주신 기도』, 212f.

3) 이것에 대한 상세한 논의는 최갑종,『예수님이 주신 기도』, 214-222를 참조하라. 최갑종의 해석은 다음과 같다. "문맥상으로 볼 때 시간에 대하여는 이미 마태의 '오늘'과 누가의 '날마다'가 있는 이상 이 떡을 수식하고 있는 '에피우시우스'는 시간에 관계되기보다 오히려 하루하루의 삶에 필수적으로 요구되는 떡의 필수성, 혹은 떡의 양을 가리킨다고 볼 수 있습니다. 말하자면 이 '에피시우스'는 떡의 단어와 함께 사용할 때 이것은 마치 일찍이 하나님께서 이스라엘 백성들에게 하루하루의 생활에 필요한 만큼의 만나를 매일 공급하여 주신 것처럼(출 16:5, 13-20) '이미'와 '아직'의 종말론적 긴장 가운데서 천국 시민으로 살아가야 하는 신약의 성도들에게 매일 공급해 주는 일용할 양식으로 볼 수 있습니다"(p. 218f).

4) 김세윤은 이 구절을 다음과 같이 해석하고 있다. "주기도문의 '오늘 날'이라는 말은 '지금부터 시작되는 그날 우리에게 필요한 양식을 주시옵소서'라는 의미로 사용되는 것입니다. 이것은 하나님께 우리의 생명을 가능하게 해달라는 기도입니다. 즉 생명을 보존해 달라는 것입니다. 그렇게 생명에 필요한 것을 주시는데 그것을 누가식으로 하면 '날마다'이고, 마태식으로 하면 '오늘 하루'를 위해 달라는 것입니다." 김세윤,『주기도문 강해』, 135f.

5) Cf. Watson,『주기도문 해설』, 351f.

6) 이 부분의 상세한 논의는 김은수, "John Calvin의 '그리스도인의 삶의 원리'에

따른 사회경제 윤리와 사상에 대한 소고,"『역사신학논총』 제13집 (2007.6.), 8-49를 참조하라.

7) Cf. 김세윤, 『주기도문 강해』, 136-55.

38과

1) Cf. 김세윤, 『주기도문 강해』, 167-69; 최갑종, 『예수님이 주신 기도』, 223-25.

2) Cf. 김세윤, 『주기도문 강해』, 169f.

3) Cf. Ibid., 170f.

4) Cf. Ibid., 171.

5) 당시 1 달란트는 성인 노동자의 하루 품삯인 1 데나리온의 약 6000배의 가치를 가졌다. 그러므로 일만 달란트는 우리 화폐로 환산하여 약 3조원에 해당하는 엄청난 금액이다. 유대 역사가 요세푸스의 기록에 따르면, 예수님 당시 유대지역에서 로마제국에 바친 세금이 약 600달란트, 헤롯왕이 일년에 거두어들인 모든 세금이 약 900달란트 정도였다고 한다. 이에 비하여 100데나리온은 현재의 환율과 현재의 임금정도에 따라 달라질 수 있겠지만 장정 한사람의 100일 품삯(5만원 × 100일 = 약 500만원)이다. 이것은 우리가 하나님께 지은 빚, 즉 죄값은 우리 스스로가 감당할 수 없는 엄청난 것임을 웅변적으로 말해주는 것이다. Cf. 최갑종, 『예수님이 주신 기도』, 236f, n. 29.

6) Cf. Watson, 『주기도문 해설』, 376f.

39과

1) Cf. 김세윤, 『주기도문 강해』, 178.

2) 왓슨에 의하면, "시험한다(tempt)는 것의 그리이스 단어는 속이다(deceive)라는 것을 뜻한다. [그러므로] 사단은 시험하는 가운데 속이기 위한 많은 교묘한 정책을 사용한다." Watson, 『주기도문 해설』, 461.

3) Cf. 최갑종, 『예수님이 주신 기도』, 274f.

40과

1) 율법에 대한 이해와 관련하여 다음의 저작들을 참조하라. Ernest F. Kevan, *The Grace of Law: A Study of Puritan Theology* (Grand Rapids: Guardian Press, 1976), 임원택 역, 『율법, 그 황홀한 은혜: 청교도 신앙의 정수』 (서울: 수풀, 2006); Thomas R. Schreiner, *The Law and Its Fulfillment: A Pauline Theology of Law* (Grand Rapids: Baker Books, 1993), 배용덕 역, 『바울과 율법』 (서울: CLC, 1997); M. R. DeHaan, *Law or Grace* (Grand Rapids: Zondervan, 1965), 이용화 역, 『율법이냐 은혜냐』 (서울: 생명의말씀사, 2005); Vern S. Poythress, *The Shadow of Christ in the Law of Moses* (Brentwood, TN: Wolgemuth and Hyatt Publishers, 1991); Greg L. Bahnsen, et al., *Five Views on Law and Gospel* (Grand Rapids: Zondervan, 1996); 서철원, 『복음과 율법과의 관계』 (서울: 엠마오, 1987), etc.

2) 먼저 우리가 기억해야 할 것은 성경에서 율법은 다중적인 의미를 가진다는 점이다. 데머리스트에 의하면, "성경에서 율법은 (1) 구약의 첫 다섯 권(대상 22:12-13), (2) 시민법, 의식법, 도덕법의 법규로 된 모세율법(신 4:5, 8), (3) 더 넓게는, 구약에서 하나님이 명하신 모든 규례와 가르침(시 1:2; 19:7-9; 요 10:34)을 뜻한다." Demarest, 『십자가와 구원』, 626.

3) 십계명과 관련하여 율법의 일반적인 의미에 대하여는 김홍전, 『십계명 강해』

(서울: 성약, 1996), 17-53; 고재수, 『개혁주의 입장에서 본 십계명 강해』 (서울: 여수룬, 1988), 11-19, 117-133을 참조하라.

4) 미국의 복음주의 구약학자인 반게메렌은 이 점을 강조하여 말하기를, "구약의 율법은 복음에 반대되는 것이 아니다. 오히려 그 복음은 하나님이 그의 백성을 사랑하시고, 돌보시고, 또한 그들로부터 마땅한 반응을 기대하시고 계시다는 기쁜 소식이다. 야웨께서는 그의 임재, 보호, 축복, 용서, 그리고 은혜의 기쁜 소식을 이스라엘에게 선포하셨다. 백성들의 영적인 미성숙 때문에 야웨는 그의 율법들과 법도들과 규례들을 줌으로써 그와 그들과 교제 그리고 그들의 개인적인, 사회적인 삶을 규정했다. 율법은 개인, 가족, 국가를 전체적으로 취급한다. 주께서는 율법에 의해서 약속을 보증하고 보존하신다"고 한다. Willem A. VanGemeren, *The Progress of Redemption: The Story of Salvation from Creation to the New Jerusalem* (Grand Rapids: Baker Books, 1988), 안병호·김의원 역, 『구원계시의 발전사(I)』 (서울: ESP, 1993), 192.

5) 이러한 의미에 있어 고재수는 "하나님의 백성에 있어 십계명은 구원의 조건이 아닌 구원의 결과입니다"라고 말한다. 고재수, 『개혁주의 입장에서 본 십계명 강해』, 14. 또한 크리스토퍼 라이트도 이 점을 다음과 같이 강조하고 있다. "신구약 성경 모두에서 성경적 믿음과 윤리의 토대는 하나님의 은혜와 구속의 주도권이다. 율법은 구원의 수단으로 주어진 것이 아니었고 하나님이 이미 구속해 주셨던 자들에게 은혜의 선물로 주어진 것이다. … 율법의 정확한 의미는 '복음'에서, 즉 여호와와 그의 사랑에 대한 아주 오래 전 옛날 말씀에서 발견되는 것이다." Christopher J. H. Wright, *Old Testament Ethics for the People of God* (Nottingham, UK: InterVarsity Press, 2004), 김재영 역, 『현대를 위한 구약윤리』 (서울: IVP, 2006), 438-39.

6) 다음과 같은 크리스토퍼 라이트의 진술은 구약에서의 율법 이해에 대하여 우

리가 참고해야 할 중요한 시사점을 던져 준다. "경건한 이스라엘 백성들은 율법을 은혜의 선물로, 하나님이 그들의 유익을 위해 그들에게 주신 사랑의 표시로 즐거워했다(신 4:1, 40; 6:1-3, 24 등). 그들은 율법 자체를 축복으로 보았으며, 하나님이 계속하여 주시는 복을 누리는 수단으로 보았다(신 28:1-14). 그들은 이스라엘에게 율법이 계시된 일이 다른 어떤 민족에게도 허락되지 않았던 유일무이한 특권이었음을 기억하고 있었다(신 4:32-34; 시 147:19-20). 그들은 구원받기 위해서가 아니라 이미 하나님이 그들을 구원하셨기 때문에 율법에 순종하라고 서로 권면했다(신 6:20-25). 그들은 율법을 생명으로 인도하는 길로(레 18:5; 신 30:15-20), 그리고 풍성한 결실을 주는 강으로(시 1:1-3) 즐거워했다." Wright, 『현대를 위한 구약윤리』, 390-91.

7) 구약에서 주어진 율법을 "유대인들은 613개로 분류했는데, 그 중에서 248개 항은 긍정적인 명령, 즉 '… 을 하라' 는 것이고, 365개 항은 부정적인 명령, 즉 '… 을 하지 말라' 는 것이다. 248이라는 숫자는 인체를 형성하고 있는 모든 부분을 의미하고, 365라는 숫자는 1년의 날수에 해당하여, 인간은 모두 하나님의 계명을 온 몸을 다해서 언제나 실천해야 한다는 뜻을 가지고 있다고 보는 것이다." 이와 같이 구약의 모든 율법을 체계적으로 분석 정리하고 체계화한 사람은 4세기의 랍비 시믈라이(Simlai)와 13세기의 시몬 카이로(Simon Kairo), 그리고 마이모니데스(Maimonides)였다. Cf. 나채운, 『그리스도교의 열두계명』 (서울: 패스터스하우스, 2006), 24.

8) Cf. Ursinus, 『하이델베르크 요리문답 해설』, 776-79. 그러나 이러한 구약 율법에 대한 전통적인 3분류법과 관련하여 최근에는 다른 의견들이 개진되고 있다. Cf. VanGemeren, 『구원계시의 발전사(I)』, 193. 참고로 라이트는 구약의 율법을 형법, 판례법, 가족법, 제의법, 긍휼의 법 등으로 분류하고 있다. Wright, 『현대를 위한 구약윤리』, 398-416을 참조하라. 그러나 여기에서는 편

의상 전통적인 3분류법을 따르기로 한다.

9) 나채운, 『그리스도교의 열두계명』, 20-21.

10) 율법의 세 가지 용법의 의미와 관련하여 권호덕, "율법의 세 가지 용법," 안명준 편집, 『칼빈신학 2009』 (서울: 성광문화사, 2009), 104-48을 참고하라. 보다 상세한 내용은 권호덕, 『율법의 세 가지 용도의 그 사회적 적용』 (서울: 그리심, 2003)을 보라.

11) 칼빈의 구원론에 있어 특별히 '그리스도와의 연합'(Unio cum Christo) 및 '이중은혜'(Duplex Gratia)의 개념, 그리고 칭의와 성화의 관계에 대하여는 김은수, "칼빈 구원론의 중심과 본질: 그리스도와의 연합과 이중은혜," 1-14를 참고하라.

12) 이점과 관련하여 다음과 같은 데머리스트의 언급은 인용할 만한 가치가 있다. "[우리는] 하나님의 법에 대한 그리스도인의 진지한 관심이 곧 율법주의를 뜻하지는 않는다는 점을 분명히 해야 한다. 율법주의라는 병은 율법의 내적인 뜻은 어기면서도 율법의 자구에만 기계적으로 순종하려고 하는 것이다. 율법주의는 공로를 얻기 위해 순종하려고 애쓰는 것이다. 그리스도인들은 예수 그리스도 안에서 강박적인 율법주의에서 해방되었다. 그들은 하나님께 대한 진심어린 감사에서 우러나오는 성령의 능력으로 그리스도의 법을 성취한다. 마찬가지로, 예수님과 사도들이 해석한 하나님의 법을 존중하면 반율법주의의 오류도 피할 수 있게 된다. 반율법주의란 그리스도께서 그리스도인을 하나님의 법에 따라 살아야 할 의무에서도 해방시키셨다는 주장이다. 그러나 그리스도인은 마음과 행동으로 하나님과 우리의 가장 높은 선을 위해 계시된 그의 법에 대해 감사하며 순종해야 할 의무를 지고 있다. 성도는 하나님의 법에 대한 탁월한 해석자이신 예수 그리스도를 본받음으로써(고전 11:1; 빌 2:5; 벧전 2:21) 율법주의와 반율법주의의 두 함정을 피한다." Demarest, 『십자가와 구원』, 630.

13) 라이트는 이점과 관련하여 말하기를, "언약 관계의 본질적 규약들에 대한 이 간결하면서도 종합적인 정리는, 언약 관계의 일원으로서의 자격에 부합하는 것으로 볼 수 있는 종류의 품행을 중심으로 한 일종의 '한계 울타리'를 제공해 주었다. (이 계명들을 어김으로써) 그 한계선을 넘어선다면, 그것은 언약 관계와 책무의 범위 바깥으로 걸어나갔다는 것을 의미한다"고 한다. Wright, 『현대를 위한 구약윤리』, 393.

14) 칼빈 또한 이러한 전통적인 구분에 따라 십계명을 '두 돌판'으로 나누어 설명하고 있다. 그는 말하기를 "하나님께서는 율법을 두 부분으로 나누시고 의의 전체를 거기 포함시키시며, 처음 부분에는 특히 하나님의 숭엄성에 대한 경배에 관계된 종교적 의무들을 배정하시고, 둘째 부분에는 사람을 상대로 한 사랑의 의무들을 배정하셨다. … 주께서 율법을 구성하는 두 부분 중에서 하나는 하나님을 향하게 하시고 또 하나는 사람들에게 적용하셨다는 것을 알 수 있다"고 하였다. Calvin, 『기독교 강요』, II. viii. 11.

15) 십계명의 서문에 나타난 구체적인 의미와 관련하여 Thomas Watson, *The Ten Commandments*, 이기양 역, 『십계명 해설』(서울: CLC, 2007), 7-87; 이상원, 『21세기 십계명 여행』(서울: 토기장이, 1999), 19-36을 참조하라.

16) Cf. Wright, 『현대를 위한 구약윤리』, 421-25.

제41과

1) 이 부분의 상세한 내용은 "제4과, 성경의 하나님 – 삼위일체 하나님"을 참조하라.

2) 종교다원주의(Religious Pluralism)에 대하여는 김영한, 『21세기와 개혁신학 (II)』 (서울: 한국장로교출판사, 1998), 13-76; Dennis L. Okhoim and Timothy R. Philips, *Four Views on Salvation in a Pluralistic World* (Grand

Rapids: Zondervan, 1996), 이승구 역, 『다원주의 논쟁』(서울: 기독교문서선교회, 2001)을 보라.

3) 이 부분의 상세한 내용은 "제7과, 하나님의 창조 – 무로부터의 창조"를 참조하라.

4) "야웨 하나님은 많은 신들 가운데 한 신이 아니요, 한 나라와 민족의 수호신이 아니라, 우주 만물의 창조주가 되시며, 역사의 섭리자시며, 우리의 생명의 주가 되시는 것입니다. 이 말은 대단히 중요한 말씀입니다. 오늘 우리가 섬기는 하나님은 우주만물을 창조하신 하나님일 뿐만 아니라 우리의 생명의 주가 되신다는 말입니다. 우리의 생명의 주가 다른 곳에 있는 것이 아니라 바로 우리 하나님이라는 말입니다." 이종윤, 『십계명 강해』(서울: 엠마오, 1986), 13.

5) 이 부분의 상세한 내용은 "제 16과, 성령 하나님과 구원 – 그리스도와의 연합"을 참조하라.

제42과

1) 이 부분의 상세한 내용은 "제5과, 하나님의 본질과 속성"을 참조하라.

2) 신 27:15 – "장색의 손으로 조각하였거나 부어 만든 우상은 여호와께 가증하니 그것을 만들어 은밀히 세우는 자는 저주를 받을 것이라 할 것이요 모든 백성은 응답하여 말하되 아멘 할지니라." 이와 같이 하나님께서 형상을 새겨 우상을 만들지 말라고 하시는 이유는 다음과 같다. "우주를 만드신 하나님은 어떤 작은 조각품 안에 담길 수 없기 때문에 형상화되어서는 안됩니다. 하나님은 인간이 감히 범접할 수 없는 초월성 안에 계신 분이기 때문에 형상화 되어서는 안됩니다. 뿐만 아니라 하나님은 이미 말씀과 예수 그리스도를 통해 인간이 하나님을 안전하게 만날 수 있는 길을 준비해 놓으셨기 때문에 하나님을 만날 수 있는 다른 길을 추구해서는 안됩니다." 이상원, 『21세기 십계명 여행』, 65.

3) 이점과 관련하여 소위 '기독교 미신'의 문제를 살펴보기로 하자. "오늘날 기독교 미신을 섬기는 잘못된 신앙을 가진 사람들이 있습니다. 그래서 자기 몸에 십자가를 매달고 십자가를 들고 혹은 주머니에 넣고 다니는 것을 부적을 넣고 다니는 것처럼 생각합니다. 군에 입대하는 아들에게 성경책을 주는 것은 좋습니다. 군대에 가서도 성경책을 읽으라고 하는 뜻에서 주면 좋겠는데, 성경을 호주머니에 넣고 다니면 총알이 왔다가도 피해갈 터이니 성경을 넣고 다니라고 한다면 얼마나 잘못된 우상입니까? 성경이 우상이 될 수도 있고, 교회가 우상이 될 수도 있고, 교황이 우상이 될 수도 있고, 목사가 우상이 될 수도 있고, 이 세상에 하나님 아닌 다른 것들을 만들어 놓고 그것을 하나님처럼 섬기면서 거기에서 능력과 힘이 오는 것으로 안다면 잘못된 신앙입니다." 이종윤, 『십계명 강해』, 20f.

4) Cf. Watson, 『십계명 해설』, 100-103.

5) Cf. Ibid., 103f.

6) 참고로, 왓슨은 우리가 하나님을 사랑하는 것을 알 수 있는 방법들에 대하여 다음과 같이 말한다. (1) 하나님을 사랑하는 사람은 그의 임재를 갈망한다. 특별히 하나님을 깊이 사랑하는 영혼은 그의 율례와 말씀과 기도와 성례에서 그의 기쁨을 갈망한다. (2) 하나님을 사랑하는 사람은 죄를 사랑하지 않는다. 이것은 "여호와를 사랑하는 너희여 악을 미워하라"(시 97:10)고 함과 같다. (3) 하나님을 사랑하는 자는 하나님 외의 어떤 다른 것을 더 많이 사랑하지 않는다. (4) 하나님을 사랑하는 자는 하나님 없이는 살 수 없다. (5) 하나님을 사랑하는 자는 그를 얻기 위해서 모든 수고를 아끼지 않을 것이다. (6) 하나님을 사랑하는 자는 재산이나 생명보다도 하나님을 더 좋아한다. (7) 하나님을 사랑하는 자는 그가 택하시고 기뻐하시는 사람들, 즉 성도들을 사랑한다(요일 5:1). (8) 하나님을 사랑하는 자는 하나님을 욕되게 하는 것을 아주 두려워하고 무서워한다. Watson, 『십계명 해설』, 134-37.

43과

1) Cf. 김홍전, 『십계명 강해』, 97f.

2) 다음의 설명은 제3계명이 명하는 바를 정확하게 말하고 있다: "이 말의 결론을 먼저 말씀드린다면, 신성 모독죄, 하나님을 모독하는 죄를 범하지 말라는 말씀입니다. 하나님을, 특별히 '하나님의 이름을 망령되이 일컫지 마라'고 하는 말씀은 히브리어로 '로 티사'(lo' tisa)라고 발음합니다. 이 말은 첫째로, 하나님의 이름을 함부로 부르지 말라, 또 두 번째로는 하나님 이름으로 거짓되이 맹세하지 말라는 두 가지 중요한 의미가 있습니다. 모든 만물과 인간의 찬양과 예배를 영원토록 받으셔야 할 하나님께 인간들이 어떻게 예배해야 할 것인가를 이 3계명을 통하여 말씀해 주시는 것입니다." 이종윤, 『십계명 강해』, 25.

3) 이 부분의 상세한 내용은 김홍전, 『십계명 강해』, 93-97을 참조하라.

4) Cf. 이상원, 『21세기 십계명 여행』, 81-97; 방지형, 『현대인과 십계명』(서울: 솔로몬, 1996), 75-98. 참고로, 왓슨은 하나님의 이름을 망령되이 일컫는 구체적인 경우들을 다음과 같이 열거한다: (1) 그의 이름을 가볍게, 그리고 불손하게 말할 때이다. (2) 하나님의 이름을 공언 하면서도 그것과 일치되는 삶을 살지 않을 때이다. (3) 하나님의 이름을 잡담에 사용할 때이다. (4) 위선자들이나 미신적인 사람들처럼 하나님을 우리의 입으로 경배하나 우리의 마음으로는 경배하지 않을 때이다. (5) 하나님께 기도하면서도 그를 믿지 않을 때이다. (6) 그의 말씀을 비웃듯이 사용하거나, 농담 삼아 말하거나, 자기의 죄악된 행위를 두둔하려고 성경말씀을 들고 나오는 자들이나, 말씀의 의미를 왜곡하는 자들과 같이 어떤 방법으로든지 그의 말씀을 모독하고 오용할 때이다. (7) 하나님의 이름으로 거짓되거나 헛된 맹세를 할 때이다. (8) 악한 행동에 하나님의 이름을 갖다 붙일 때이다. (9) 어느 면으로나 하나님의 이름에 불명예가 되도록 우리의 혀를 사용할 때이다. (10) 경솔하고 불법적인 서원을 할 때이다. (11) 하나님을 악하게 말할 때이다. (12) 약속을 지키지 않을 때이다. Watson, 『십계명 해설』, 150-64.

44과

1) 이 부분의 상세한 내용은 이종윤, 『십계명 강해』, 38-45를 참조하라.

2) Cf. 이상원, 『21세기 십계명 여행』, 103.

3) 다음의 설명은 안식일의 이러한 의미를 잘 보여준다: "안식일은 우리의 몸이 과중한 노동으로 인하여 병드는 것을 막아주고, 또 우리의 영혼이 더러운 죄악의 때로 이하여 더러워지는 것을 제어하고 모과 영혼에 쉼과 새로운 생명을 공급해 주기 위하여 하나님이 마련하신 고마운 날입니다. 육체에 쉼을 주기 위하여 출애굽기의 명령에 따라서 노동을 중단하고 쉬어야 하며, 영혼에 쉼을 주기 위하여 신명기의 명령에 유념하면서 부활하신 예수님을 기념하는 예배를 드려야 합니다. 인간을 위한 날은 곧 하나님을 위한 날입니다." 이상원, 『21세기 십계명 여행』, 110.

4) Cf. R. Kent Hughes, *Disciplines of Grace* (Wheaton, IL: Crossway Books, 1993), 박경범 역, 『십계명: 현대인을 위한 십계명 해설』(서울: 은성, 1994), 86-92; Watson, 『십계명 해설』, 168-70.

5) 이와 관련해 칼빈은 "주 예수 그리스도께서 오심으로서 이 계명의 의식적인 부분이 폐지된 것은 의심할 여지가 없다. 그리스도 자신이 실상(實相)이시므로 그가 계시는 곳에서는 모든 상징이 사라지며, 그가 본체이시므로, 그가 나타나실 때에 그림자는 버려지기 때문이다. 즉, 그는 진정한 실현이시다. … 따라서 그리스도인들은 날을 미신적으로 지키는 것을 철저히 피해야 한다"고 했다. Calvin, 『기독교 강요』, II. viii. 31.

6) Cf. Ursinus, 『하이델베르크 요리문답 해설』, 880.

7) Cf. 이상원, 『21세기 십계명 여행』, 121-24.

45과

1) Cf. 이상원, 『21세기 십계명 여행』, 127f.

2) Cf. 고재수, 『개혁주의 입장에서 본 십계명 강해』, 64-70.

3) Cf. 김홍전, 『십계명 강해』, 149-55; Watson, 『십계명 해설』, 211-20.

4) 캠벨 몰간은 이점과 관련하여 다음과 같이 말하고 있다. "늙은 부모님을 돌보고 위로하는데 재물을 사용하는 것이 그것을 하나님의 제단에 바치고 부모님은 소홀히 하는 것보다 훨씬 더 거룩한 일임을 알 수 있다." George Campbell Morgan, *The Ten Commandments*, 김원주 역, 『십계명』 (서울: 풍만출판사, 1987), 73.

5) Cf. 이상원, 『21세기 십계명 여행』, 128-33.

46과

1) 다음의 설명은 제6계명이 명하는 의미를 정확하게 잘 요약해 주고 있다: "제6계명에 '살인하지 말라'고 하는 이 말씀을 크게 두 가지 면으로 이해할 수 있습니다. 첫째는, 이 세상에 살면서 살인자가 되지 말라는 말씀이고, 두 번째는 좀 더 적극적으로 이웃의 생명을 신실하게 보호하고 그 생명을 진실로 사랑하라는 의미가 있는 말씀입니다. 그러므로 우리는 다른 사람을 괴롭게 해서 타인으로 하여금 성을 내게 하거나, 다른 사람을 억압하거나, 또는 어떤 일에 증오심이나 앙심을 품는 일을 해서는 안 된다는 말씀입니다. 좀 더 적극적으로 표현을 한다면, 타인과 화평을 이룰 수 있는 한, 다투기보다는 협력하고, 특별히 불의하게 억눌린 자들의 불행을 도와주며, 악한 일을 대적해서 선을 이루라고 하는 말씀이 6계명의 내용입니다." 이종윤, 『십계명 강해』, 71f.

2) Cf. 이상원, 『21세기 십계명 여행』, 149f.

3) 이점과 관련하여 왓슨의 다음과 같은 언급은 제6계명의 적극적인 측면을 잘 말해주고 있다: "우리는 먼저 다른 사람들의 생명과 영혼을 보존하기 위하여 진

력하여야 한다. 우리는 다른 사람들의 생명을 보존하여야 한다. 우리는 슬픔 중에 잠길 그들을 위로하여야 하고, 결핍 중에 있는 그들을 구제하여야 하며 선한 사마리아인 같이 그들의 상처에 포도주와 기름을 부어야 한다. '빈궁한 자의 아비도 되며'(욥 29:16)라고 하였다. '망하게 된 자도 나를 위하여 복을 빌었으며'(13절)라고 하였다. 사람이 망하게 되었을 때 그를 구제하는 것은 그의 생명을 보존하는 하나의 큰 수단이 된다." Watson, 『십계명 해설』, 253.

4) Cf. 신원하, 『교회가 꼭 대답해야 할 윤리 문제들』(서울: 예영커뮤니케이션, 2006), 167-76.

5) 이러한 주제들에 대한 상세한 논의는 이상원, 『21세기 십계명 여행』, 151-63; 신원하, 『교회가 꼭 대답해야 할 윤리 문제들』, 69-125를 참조하라.

47과

1) 후크마에 따르면, "하나님의 형상대로 남자와 여자를 지으셨다는 참의미는 첫째로, 남자는 여자와의 동반자적 관계가 필요한 존재이며 둘째로, 사람이란 사회적인 존재라는 의미이며 셋째로, 남자는 여자를 여자는 남자를 서로 보완한다는 의미이다. 바로 이러한 점에서 사람은 하나님을 반영하고 있다. 왜냐하면 하나님은 외로이 홀로 있는 존재가 아니라 교제 가운데 계시는 분이시기 때문이다. 이 교제는 계시 역사의 후기 단계에서는 아버지와 아들과 성령 사이의 교제로 묘사되고 있다." Anthony A. Hoekema, *Created in God's Image* (Grand Rapids: Eerdmans, 1986), 류호준 역, 『개혁주의 인간론』(서울: 기독교문서선교회, 1990), 28.

2) Cf. 고재수, 『개혁주의 입장에서 본 십계명 강해』, 83.

3) Cf. 이상원, 『21세기 십계명 여행』, 166.

4) Cf. 신원하, 『교회가 꼭 대답해야할 윤리문제들』, 19-26.

5) Cf. Ibid., 47-55.

6) 찰스 허니, "시험대 오른 칼빈대학," *Christianity Today* (한국어판, November 2009), 15.

7) 이 문제와 관련하여 신원하, 『교회가 꼭 대답해야할 윤리문제들』, 37-45를 보라.

48과

1) Cf. 이상원, 『21세기 십계명 여행』, 185f.

2) Cf. 나채운, 『그리스도교의 열두계명』, 180.

3) Cf. 이상원, 『21세기 십계명 여행』, 185-88.

4) Cf. 나채운, 『그리스도교의 열두계명』, 184; 이상원, 『21세기 십계명 여행』, 189f.

5) Cf. Hughes, 『십계명: 현대인을 위한 십계명 해설』, 175f.

6) Cf. 이상원, 『21세기 십계명 여행』, 190f.

7) Cf. 이종윤, 『십계명 강해』, 105; 이상원, 『21세기 십계명 여행』, 192f.

8) Cf. 이상원, 『21세기 십계명 여행』, 199f.

49과

1) 구약에서의 '소송절차에 대한 지침'과 관련하여 Roland de Vaux, *Das Alte Testament und seine Lebensordnungen* (Freiburg: Verlag Herder, 1964), 이양구 역, 『구약시대의 생활풍속』 (서울: 대한기독교출판사, 1991), 260-96; Wright, 『현대를 위한 구약윤리』, 419-20을 참조하라.

2) Cf. 이상원, 『21세기 십계명 여행』, 205f.

3) Cf. Ibid., 206.

4) 이것은 제9계명이 명하는 적극적인 측면이라고 할 수 있는데, 왓슨은 이점을 다음과 같이 잘 설명하고 있다: "이 계명의 명령적 부분이 함축하는 바는 다른 사람들이 거짓말하는 입술로 말미암아 상처를 받을 때 우리가 다른 사람들을 위하여 일어서서 그들을 옹호해야 한다는 것이다. 이것이 이 계명의 뜻이다. 즉 우리는 다른 사람들을 거짓 중상하거나 참소하지 말아야 할 뿐만 아니라 또한 그들이 비방 받는 줄 알 때 그들을 위해 증인이 되며 그들을 변호하기 위하여 일어나야 한다는 것이다. 다른 사람이 부당하게 비방 받는 줄 알면서도 그를 위하여 말해 주지 않을 때 중상에 의하여 다른 사람을 해치는 것만큼 침묵에 의하여도 다른 사람을 해치는 셈이 된다. 만일 다른 사람들이 어떤 사람에게 거짓으로 중상모략한다면 우리는 그들을 씻어 주어야 한다." Watson, 『십계명 해설』, 297.

5) 이하의 내용은 이상원, 『21세기 십계명 여행』, 208-16을 참조하라. 여기에서는 거짓말을 교회의 전통에 따라 다음의 네 가지 종류로 구분하고 있다: (1) 이웃에게 상해를 끼치는 거짓말(*mendacium perniciosum*), (2) 유머의 거짓말(*mendacium iocosum*), (3) 예의의 거짓말(*mendiacium humilitatis*), 그리고 (4) 불가피한 거짓말(*mendacium officiosum*).

6) 이하의 내용은 신원하, 『교회가 꼭 대답해야 할 윤리문제들』, 129-35를 참조하라.

50과

1) Cf. 나채운, 『그리스도교의 열두계명』, 184.

2) Cf. 방지형, 『현대인과 십계명』, 195f.

3) Watson, 『십계명 해설』, 298.

4) Cf. 이종윤, 『십계명 강해』, 128.

5) Cf. 이종윤,『십계명 강해』, 140f; 김홍전,『십계명 강해』, 233f; 이상원,『21세기 십계명 여행』, 223f.

6) Cf. Lev Nikolaevic Tolstoy,『사람에겐 얼마만큼의 땅이 필요한가?』, 박형규 역 (서울: 이성과현실, 1990).

참고문헌(Bibliography)

Achtemeier, Paul J. *Inspiration and Authority: Nature and Function of Christian Scripture*. Peabody, MS: Hendrickson Publishers, 1999.

Aland, Kurt. *Martin Luther's 95 Theses: With the Pertinent Documents from the History of the Reformation*. Saint Louis: Condordia Publishing House, 1967.

Anselm. 『인간이 되신 하나님(*Cur Deus Homo*)』. 이 은재 역. 서울: 한들출판사, 2007.

Archer, Gleason L. *Encyclopedia of Bible Difficulties*. Grand Rapids: Zondervan, 1982.

_____. *A Survey of Old Testament: Introduction*. Chicago: Moody Press, 1974. 김정우 역. 『구약총론』. 서울: 기독교문서선교회, 1989.

Augustine. *The Trinity*. 김종흡 역. 『삼위일체론』. 고양: 크리스챤다이제스트, 1993.

_____. *The City of God*. 조호연·김종흡 역. 『하나님의 도성』. 고양: 크리스챤다이제스트, 1998.

_____. *The Confessions*. 선한용 역. 『고백론』. 서울: 대한기독교서회, 2003.

Bahnsen, Greg L., et al. *Five Views on Law and Gospel*. Grand Rapids: Zondervan, 1996.

Baker, D. L. *Two Testaments, One Bible*. Leicester: IVP, 1976. 오광만 역. 『구속사적 성경해석학』. 서울: 엠마오, 1989.

Barth, Karl. *Church Dogmatics*, Vol. I.1, *The Doctrine of the Word of God*, 2nd ed. Trans. G. W. Bromiley. London and New York: T & T Clark, 1975. 박순경 역. 『교회 교의학 I/1』. 서울: 대한기독교서회, 2003.

Barton, John, ed. *The Cambridge Companion to Biblical Interpretation*.

Cambridge: Cambridge University Press, 1998.

Basinger, David. *The Case for Freewill Theism: A Philosophical Assessment*. Downers Grove, IL: InterVarsity Press, 1996.

Bavinck, Herman. *The Doctrine of God*. Trans. William Hendricksen. Pennsylvania: The Banner of Truth Trust, 1977. 이승구 역.『개혁주의 신론』. 서울: 기독교문서선교회, 1988.

_____. *The Last Things: Hope for this World and the Next*. Trans. John Vriend. Grand Rapids: Baker Books, 1996.

Beasley-Murray, G. R. *Jesus and the Kingdom of God*. Grand Rapids: Eerdmans, 1986. 박문재 역.『예수와 하나님 나라』. 서울: 크리스쳔다이제스트, 1991.

Beeke, Joel R. *Assurance of Faith: Calvin, English Puritanism, and the Dutch Second Reformation*. New York: Peter Lang, 1994.

Berkhof, Louis. *Principles of Biblical Interpretation*. Grand Rapids: Baker Book House, 1994, Reprinted. 윤종호·송종섭 역.『성경 해석학』. 서울: 개혁주의신행협회, 1979.

_____. *Systematic Theology*. Grand Rapids: Eerdmans, 1996, New Combined Edition. 권수경·이상원 역.『조직신학(합본)』. 고양: 크리스챤다이제스트, 2000.

Berkouwer, G. C. *The Church*. Trans. James E. Davison. Grand Rapids: Eerdmans, 1976. 나용화·이승구 역.『개혁주의 교회론』. 서울: CLC, 2006.

Bickersteth, Edward H. *The Holy Spirit: His Person and Work*. Grand Rapids: Kregel Publications, 1959.

Blocher, Henri. "Immanence and Transcendence in Trinitarian Theology." In *The Trinity in A Pluralistic Age*, ed. Kevin J. Vanhoozer (Grand Rapids: Eerdmans, 1997): 104-23.

Boehl, Edward. *The Reformed Doctrine of Justification*. Grand Rapids: Eerdmans, 1946.

Boice, James M. *The Foundation of Biblical Authority*. Grand Rapids: Zondervan, 1978. 황영철 역.『성경의 무오설』. 서울: 생명의말씀사, 1983.

Bonhoeffer, Dietrich. *Nachfolge*. Munchen: Kaiser Verlag, 1949. 허혁 역.『나를 따르라』. 서울: 대한기독교서회, 1991.

_____.『그리스도론』. 이종성 역. 서울: 대한기독교서회, 1979.

Boyd, Gregory A. *God of the Possible: A Biblical Introduction to the Open View of God*. Grand Rapids: Baker Books, 2000.

Bright, John. *The Kingdom of God: The Biblical Concept and Its Meaning*. Nashville: Abingdon Press, 1983. 김철손 역.『하나님의 나라』. 서울: 컨콜디아사, 1990.

Buchanan, James. *The Doctrine of Justification*. Pennsylvania: Banner of Truth Trust, 1997. 신호섭 역.『칭의 교리의 진수』. 서울: 지평서원, 2002.

Bunyan, John. *The Pilgrim's Progress*. 유성덕 역.『천로역정』. 고양: 크리스챤다이제스트, 2003.

Calvin, John. *Institutes of the Christian Religion*, 2 Vols. Trans. Ford L. Battles. Philadelphia: Westminster Press, 1968. 김종흡외 3인 역.『기독교강요』. 서울: 생명의말씀사, 1988.

Campbell, Ted A. *Christian Confessions: A Historical Introduction*. Louisville: Westminster John Knox Press, 1996.

Carson, D. A. *Biblical Interpretation and the Church: Text and Context*. Grand Rapids: Baker Book House, 1984.

Carson, D. A., and Duglas J. Moo. *An Introduction to the New Testament*. Grand Rapids: Zondervan, 1992. 엄성욱 역. 『신약개론』. 서울: 은성, 2006.

Charnock, Stephen. *The Existence and Attributes of God*. One Volume Edition. Grand Rapids: Baker Books, 1996.

Clowney, Edmond P. *The Church*. Downers Grove, IL: InterVarsity Press, 1995. 황영철 역. 『교회』. 서울: IVP, 1998.

Cochrane, Arthur C., ed. *Reformed Confessions of 16th Century*. Philadelphia: Westminster Press, 1966.

Copan, Paul, and William L. Craig. *Creation out of Nothing: A Biblical, Philosophical, and Scientific Exploration*. Grand Rapids: Baker Academic, 2004.

Coppedge, Allan. *The God Who is Triune*. Downers Grove, IL: IVP, 2007.

Crossan, John D. *The Historical Jesus*. San Francisco: Harper San Francisco, 1991.

Cullmann, Oscar. *Salvation in History*. Trans. Sidney G. Sowers. New York: Harper & Row, 1967. 김광식 역. 『구원의 역사』. 서울: 대한기독교출판사, 1978.

_____. *The Christology of the New Testament*. Revised ed. Trans. Shirley C. Guthrie and Charles A. M. Hall. Philadelphia: Westminster Press, 1963. 김근수 역. 『신약의 기독론』. 서울: 나단, 1988.

_____. *Christ and Time: The Primitive Christian Conception of Time and History*. Trans. Floyd V. Filson. Philadelphia: Westminster Press,

1950. 김근수 역. 『그리스도와 시간』. 서울: 나단, 1987.

Davis, Leo Donald. *The First Seven Ecumenical Councils (325-787): Their History and Theology.* Collegeville, MN: Liturgical Press, 1990.

Davis, Stephen T., et al. eds. *The Trinity: An Interdisciplinary Symposium on the Trinity.* Oxford: Oxford University Press, 2004.

de Vaux, Roland. *Das Alte Testament und seine Lebensordnungen.* Freiburg: Verlag Herder, 1964. 이양구 역. 『구약시대의 생활풍속』. 서울: 대한기독교출판사, 1991.

DeHaan, M. R. *Law or Grace.* Grand Rapids: Zondervan, 1965. 이용화 역. 『율법이냐 은혜냐』. 서울: 생명의말씀사, 2005.

Demarest, Bruce A. *General Revelation: Historical Views and Contemporary Issues.* Grand Rapids: Zondervan, 1982.

_____. *The Cross and Salvation.* Wheaton, IL: Crossway Books, 1997. 이용중 역. 『십자가와 구원』. 서울: 부흥과개혁사, 2006.

Dembski, William A. *Intelligent Design: The Bridge between Science and Theology.* Downers Grove, IL: InterVarsity Press, 1999. 서울대학교창조과학연구회 역. 『지적설계』. 서울: IVP, 2002.

Denzinger, Henricus, and Adolfus Schoenmetzer. *Enchiridion Symbolorum.* Freiburg: Herder, 1965.

Dillistone, F. W. *The Christian Understanding of Atonement.* Philadelphia: Westminster Press, 1968.

Donnelly, John. "Creation ex Nihilo.:" In *Logical Analysis and Contemporary Theism*, ed. J. Donnelly (New York: Fordham University Press, 1972): 200-17.

Du Toit, A. B. 『신약정경론』. 권성수 역. 서울: 엠마오, 1988.

Ellul, Jacques. *La Raison D'Etre*. Paris: Du Seuil, 1987. 박건택 역. 『존재의 이유』. 서울: 규장, 2005.

Erickson, Millard J. *Christian Theology*, 2nd ed. Grand Rapids: Baker Books, 1998. 신경수 역. 『복음주의 조직신학(상), (중), (하)』. 고양: 크리스챤다이제스트, 2000.

_____. *Contemporary Options in Eschatology*. Grand Rapids: Baker Book House, 1977. 박양희 역. 『현대 종말론 연구』. 서울: 생명의말씀사, 1996.

Farley, Benjamin W. *The Providence of God*. Grand Rapids: Baker Book House, 1988.

Fee, Gordon D., and Douglas Stuart. 『성경을 어떻게 읽을 것인가』. 오광만 역. 서울: 성서유니온, 1988.

Feinberg, John S. *No One Like Him: The Doctrine of God*. Wheaton, IL: Crossway Books, 2001.

Ferguson, Everett. *The Church of Christ: A Biblical Ecclesiology for Today*. Grand Rapids: Eerdmans, 1996.

Ferguson, Sinclair B. *The Holy Spirit*. Downers Grove, IL: InterVarsity Press, 1996. 김재성 역. 『성령』. 서울: IVP, 1999.

Fesko, J. V. *Justification: Understanding the Classic Reformed Doctrine*. Phillipsburg: P & R Publishing, 2008.

Fortman, Edmund J. *The Triune God: A Historical Study of the Doctrine of the Trinity*. Philadelphia: Westminster Press, 1972.

Frame, John M. *No Other God: A Response to Open Theism*. Phillipsburg, N.J.: P & R Publishing Co., 2001.

_____. *The Doctrine of God*. Phillipsburg, N.J.: P & R Publishing Co., 2002.

_____. *The Doctrine of the Christian Life*. Phillipsburg, N.J.: P & R Publishing Co., 2008.

_____. 『기독교적 신지식과 변증학』. 문석호 역. 서울: 은성, 1989.

_____. 『하나님의 영광을 위한 변증학』. 서울: 영음사, 1997.

Gaffin, Richard B. Jr. *By Faith, Not by Sight: Paul and the Order of Salvation*. Bucks, UK: Paternoster, 2006. 유태화 역. 『구원이란 무엇인가』 서울: 크리스챤출판사, 2007.

_____. 『성령의 은사론』. 권성수 역. 서울: 기독교문서선교회, 1983.

Garrett, James L. *Systematic Theology: Biblical, Historical, and Evangelical*, Vol. 1. Grand Rapids: Eerdmans, 1990.

Geisler, Norman L. *Inerrancy*. Grand Rapids: Zondervan, 1980.

_____. *Creating God in the Image of Man?* Minneapolis: Bethany House Publishers, 1997.

_____, ed. 『성경 무오: 도전과 응전』. 권성수 역. 서울: 엠마오, 1988.

Geivett, R. Douglas, and Gary R. Habermas. *In Defence of Miracles: A Comprehensive Case for God's Action in History*. Downers Grove, IL: InterVarsity Press, 1997.

Giles, Kevin. *What on Earth is the Church?: An Exploration in the New Testament*. Downers Grove, IL: InterVarsity Press, 1995. 홍성희 역. 『신약성경의 교회론』. 서울: 기독교문서선교회, 1999.

Gnanakan, Ken. 『생태위기와 교회의 대응: 환경신학』. 이상복 역. 서울: UCN, 2005.

Goergen, Donald J. *The Jesus of Christian History*. Collegeville, MN: The Liturgical Press, 1992.

Goldsworthy, Graeme. *Prayer and the Knowledge of God.* Leicester, UK: InterVarsity Press, 2003. 정옥배 역. 『기도와 하나님을 아는 지식』. 서울: IVP, 2005.

Gonzalez, Justo L. *A History of Christian Thought*, 3 Vols. Nashville: Abingdon Press, 1970-1975. 이형기 · 차종순 역. 『기독교사상사(I), (II), (III)』. 서울: 대한예수교장로회총회출판국, 1988.

Green Joel B., and Max Turner. *Jesus of Nazareth Lord and Christ: Essays on the Historical Jesus and the New Testament Christology.* Grand Rapids: Eerdmans, 1994.

Grenz, Stanley J. *Rediscovering the Triune God: The Trinity in Contemporary Theology.* Minneapolis: Fortress Press, 2004.

Grillmeier, Aloys. *Christ in Christian Tradition,* Vol. 1, *From the Apostolic Age to Chalcedon (451).* Trans. John Bowden. Atlanta: John Knox Press, 1975.

Gunton, Colin E. *Yesterday and Today: A Study of Continuities in Christology.* Grand Rapids: Eerdmans, 1983.

_____. *The Promise of Trinitarian Theology.* Edinburgh: T & T Clark, 1991.

_____. *A Brief Theology of Revelation.* Edinburgh: T & T Clark, 1995.

Grudem, Wayne. *Systematic Theology: An Introduction to Biblical Doctrine.* Grand Rapids: Zondervan, 1994. 노진준 역. 『조직신학(상), (중), (하)』. 서울: 은성, 2006.

Hahn, Ferdinand. *The Titles of Jesus in Christology.* New York: The World Publishing Co., 1969.

Hannah, John D., ed. *Inerrancy and the Church.* Chicago: Moody Press, 1984.

Hanson, R. P. C. *The Search for the Christian God*. Edinburgh: T & T Clark, 1988.

Hanson, Paul D. *The People Called: The Growth of Community in the Bible*. San Francisco: Harper & Row, 1986.

Harris, R. Laird. 「성경의 영감과 정경」. 박종칠 역. 서울: 한국개혁주의신행협회, 1990.

Harrison, Everett F. *The Apostolic Church*. Grand Rapids: Eerdmans, 1985.

Heidegger, Martin. *Sein und Zeit*. Tubingen: Niemeyer Verlag, 1972. 전양범 역. 「존재와 시간」. 서울: 시간과공간사, 1989.

Helm, Paul. *The Divine Revelation*. Westchester, IL: Crossway Books, 1982.

_____. *The Providence of God*. Downers Grove, IL: InterVarsity Press, 1994. 이승구 역. 「하나님의 섭리」. 서울: IVP, 2004.

Heppe, Heinrich. 「개혁파 정통교의학」. 이정석 역. 고양: 크리스챤다이제스트, 2007.

Heron, Alasdair I. C. *The Holy Spirit*. Philadelphia: Westminster Press, 1983.

Heron, T. C., and Charles E. Hurlburt. *Names of Christ*. Chicago: Moody Press, 1994.

Hesselink, I. John. *On Being Reformed: Distinctive Characteristics and Common Misunderstandings*. Ann Arbor, MI: Servant Books, 1983.

Hill, Charles E., and Frank A. Jame III, eds. *The Glory of the Atonement: Biblical, Historical, and Practical Perspectives*. Downers Grove, IL: InterVarsity Press, 2004.

Hodge, Charles. *Justification by Faith Alone*. Hobbs, NM: The Trinity Foundation, 1995.

Hoekema, Anthony A. *The Bible and the Future*. Grand Rapids: Eerdmans, 1979. 류호준 역.『개혁주의 종말론』. 서울: 기독교문서선교회, 1986.

_____. *Created in God's Image*. Grand Rapids: Eerdmans, 1986. 류호준 역.『개혁주의 인간론』. 서울: 기독교문서선교회, 1990.

_____. *Saved by Grace*. Grand Rapids: Eerdmans, 1989. 류호준 역.『개혁주의 구원론』. 서울: 기독교문서선교회, 1991.

Horton, Michael S. *Beyond Culture Wars*. 김재영 역.『세상의 포로 된 교회』. 서울: 부흥과개혁사, 2001.

_____. *The Law of Perfect Freedom*. 윤석인 역.『십계명의 렌즈를 통해서 보는 삶의 목적과 의미』. 서울: 부흥과개혁사, 2005.

Hughes, R. Kent. *Disciplines of Grace*. Wheaton, IL: Crossway Books, 1993. 박경범 역.『십계명: 현대인을 위한 십계명 해설』. 서울: 은성, 1994.

Jansen, John Frederick. *Calvin's Doctrine of the Work of Christ*. London: James Clarke, 1956.

Jay, Eric G. The Church: *Its Changing Image through Twenty Centuries*, 2 Vols. London: SPCK, 1977, 1978. 주재용 역.『교회론의 변천사』. 서울: 대한기독교서회, 2002.

Jeanrond, Werner G. *Text and Interpretation as Categories of Theological Thinking*. New York: Crossroad, 1988.

_____. *Theological Hermeneutics: Development and Significance*. New York: Crossroad, 1991.

Jensen, Peter. *The Revelation of God*. Downers Grove, IL: InterVarsity Press, 2002. 김재영 역.『하나님의 계시』. 서울: IVP, 2008.

John. Owen, *The Holy Spirit: His Gift and Power*. Grand Rapids: Kregel

Publications, 1954.

Jukes, Andrew. *The Names of God: Discovering God as He Desires to be Known*. Grand Rapids: Kregel, 1967.

Kahler, Martin. *The So-called Historical Jesus and the Historic Biblical Christ*. Trans. Carl E. Braaten. Philadelphia: Fortress Press, 1988.

Karkkainen, Veli-Matti. *The Trinity: Global Perspectives*. Louisville: Westminster John Knox Press, 2007.

Kelly, John N. D. *Early Christian Doctrines*. New York: Continuum International Publishing Group, 1968. 박희석 역.『고대 기독교 교리사』. 고양: 크리스챤다이제스트, 2004.

_____. *Early Christian Creeds*, 3rd ed. New York: Longman, 1972.

Kevan, Ernest F. *The Grace of Law: A Study of Puritan Theology*. Grand Rapids: Guardian Press, 1976. 임원택 역.『율법, 그 황홀한 은혜: 청교도 신앙의 정수』. 서울: 수풀, 2006.

Kim, Eunsoo. "Time, Eternity, and the Trinity: A Trinitarian Analogical Understanding of Time and Eternity." A Ph.D. Dissertation, Trinity Evangelical Divinity School, 2006.

Kline, Meredith G. *Kingdom Prologue: Genesis Foundation for a Covenantal Worldview*. Overland Park: Two Age Press, 2000. 김구원 역.『하나님 나라의 서막』. 서울: P & R Publishing Co., 2007.

Kung, Hans. *The Incarnation of God*. Trans. J. R. Stephenson. New York: Crossroad, 1987.

_____.『신은 존재하는가?(I)』. 성염 역. 왜관: 분도출판사, 1994.

_____.『교회란 무엇인가?』. 이홍근 역. 왜관: 분도출판사, 1994.

_____. *The Church*. Trans. Ray and Rosaleen Ockenden. New York: Sheed and Ward, 1967. 정지련 역. 『교회』. 서울: 한들출판사, 2007.

Kuyper, Abraham. *The Work of the Holy Spirit*. Trans. Henri De Vries. Grand Rapids: Eerdmans, 1956. 김해연 역. 『성령의 사역』. 서울: 성지출판사, 1998.

Kuyvenhoven, Andrew. *The Day of Christ's Return: What the Bible Teaches, What You Need to Know*. Grand Rapids: CRC Publications, 1999. 심재승 역. 『쉽게 풀어 쓴 개혁주의 종말론』. 서울: 이레서원, 2001.

LaCugna, Catherine Mowry. *God for Us: The Trinity and Christian Life*. San Francisco: Harper San Francisco, 1991. 이세형 역. 『우리를 위한 하나님: 삼위일체와 그리스도인의 삶』. 서울: 대한기독교서회, 2008.

Ladd, George Eldon. 『하나님 나라』. 원광연 역. 고양: 크리스챤다이제스트, 1997.

_____. *The Last Things: An Eschatology for Laymen*. Grand Rapids: Eerdmans, 1978. 이승구 역. 『개혁주의 종말론 강의: 마지막에 될 일들』. 서울: 이레서원, 2000.

Leith, John H. *Introduction to the Reformed Tradition*. Atlanta: John Knox Press, 1981.

_____, ed. *Creeds of the Churches*, 3rd ed. Louisville: John Knox Press, 1982.

Letham, Robert. *The Work of Christ*. Downers Grove, IL: InterVarsity Press, 1998. 황영철 역. 『그리스도의 사역』. 서울: IVP, 2000.

_____. *The Holy Trinity: In Scripture, History, Theology, and Worship*. Phillipsburg, N.J.: P & R Publishing Co., 2004.

Lewis, Clive S. 『고통의 문제』. 이종태 역. 서울: 홍성사, 2002.

_____. 『헤아려 본 슬픔』. 강유나 역. 서울: 홍성사, 2004.

Lewis, Gordon, and Bruce Demarest, eds. *Challenges to Inerrancy: A Theological Response*. Chicago: Moody Press, 1984.

Lindsell, Harold. *The Battle for the Bible*. Grand Rapids: Zondervan, 1976.

Lohse, Bernhard. *A Short History of Christian Doctrine: From the First Century to the Present*. Trans. F. Ernest Stoeffler. Philadelphia: Fortress Press, 1985.

Luijpen, William A., and Henry J. Koren. *Religion and Atheism*. 류의근 역. 『현대 무신론 비판』. 서울: CLC, 2005.

MacArthur, John, et al. *Justification by Faith Alone*. Morgan, PA: Soli Deo Gloria, 1995.

MacGregor, Janet G. *The Scottish Presbyterian Polity*. Edinburgh: Oliver and Boyd, 1926. 최은수 역. 『장로교 정치제도 형성사』. 서울: 솔로몬, 1997.

MacLeod, Donald. *The Person of Christ*. Downers Grove, IL: InterVarsity Press, 1998. 김재영 역. 『그리스도의 위격』. 서울: IVP, 2001.

Marshall, I. Howard. *Biblical Inspiration*. Grand Rapids: Eerdmans, 1982.

Martens, Elmer A. *Plot and Purpose in the Old Testament Theology*. Leicester, UK: InterVasity Press, 1990. 김지찬 역. 『구약에 나타난 하나님의 계획과 목적』. 서울: 생명의말씀사, 1990.

Martin, Michael., ed. *The Cambridge Companion to Atheism*. Cambridge: Cambridge University Press, 2007.

May, Gerhard. *Creatio Ex Nihilo: The Doctrine of 'Creation out of Nothing' in Early Christian Thought*. Edinburgh: T & T Clark, 1994.

McDonald, H. D. *Theories of Revelation: An Historical Study 1700-1960.* Grand Rapids: Baker Book House, 1979.

_____. *The Atonement of the Death of Christ.* Grand Rapids: Baker Book House, 1985.

McGrath, Alister. *Iustitia Dei: A History of the Christian Doctrine of Justification*, 3rd ed. Cambridge: Cambridge University Press, 2005. 한성진 역.『하나님의 칭의론: 기독교 교리 칭의론의 역사』. 서울: CLC, 2008.

McNeill, John T. *The History and Character of Calvinism.* Oxford: Oxford University Press, 1954. 양낙홍 역.『칼빈주의 역사와 성격』. 고양: 크리스챤다이제스트, 1990.

Meeter, H. Henry. *The Basic Ideas of Calvinism*, 6th ed. Grand Rapids: Baker Book House, 1990.

Milne, Bruce. *Know the Truth: A Handbook of Christian Belief.* Downers Grove, IL: InterVarsity Press, 1982. 김정훈 역.『복음주의 조직신학 개론』. 고양: 크리스챤다이제스트, 2001.

Minear, Paul S. *Images of the Church in the New Testament.* Philadelphia: Westminster Press, 1960.

Moltmann, Jurgen. *The Crucified God.* Trans. R. A. Wilson and John Bowden. New York: Harper & Row, 1973. 김균진 역.『십자가에 달리신 하나님』. 서울: 한국신학연구소, 1979.

_____. *The Way of Jesus Christ.* Trans. Margaret Kohl. Minneapolis: Fortress, 1993. 김균진 · 김명용 역.『예수 그리스도의 길』. 서울: 대한기독교서회, 1990.

Morgan, George Campbell. *The Ten Commandments.* 김원주 역.『십계명』. 서울:

풍만출판사, 1987.

Morey, Robert. *The Trinity: Evidence and Issues.* Grand Rapids: World Publishing, 1996.

Murray, John. *The Imputation of Adam's Sin.* Phillipsburg, N.J.: P & R Publishing Co., 1959.

_____. *Calvin on Scripture and Divine Sovereignty.* Hertfordshire, UK: Evangelical Press, 1979. 나용화 역. 『칼빈의 성경관과 주권사상』. 서울: 기독교문서선교회, 1994.

_____. *Redemption Accomplished and Applied.* Grand Rapids: Eerdmans, 1955. 하문호 역. 『구속론』. 서울: 성광문화사, 1989.

_____. 『조직신학』. 박문재 역. 고양: 크리스챤다이제스트, 2008.

Nash, Ronald H. *The Concept of God: An Exploration of Contemporary Difficulties with the Attributes of God.* Grand Rapids: Zondervan, 1983. 박찬호 역. 『현대의 철학적 신론』. 서울: 살림, 2003.

Noll, Mark A. ed. *Confessions and Catechisms of the Reformation.* Grand Rapids: Baker Book House, 1991.

Norris, Richard A. Jr. *The Christological Controversy.* Philadelphia: Fortress Press, 1980.

Okhoim, Dennis L. and Timothy R. Philips. *Four Views on Salvation in a Pluralistic World.* Grand Rapids: Zondervan, 1996. 이승구 역. 『다원주의 논쟁』. 서울: 기독교문서선교회, 2001.

Osborne, Grant R. *The Hermeneutical Spiral: A Comprehensive Introduction to Biblical Interpretation.* Downers Grove, IL: InterVarsity Press, 1991.

Osterhaven, M. Eugene. *The Spirit of the Reformed Tradition*. Grand Rapids: Eerdmans, 1971.

Owen, John. *Justification by Faith*. Grand Rapids: Sovereign Grace Publishers, 1971.

Pache, Rene. *The Person and Work of the Holy Spirit*. Chicago: Moody Press, 1954.

Packer, J. I. *Keep in Step with the Holy Spirit*. Old Tappan, N.J.: Fleming H. Revell Co., 1984.

Packer, J. I., and Carolyn Nystrom. *Praying: Finding Our Way through Duty to Delight*. Downers Grove, IL: InterVarsity Press, 2006. 정옥배 역. 『제임스패커의 기도』. 서울: IVP, 2008.

Palmer, Edwin H. *The Person and Ministry of the Holy Spirit: The Traditional Calvinistic Perspective*. Grand Rapids: Baker Book House, 1974. 최낙재 역. 『감동적인 성경적 성령론』. 서울: 개혁주의신행협회, 2006.

Pannenberg, Wolfhart. *Jesus - God and Man*, 2nd ed. Trans. Lewis L. Wilkins and Duane A. Priebe. Philadelphia: Westminster Press, 1977.

Parker, T. H. L. *John Calvin*. London: J. M. Dent & Sons, 1975. 김지찬 역. 『존 칼빈의 생애와 업적』. 서울: 생명의말씀사, 1986.

_____. *Calvin: An Introduction to His Thought*. Louisville: Westminster/John Knox Press, 1995. 박희석 역. 『칼빈신학 입문』. 고양: 크리스챤다이제스트, 2001.

Pelikan, Jaroslav. *Jesus through the Centuries*. New York: Harper & Row, 1987.

Perrin, Norman. *The Kingdom of God in the Teaching of Jesus*. 이훈영 · 조호연

역.『예수의 가르침 속에 나타난 하나님 나라』. 서울: 무림출판사, 1992.

Peters, Ted. *God as Trinity: Relationality and Temporality in Divine Life*. Louisville: Westminster/John Knox Press, 1993. 이세형 역.『삼위일체 하나님』. 서울: 컨콜디아사, 2007.

Pink, Arthur W. *The Doctrine of Revelation*. Grand Rapids: Baker Book House, 1972.

_____.『하나님의 언약』. 서울: CLC, 1989.

Pinnock, Clark, et al., ed. *The Openness of God: A Biblical Challenge to the Traditional Understanding of God*. Downers Grove, IL: InterVarsity Press, 1994.

Plantinga, Alvin. *Does God Have a Nature?* Milwaukee: Marquette University Press, 1980.

Pollard, T. E. *Johannine Christology and the Early Church*. Cambridge: Cambridge University Press, 1970.

Poythress, Vern S. *The Shadow of Christ in the Law of Moses*. Brentwood, TN: Wolgemuth and Hyatt Publishers, 1991.

Preston, Geoffrey. *Faces of the Church: Meditations on a Mystery and Its Images*. Grand Rapids: Eerdmans, 1997.

Pritchard, Ray. *Names of the Holy Spirit*. Chicago: Moody Press, 1995.

Quistorp, Heinrich. *Calvin's Doctrine of the Last Things*. 이희숙 역.『칼빈의 종말론』. 서울: 성광문화사, 1995.

Rahner, Karl. *The Trinity*. Trans. J. Donceel. New York: Crossroad, 1997.

Ramm, Bernard. *Special Revelation and the Word of God*. Grand Rapids: Eerdmans, 1961.

_____. 『성경 해석학』. 권혁봉 역. 서울: 생명의말씀사, 1974.

Piper, John. *The Pleasures of God*. 엄성옥 · 이재기 역. 『하나님의 기쁨』. 서울: 은성, 2005.

Reid, W. Stanford. 『존 낙스의 생애와 사상』. 서영일 역. 서울: 기독교문서선교회, 1984.

Reymond, Robert L. *A New Systematic Theology of the Christian Faith*. Nashville: Thomas Nelson Publishers, 1998. 나용화외 3인 역. 『최신 조직신학』. 서울: CLC, 2004.

_____. 『개혁주의 변증학』. 이승구 역. 서울: 기독교문서선교회, 1999.

_____. 『개혁주의 기독론』. 나용화 역. 서울: CLC, 2007.

Ridderbos, Herman. *The Coming of the Kingdom*. Trans. H. de Jongste. Philadelphia: P & R Publishing, 1962. 오광만 역. 『하나님 나라』. 서울: 엠마오, 1988.

Robertson, O. Palmer. *The Christ of the Covenants*. Phillipsburg, N.J.: P & R Publishing Co., 1980. 김의원 역. 『계약신학과 그리스도』. 서울: 기독교문서선교회, 1983.

Robinson, James M. *A New Quest of the Historical Jesus*. London: SCM Press, 1971.

Rogers, Jack. *Presbyterian Creeds: A Guide to the Book of Confessions*. Philadelphia: Westminster Press, 1985.

Rondet, Henri. *Original Sin: The Patristic and Theological Background*. Staten Island, N.Y.: Alba House, 1972.

Runia. Klaas. *The Present-day Christological Debate*. Downers Grove: InterVarsity Press, 1984. 김호남 역. 『현대 기독론 연구』. 서울: 기독교문서

선교회, 1986.

Rusch, William G. *The Trinitarian Controversy*. Philadelphia: Fortress Press, 1980.

Sanders, E. P. *The Historical Figure of Jesus*. London: Penguin Press, 1993.

Saucy, Robert L. *The Church in God's Program*. Chicago: Moody Press, 1972.

Schaff, Philip. *The Creeds of Christendom*, 3 Vols. Grand Rapids: Baker Books, 1993, Reprinted.

_____. 「신조학」. 박일민 역. 서울: 기독교문서선교회, 1988.

Schaeffer, Francis A. *No Final Conflict*. Downers Grove, IL: InterVarsity Press, 1975. 김원주 역. 「궁극적 모순은 없다」. 서울: 생명의말씀사, 1995.

Schep, J. A. *The Nature of the Resurrection Body*. 김종태 역. 「부활체의 본질」. 서울: 기독교문서선교회, 1991.

Schmidt, Karl Ludwig. *The Church*. London: Adam and Charles Black, 1950.

Schreiner, Thomas R. *The Law and Its Fulfillment: A Pauline Theology of Law*. Grand Rapids: Baker Books, 1993. 배용덕 역. 「바울과 율법」. 서울: CLC, 1997.

Schweitzer, Albert. *The Quest of the Historical Jesus*. New York: MacMillan, 1964.

Sherman, Robert. *King, Priest, and Prophet: A Trinitarian Theology of Atonement*. New York: T & T Clark, 2004.

Smeaton, George. *The Apostles' Doctrine of the Atonement*. Winona Lake, IN: Alpha Publications, 1979.

Smedes, Lewis B. *Union with Christ: A Biblical View of the New Life in Jesus Christ*. Grand Rapids: Eerdmans, 1970. 오광만 역. 「바울의 그리스도와

의 연합 사상』. 서울: 여수룬, 1999.

Smith, David L. *With Willful Intent: A Theology of Sin*. Wheaton, IL: Victor Books, 1994.

Stein, Robert H. *Interpreting Puzzling Texts in the New Testament*. Grand Rapids: Baker Books, 1996.

Stevenson, J. *Creeds, Councils and Controversies: Documents Illustrating the History of the Church, AD 337-461*. Revised ed. London: SPCK, 1989.

Stone, Nathan. *Names of God*. Chicago: Moody Press, 1944.

Strauss, David F. *The Life of Jesus Critically Examined*. Trans. George Eliot. Philadelphia: Fortress Press, 1972.

Stuart, Douglas, and Gordon D. Fee. 『성경해석 방법론』. 김의원 역. 서울: 기독교문서선교회, 1987.

Tamburello, Dennis E. *Union with Christ: John Calvin and the Mysticism of St. Bernard*. Louisville: Westminster John Knox Press, 1994.

Tennant, T. F. *The Sources of the Doctrines of the Fall and Original Sin*. New York: Schocken Books, 1968.

Thiselton, Anthony C. *The Two Horizons*. Grand Rapids: Eerdmans, 1980.

_____. *New Horizons in Hermeneutics: The Theory and Practice of Transforming Biblical Reading*. Grand Rapids: Zondervan, 1992.

Torrance, Thomas F. *The Trinitarian Faith*. Edinburgh: T & T Clark, 1993.

Ursinus, Zacharias. 『하이델베르크 요리문답 해설』. 원광연 역. 고양: 크리스챤다이제스트, 2006.

Van Til, Cornelius. *An Introduction to Systematic Theology*. Phillipsburg, N.J.: P & R Publishing Co., 1974. 이승구·강웅산 역. 『조직신학 서론』. 고양:

크리스챤, 2009.

_____. 『변증학』. 신국원 역. 서울: 기독교문서선교회, 1985.

_____. 『개혁신앙과 현대사상』. 이승구 역. 서울: SFC, 2009.

VanGemeren, Willem. *The Progress of Redemption: The Story of Salvation from Creation to the New Jerusalem*. Grand Rapids: Baker Books, 1988. 안병호 · 김의원 역. 『구원계시의 발전사 (I), (II)』. 서울: ESP, 2006.

Vanhoozer, Kevin J. *Is There a Meaning in This Text?* Grand Rapids: Zondervan, 1998. 김재영 역. 『이 텍스트에 의미가 있는가?』. 서울: IVP, 2003.

_____, ed. *The Cambridge Companion to Postmodern Theology*. Cambridge: Cambridge University Press, 2003.

Vos, Geerhardus. *Biblical Theology: Old and New Testaments*. Grand Rapids: Eerdmans, 1991, Reprinted. 이승구 역. 『성경신학』. 서울: 기독교문서선교회, 1985.

_____. *The Self-Disclosure of Jesus*. Grand Rapids: Eerdmans, 1954. 이승구 역. 『예수의 자기계시』. 서울: 엠마오, 1986.

_____. *The Pauline Eschatology*. Grand Rapids: Erdmans, 1953. 이승구 · 오광만 역. 『바울의 종말론』. 서울: 엠마오, 1989.

Wainwright, Arthur W. *The Trinity in the New Testament*. London: SPCK, 1969.

Wainwright, William J. 『종교철학의 핵심』. 김희수 역. 서울: 동문선, 1999.

Ware, Bruce A. *God's Lesser Glory: The Diminished God of Open Theism*. Wheaton, IL: Crossway Books, 2000.

Warfield, Benjamin B. *Calvin and Augustine*. Philadelphia: Presbyterian and

Reformed Publishing Co., 1956.

_____. *The Westminster Assembly and Its Work*. Cherry Hill, N.J.: Mack Publishing Co., 1972.

Warren, Rick. *The Purpose Driven Life*. Grand Rapids: Zondervan, 2002. 고성삼 역.『목적이 이끄는 삶』. 서울: 디모데, 2002.

Watson, Thomas. *The Lord's Prayer*. 이기양 역.『주기도문 해설』. 서울: CLC, 1989.

_____. *The Ten Commandments*. 이기양 역.『십계명 해설』. 서울: CLC, 2007.

Weber, Otto.『칼빈의 교회관』. 김영재 역. 서울: 풍만출판사, 1985.

Weischedel, Wilhelm.『철학자들의 신』. 서울: 동문선, 2003.

Wells, David. F. *The Person of Christ: A Biblical and Historical Analysis of the Incarnation*. Westchester, IL: Crossway Books, 1984. 이승구 역.『기독론』. 서울: 토라, 2008.

Wendel, Francois. *Calvin: Origins and Development of His Religious Thought*. Trans. Philip Mairet. Grand Rapids: Baker Books, 1997. 김재성 역.『칼빈: 그의 신학사상의 근원과 발전』. 고양: 크리스챤다이제스트, 1999.

Wierenga, Edward R. *The Nature of God: An Inquiry into Divine Attributes*. Ithaca: Cornell University Press, 1989.

Williams, Donald T. *The Person and Work of the Holy Spirit*. Nashville, TN: Broadman & Holman Publishers, 1994.

Williamson, G. I. *The Westminster Shorter Catechism*. Phillipsburg, N.J.: P & R Publishing Co., 2003. 유태화 역.『웨스트민스터 소교리문답 강해』. 고양: 크리스챤출판사, 2006.

Witherington, Ben, III. *The Jesus Quest: The Third Search for the Jew of*

Nazareth. Downers Grove, IL: InterVarsity Press, 1995.

Wright, Christopher J. H. *Old Testament Ethics for the People of God*. Nottingham, UK: InterVarsity Press, 2004. 김재영 역.『현대를 위한 구약 윤리』. 서울: IVP, 2006.

Wright, Nicholas T.『악의 문제와 하나님의 정의』. 노종문 역. 서울: IVP, 2008.

Yancey, Philip.『내가 그리스도인이 되었을 때 아무도 말해주지 않았던 것들』. 채천석 역. 서울: 그루터기하우스, 2002.

Yandell, Keith E. *Christianity and Philosophy*. Grand Rapids: Eerdmans, 1984. 이승구 역.『기독교와 철학 - 종교철학 입문』. 서울: 이컴비즈넷, 2007.

Young, Edward J.『구약총론』. 홍반식·오병세 역. 서울: 개혁주의신행협회, 1988.

Young, Frances M. *From Nicea to Chalcedon: A Guide to the Literature and Its Background*. London: SCM Press, 1983.

Zamoyta, Vincent. *A Theology of Christ: Sources*. Beverly Hills: Benziger, 1967.

강영안.『신을 모르는 시대의 하나님』. 서울: IVP, 2007.

고재수.『개혁주의 입장에서 본 십계명 강해』. 서울: 여수룬, 1992.

권호덕. "율법의 세 가지 용법." 안명준 편집.『칼빈신학 2009』(서울: 성광문화사, 2009): 104-48.

김석환.『교부들의 삼위일체론』. 서울: 기독교문서선교회, 2001.

김성원.『신은 허구의 존재인가? - 현대 무신론 비판』. 서울: 대한기독교서회, 2003.

김세윤.『주기도문 강해』. 서울: 두란노아카데미, 2000.

_____.『구원이란 무엇인가』. 서울: 두란노, 2001.

김영재.『교회와 신앙고백』. 서울: 성광문화사, 1989.

_____. 『교리사 강의』. 수원: 합동신학대학원출판부, 2006.

김영한. 『현대신학과 개혁신학』. 서울: 한국기독교사상연구소, 1990.

_____. 『21세기와 개혁신학(I), (II), (III)』. 서울: 한국장로교출판사, 1998.

_____. 『개혁신학이란 무엇인가?』. 서울: 불과 구름, 2003.

김은수. "John Calvin의 '그리스도인의 삶의 원리'에 따른 사회경제 윤리와 사상에 대한 소고."「역사신학논총」제13집 (2007.6.): 8-49.

_____. "칼빈의 영혼불멸 교리와 개인종말론에 대한 소고."「칼빈연구」제5집 (2008.1.): 191-233.

_____. "개혁주의 생명신학의 신학적 기초에 대한 탐구(I): 시간과 영원의 이해를 중심으로."「한국개혁신학」제23권 (2008.4.): 153-95.

_____. "개혁주의 생명신학의 신학적 기초에 대한 탐구(II): 존재와 시간에 대한 새로운 성경적 이해."「한국개혁신학」제24권 (2008.10.): 120-63.

_____. "칼빈 신학에 있어 성경과 성령의 관계성에 대한 고찰."「성경과 신학」제45권 (2008.5.): 72-111.

_____. "개혁주의 선교개념의 확장: 송영(Doxology)으로서의 선교."「성경과 신학」제50권 (2009.5.): 249-95.

_____. "칼빈 구원론의 중심과 본질: 그리스도와의 연합과 이중은혜."「칼빈 500주년 기념학술대회 발표논문집」제4권 (2009.6.): 1-14.

김의환. 『개혁주의 신앙고백집』. 서울: 생명의말씀사, 2003.

김재성. 『성령의 신학자 존 칼빈』. 서울: 생명의말씀사, 2004.

김현태. 『철학과 신의 존재』. 서울: 철학과현실사, 2003.

김홍전. 『십계명 강해』. 서울: 성약, 1996.

_____. 『기도에 대하여』. 서울: 성약, 1999.

_____. 『예수께서 가르치신 기도』. 서울: 성약, 2003.

_____. 『주기도문 강해』. 서울: 성약, 2008.

나채운. 『그리스도교의 열두계명』. 서울: 페스터스하우스, 2006.

대한예수교장로회총회. 『헌법』. 서울: 한국장로교출판사, 2007.

박 만. 『현대 삼위일체론 연구』. 서울: 대한기독교서회, 2003.

박해경. 『신학의 두 기둥: 성경과 신조』. 서울: 아가페문화사, 1991.

방지형. 『현대인과 십계명』. 서울: 솔로몬, 1996.

서철원. 『복음과 율법과의 관계』. 서울: 엠마오, 1987.

_____. 『인간, 하나님의 형상』. 서울: 총신대학교출판부, 2007.

신국원. 『포스트모더니즘』. 서울: IVP, 1999.

신복윤. 『개혁주의 신학의 특성들』. 수원: 합신대학원출판부, 2007.

신원하. 『교회가 꼭 대답해야 할 윤리문제들』. 서울: 예영커뮤니케이션, 2006.

성종현. 『웨스트민스터 소교리문답』. 서울: 솔로몬, 1996.

양용의. 『하나님 나라 어떻게 이해할 것인가』. 서울: 성서유니온선교회, 2005.

역사신학연구회. 『삼위일체론의 역사』. 서울: 대한기독교서회, 2008.

오덕교. 『장로교회사』. 수원: 합동신학대학원출판부, 2005.

원종천. 『존 칼빈의 신학과 경건』. 서울: 대한기독교서회, 2008.

유해무. 『개혁교의학』. 서울: 크리스챤다이제스트, 1997.

_____. 『신학: 삼위일체 하나님을 위한 송영』. 서울: 성약, 2007.

유해무 · 김헌수. 『하이델베르크 요리문답의 역사와 신학』. 서울: 성약, 2006.

이상원. 『21세기 십계명 여행』. 서울: 토기장이, 1999.

이승구. 『사도신경』. 서울: SFC, 2009.

이종윤. 『십계명 강해』. 서울: 엠마오, 1986.

_____. 『신약개론』. 서울: 개혁주의신행협회, 1990.

_____. 『성경난해구절 해설』. 서울: 필그림출판사, 2004.

이형기. 『세계 개혁교회의 신앙고백서』. 서울: 한국장로교출판사, 1991.

정일웅 편집. 『우리 시대의 하나님 나라』. 서울: 한국로고스연구원, 1990.

총회교육자원부 편집. 『개혁교회의 신앙고백』. 서울: 한국장로교출판사, 2007.

최갑종. 『예수님이 주신 기도』. 서울: 이레서원, 2005.

최홍석. 『인간론』. 서울: 개혁주의신행협회, 2005.

황봉환. 『스코틀랜드 종교개혁과 존 낙스의 신학』. 서울: 예영커뮤니케이션, 2001.

황승룡. 『통전적 관점으로 본 그리스도론』. 서울: 한국장로교출판사, 2001.

부록

웨스트민스터 소교리문답 교육 일정표

구 분	제 목	문답번호
1주차	제1과: 개혁주의 신앙의 정체성	0
2주차	제2과: 사람의 제일 되는 목적	1
3주차	제3과: 성경 – 하나님의 말씀	2–3
4주차	제4과: 성경의 하나님 – 삼위일체 하나님	5–6
5주차	제5과: 하나님의 본질과 속성	4
6주차	제6과: 하나님의 작정 – 영원한 계획	7–8
7주차	제7과: 하나님의 창조 – 무로부터의 창조	9–10
8주차	제8과: 하나님의 섭리 – 보존과 통치	11
9주차	제9과: 행위언약과 원죄 – 창조 안에 있는 인간	12–15
10주차	제10과: 인류의 타락과 그 결과 – 죄 가운데 있는 인간	16–19/82–84
11주차	제11과: 은혜언약과 선택 – 은혜 안에 있는 인간	20
12주차	제12과: 성자 하나님 – 구속자 예수 그리스도	21
13주차	제13과: 성육신 – 사람이 되신 하나님의 아들	22
14주차	제14과: 예수 그리스도의 삼중직분 – 선지자, 제사장, 왕	23–26
15주차	제15과: 예수 그리스도의 낮아지심과 높아지심	27–28
16주차	제16과: 성령 하나님과 구원: 그리스도와의 연합	29–30
17주차	제17과: 유효한 부르심과 중생	31–32
18주차	제18과: 회심 – 구원에 이르게 하는 믿음과 회개	85–87
19주차	제19과: 칭의(의롭다 하심)와 양자	33–34
20주차	제20과: 성화 – 거룩하게 하심	35
21주차	제21과: 구원의 확신과 성도의 견인	36
22주차	**소교리문답 퀴즈대회 (1차)**	
23주차	제22과: 육체적 죽음과 중간상태	37
24주차	제23과: 예수 그리스도의 재림 – 부활과 최후 심판	38
25주차	제24과: 교회란 무엇인가 – 성경적인 교회 이해	특강
26주차	제25과: 참된 교회의 본질 – 삼위일체론적 교회 이해	특강

구분	제 목	문답번호
27주차	제26과: 참된 교회의 사명 – 교회의 5가지 사명	특강
28주차	제27과: 참된 교회의 속성과 표지	특강
29주차	제28과: 교회의 정치와 조직	특강
30주차	제29과: 은혜의 방편(1): 하나님의 말씀	88-90
31주차	제30과: 은혜의 방편(2): 성례	91-93
32주차	제31과: 은혜의 방편(3): 세례와 성찬	94-97
33주차	제32과: 은혜의 방편(4): 기도	98
34주차	제33과: 주기도문 서언 – 하늘에 계신 우리 아버지	99-100
35주차	제34과: 첫째 기원 – 하나님의 이름이 거룩하여지이다	101
36주차	제35과: 둘째 기원 – 하나님의 나라가 임하옵소서	102
37주차	제36과: 셋째 기원 – 하나님의 뜻이 이루어지이다	103
38주차	제37과: 넷째 기원 – 오늘 우리에게 일용할 양식을 주옵소서	104
39주차	제38과: 다섯째 기원 – 우리의 죄를 용서하여 주옵소서	105
40주차	제39과: 여섯째 기원과 송영 – 시험과 악에서 구하옵소서	106-107
41주차	제40과: 십계명 서문 – 하나님께서 이 모든 말씀을 주시니라	39-44
42주차	제41과: 제1계명 – 나 외에 다른 신들을 네게 두지 말라	45-48
43주차	제42과: 제2계명 – 너를 위하여 새긴 우상을 만들지 말라	49-52
44주차	제43과: 제3계명 – 여호와의 이름을 망령되이 부르지 말라	53-56
45주차	제44과: 제4계명 – 안식일을 기억하여 거룩하게 지키라	57-62
46주차	제45과: 제5계명 – 네 부모를 공경하라	63-66
47주차	제46과: 제6계명 – 살인하지 말라	67-69
48주차	제47과: 제7계명 – 간음하지 말라	70-72
49주차	제48과: 제8계명 – 도둑질하지 말라	73-75
50주차	제49과: 제9계명 – 네 이웃에 대하여 거짓증거 하지 말라	76-78
51주차	제50과: 제10계명 – 네 이웃의 모든 소유를 탐내지 말라	79-81
52주차	소교리문답 퀴즈대회 (2차)	

제3권 개혁주의 신앙의 기초: 주기도문 | 십계명

초판1쇄 2010년 1월 27일
개정1쇄 2011년 12월 24일
개정2쇄 2014년 8월 27일

지은이 김은수
펴낸이 이의현
펴낸곳 SFC출판부
등 록 제 114-90-97178
(137-803) 서울특별시 서초구 고무래로 10-8 2층 SFC출판부
Tel. (02)596-8493 Fax. 0505-300-5437
홈페이지 www.sfcbooks.com **이메일** sfcbooks@sfcbooks.com

기획·편집 이의현
디자인편집 조희영
영업마케팅 장항규

ISBN 978-89-93325-51-5 03230

값 12,000원

잘못 만들어진 책은 언제든지 교환해 드립니다.